Strade blu

Paolo Crepet

MORDERE IL CIELO

Dove sono finite le nostre emozioni

MONDADORI

Dello stesso autore
in edizione Mondadori

Baciami senza rete

Il coraggio

Passione

Libertà

Vulnerabili

Oltre la tempesta

Lezioni di sogni

Prendetevi la luna

Per i capitoli 31 e 54 l'autore ha fatto riferimento a un proprio articolo e a un'intervista pubblicati sul quotidiano «La Stampa»: *Seduti su un divano, così vicini da toccarsi. Ci manca l'amicizia dell'era presocial* (31 ottobre 2023); *Paolo Crepet: «Chi denigra i morti del sommergibile uccide i sogni di Jules Verne»* (23 giugno 2023).

mondadori.it

Mordere il cielo
di Paolo Crepet
Collezione Strade blu

ISBN 978-88-04-78290-2

I edizione giugno 2024

Indice

Mordere il cielo

… chiamami amore, grida il nome mio,
non lasciarmi più sola al davanzale!

FEDERICO GARCÍA LORCA*

* Verso citato da Alda Merini in *Sei fuoco e amore*, Milano, Sperling & Kupfer, 2018.

Il mondo non è mai stato così contraddittorio, eppure per molti la situazione è ideale: politicanti, ideologi, complottisti, guerrafondai, mestieranti che in ogni stagione riescono a trovare il proprio spazio per sopravvivere. Buona parte di ciò che sta accadendo sembra contribuire a un crescente senso di precarietà, spingendo tanti verso una chiusura egoistica, emotivamente meschina.

Strane incoerenze contemporanee: da una parte gli affamati di tutto, dall'altra i satolli di nulla. Da una parte chi si danna per un lavoro e un salario, dall'altra chi li rifiuta preferendo un'idea di occupazione nell'iperuranio impalpabile del digitale. Da una parte l'eccitazione per una conquista militare, dall'altra un pacifismo parolaio, forse esausto o distratto.

Un tempo la ricerca della felicità si nutriva con la pace interiore, nella quale potersi finalmente liberare dalle passioni, intese come turbolenze, inquinamento dell'anima, irrazionalità. Gli antichi cercavano nell'ordine pacato della mente – anche a costo di pagarlo con la sudditanza – lo scopo per dare un senso a una vita breve, dove ai più il destino proponeva stenti, malattie e morti precoci. Un'idea dell'esistenza sospesa tra una tempesta appena passata e un'altra imminente, comunque uno spazio troppo breve per concedersi di essere liberi. Una parentesi fugace dove il benessere diventava sinonimo di resa.

Per millenni l'idea di potersi affrancare è stata ingabbiata dalla capacità di autocontrollo, poi arrivarono veloci il progresso, la scienza, la produzione industriale, e il libero arbitrio sembrò una conquista possibile. Le ambizioni materiali, assai più che morali, cambiarono i ritmi di una quotidianità che non aveva più un orizzonte circoscritto.

Paradossalmente, però, sono stati proprio il miglioramento della qualità di vita e il conseguimento di quel privilegio a far pagare a una crescente fetta dell'umanità un prezzo enorme e invisibile.

Guardo il mondo e mi accorgo che siamo immersi nell'atarassia, uomini e donne vagano imperturbabili, indifferenti, i loro legami emotivi lacerati, men che essenziali.

Molti non se ne accorgono nemmeno, godono dei propri benefici rintanati su un atollo privato, ignorando che sono stati quegli stessi vantaggi materiali ad aver comportato, quasi si trattasse di un'accolta regola conventuale, la necessità di non sentire, di non pensare, di non accorgersi dell'altro. Un'antinomia, un patto scellerato e autodistruttivo.

In tanti possono finalmente permettersi di essere algidi, egoisti. Ho chiamato questo insieme di egocentrismi alienanti *selfish community*, ovvero un alveare ridondante in cui regna una gelida, superba autoreferenzialità.

Qualche giorno fa ero alla Stazione Termini per prendere un treno. Bella mattina di primavera, l'androne gremito di gente che va e che arriva, ma pochissimi si abbracciavano. Eppure le stazioni sono state inventate per agitare un fazzoletto o per stringere una persona appena giunta da chissà dove o che sta partendo. Oggi sono luoghi dove ci si sfiora senza provare gioia o tristezza, popolati da automi che vagano lentamente senza accorgersi dell'altro. Allegoria della perdita di sé.

L'antidoto, per chi lo volesse cercare, c'è ma va scovato tra i bagliori di una non ragione.

Occorre ritrovarla tra i poeti che hanno vissuto i margini e li hanno cantati, perché è proprio lì che si potrebbe scoprire un nuovo e inusitato vigore, rintracciare una scossa benefica per far sobbalzare una dignità che rischia di essere attenuata dall'eccesso d'incuria.

Mordere il cielo. Altrimenti ci estingueremo.

Le più recenti conquiste della medicina stanno annunciando che il limite medio di sopravvivenza delle cellule umane potrebbe oltrepassare abbondantemente un secolo. Capisco l'euforia di chi studia e fa ricerca, ma penso che quella soglia rischi di rappresentare una tragedia immane.

Come ci si arriverà, lassù? Sdraiati su un divano ricevendo pasti da un drone, gli occhi coperti da visori, i sensi convertiti da algoritmi? Leggendo parole senza autori prodotte dall'intelligenza artificiale? Si vivrà molto più di un secolo solo se si sottoscriverà un patto faustiano col quale cancelleremo le nostre emozioni e faremo a meno dell'affetto? Che cosa siamo disposti ad accettare pur di vivere così a lungo? È questa la nuova immagine dell'onnipotenza umana? Possibile che la tracotanza ci rappresenti senza suscitare un minimo di vergogna o quantomeno di ironia?

Pur di pretendere che i nostri organi siano presidiati da cure infallibili, che ogni patologia sia prevista e prevenuta, ci sottoporremo a controlli ossessivi, diete millimetriche, ci faremo imporre tempi ben stabiliti per il riposo e la quiete, tanto da abbandonare perfino qualsiasi ambizione a derogare, da rinunciare a inventarci un briciolo di libertà, un impulso trasgressivo?

Se il piccolo mondo in cui vivo è e sarà ancor più privato delle convulsioni di passioni e di sogni impervi, perché non dovrei voler arrivare a cogliere un orizzonte che non ha altro obiettivo se non cancellare la fatica di quel percorso? A che scopo perseguire l'audacia?

Viaggiare un tempo prevedeva soste e ripensamenti, deviazioni, scollamento tra desideri e realizzazioni parziali. Ogni tragitto esistenziale dovrebbe essere imperfetto e inquieto.

E se così non sarà, che rimarrà dei nostri sguardi? Almeno quelli non dovrebbero avere paura, mi dico. Ma temo che non sia così.

Ognuno è ciò che lascia, non ciò che vive, e io vorrei lasciare qualche parola detta e scritta, imprecisa magari ma capace di suscitare un sobbalzo. Non posso ammettere che tutto sia superfluo. Credo di essere nato e di aver vissuto per avere opinioni, perché me ne dovrei vergognare? Semmai dovrebbero farlo gli ignavi, gli ebeti dipendenti dagli schermi digitali che usano le idee degli altri, anche se inconsistenti, pur di non osare le proprie.

La sfida è questa, di questo e per questo scrivo.

Non basta essere giovani per avere un futuro. Occorre costruirlo e per farlo è necessario toccare l'incognita, scappare lontano dalle parole che abbiamo censurato. Cercare il consenso è la forma più rapida ed efficace per banalizzare il pensiero, esattamente come replicare è il modo più comune per eludere la propria sete d'esistenza. Tuttavia, pur di essere accettati e reiterare se stessi, molti sono capaci di rincorrere il ridicolo. Si vuol vivere a lungo anche a costo di essere mentalmente schiavi, di privarsi dell'essenziale emotivo, imbalsamarsi in un lapidario facsimile.

Ascolto giovani che sono convinti di far parte dell'ultima generazione, eppure solo un'arroganza inaudita può portare una parte dell'umanità a pensarlo. Significa accomodarsi sull'orlo del precipizio persuasi che, alla fine, toccherà ad altri scivolarvi. Un convincimento che sembra ricalcare il «dopo di noi la tempesta» pronunciato da Madame de Pompadour. Imbarazzante atto di superbia misto a nichilismo. Provocare significa trasformare, non limitarsi a pronunciare anatemi.

La più grande forma di solitudine è passare il proprio tempo con persone sbagliate, per questo credo che occorra cambiare le nostre compagnie e scegliere quelle che non si accontentano di ciò che possiedono, ma che esprimono amore nell'essere determinate a identificare e contestare parte delle proprie omissioni, silenzi, colpevoli complicità.

Scrivere comporta una visione, anche se si appuntano ricette di cucina. Non conosco altro ottimismo che non sia quello contenuto nella rabbia contro la rinuncia al pensiero. Progettare è sempre scandaloso, non esistono idee levigate perché dovrebbero essere appigli, ma anche inciampi. È l'unico modo che l'uomo conosce per allenare la mente contro la seduzione dell'appiattimento.

Atarassia, monumento all'immobilismo emotivo, vessillo laconico di un mondo sottomesso e arreso alla ragione degli altri. Ribellarsi a questo comporta tornare a essere Ulisse in viaggio per Itaca, significa esistere per raccontare che non si è mai vissuti da soli. Essere implica l'esser-ci, il *Dasein* di cui parlavano gli esistenzialisti tedeschi.

Ulisse torna perché ha avuto l'audacia di andare, ha resistito alle lusinghe delle sirene ammaliatrici, ovvero a ciò che oggi rappresenta la seduzione nei confronti del comodo e del facile: non ci si dovrebbe mai stancare di ripeterlo ai più giovani atarassici, a quelli tristi con la schiena curva e lo sguardo abbassato.

Le parole sono lampi nel buio perché le passioni nascono nella notte della vita, il tempo della paura e della perdita di sé, che è parte della stravaganza di esistere.

La notte configura le emozioni come la caduta crea orgoglio e coraggio per rialzarsi, ovvero parte del bagaglio indispensabile per invertire una rotta, parte della nostra capacità di far fronte.

A meno che non si voglia smettere di pensare che vi sia e che vi sarà ancora qualcosa da scoprire oltre le colonne d'Ercole.

Alcuni psicoanalisti identificano questa angosciante inversione del comportamento umano con una parola: alessitimia, ovvero privazione di linguaggio emotivo o analfabetismo emozionale. È questa la meta in fondo al viaggio di una civiltà?

Tornare a inquietarsi con queste domande non è un'inutile ginnastica mentale; forse non è nemmeno un esercizio salvifico, ma almeno ci avvicina al senso drammatico e divertente che è nella vita. E a ringraziarla comunque.

Ho cercato di far assomigliare questa scrittura a un flusso emotivo, perciò ho alternato capitoli di riflessione ad altri di ricordi personali, quasi intimi. Perché è la traccia di un percorso che vorrei mi assomigliasse. Scrivo seguendo l'immagine di un cerchio che inizia e si conclude con una parola, emozioni. Un gioco dell'oca che tratteggia un'esistenza che teme di perdere l'essenziale e cerca, pretende, di ritrovarlo.

C'è molto di me in queste pagine, ragioni e ribellioni, ritratti di maestri e memorie di viaggi. Tutto mi ha insegnato a guardare in alto e a mordere qualche nuvola di passaggio. È stata una cura, e lo sarà ancora.

1

Cosa è successo alle emozioni?

Ero arrivato quasi alla fine della scrittura di un libro, pubblicato un paio di anni fa, che scoppiò una guerra. Mentre scrivo queste pagine se n'è aggiunta un'altra, e quando saranno in stampa il conflitto si sarà ancor più esteso.

Bambine e bambini uccisi ogni giorno, ogni notte. Dilaniati da una bomba, colpiti da un cecchino, morti di fame e di stenti, annegati a poche miglia da una spiaggia. Al gelo di una casa in rovina o imbrattati di sangue in mezzo alla polvere. Mutilati in ospedali da campo, operati senza anestesia, senza antibiotici. Urla inconsolate senza nemmeno una mano da stringere per disperazione, perché forse non c'è speranza per loro e i bambini lo percepiscono prima di tutti quando il mondo gliela sta negando.

Sono le ragioni dei «grandi del pianeta», della politica, dell'economia, compresa quella lurida del mercato delle armi e del ricatto energetico: tutto ha una sua inqualificabile priorità su di loro.

L'odio come epifenomeno, come metafora di un male enormemente più vasto che segna la complicità con l'orrore, l'idea che si possa conviverci, che così è sempre stato e sarà. Si va a scuola di anestesia, l'anaffettività diventa substrato vitale.

Filmati raccapriccianti che mostrano la spietatezza della follia della guerra, di una «logica» che riesce perfino a concepire che si possa tagliare la testa a un neonato in nome di una causa, di una terra, di una religione. Il bambino, il suo corpo, è strumento, ingranaggio in una macchina meschina che nessuno sembra in grado di smontare.

Cronache dai fronti e dai mari mettono milioni di cittadini inermi al cospetto di un carosello lugubre nella speranza che i loro cuori si adattino all'orrore quotidianamente replicato.

La conta di morti e feriti si perde tra le notizie come se non si potesse essere altro che spettatori di fronte al più atroce mercato di esseri viventi, in uno speciale macello pediatrico, dove la pietà deve lasciare il passo alla ragion di Stato, agli affari. A ogni massacro corrisponde una conferenza stampa nella quale qualche autorità comunica i propri distinguo, le proprie precisazioni, smentite, accuse, eppure quel conto di morte d'infanti è citato come orpello, c'è gente che la chiama addirittura «conseguenza inevitabile». Come se uccidere un piccolo corpo fosse una questione intrinseca all'ovvietà e alla banalità di un conflitto.

Non discuto le ragioni di una parte o dell'altra, non è mio compito. Né però vorrei apparire neutrale – aggettivo orrendo quando si tratta di vita e di morte –, ma solo parlare del coraggio che manca alla ragione che ha mutilato il buon senso, che continua a sopirsi nella coscienza di molti. Rimane un pensiero comune che ha sigillato in un altrove lontano le nostre emozioni.

E se avessimo smesso di ribellarci alla realtà? Se l'indignazione fosse considerata un lusso e non più una declinazione della libertà?

Una bambina è una bambina, un bambino è un bambino. Ovunque siano concepiti, nati, cresciuti, allevati.

Per qualcuno sembrerà scontato ribadirlo, ma oggi non è più così, anzi temo che così non sia mai stato. Nemmeno grazie al progresso e all'avanzamento della civiltà o a ciò che in un pezzo di pianeta privilegiato abbiamo dato per ovvio ben sapendo, ben temendo, che non lo fosse affatto, siamo riusciti a rispettare e garantire il più fondamentale dei diritti umani.

E allora bisogna ribadirlo, con forza e con coraggio. Qualcuna o qualcuno si deve pur levare in piedi con dignità e urlarlo, quel diritto. Lo si deve fare oggi che vediamo a ogni ora sui nostri piccoli schermi corpi dilaniati, figure smarrite che scappano dalla furia degli adulti. Bambini e bambine come «costo irriducibile» di una guerra, di un'occupazione militare, di una vendetta secolare. Bambini e bambine che crescono nutriti di odio tra devastazione e smarrimento in una quotidianità progettata come se quei piccoli dovessero diventare fin da subito soldati bonsai colmi di risentimento nei confronti dell'altro, di tutti gli altri. Scuole di odio, fabbriche che non costruiscono ma distruggono.

Bambini e bambine cresciuti in gabbie urbane, di qui e di là da una frontiera, sempre arbitraria, sempre contestata. Bambine e bambini che proveranno sulla propria pelle quanto sia vero che la prima causa di morte per l'umanità è rappresentata dai confini geografici.

Non sono soltanto i nostri bambini e le nostre bambine che dovrebbero avere lo stesso diritto fondamentale di poter vivere, ma tutti quelli che ogni giorno vengono messi al mondo. Ma così non è e dobbiamo chiederci se le bombe e i missili non abbiano, prima ancora di aver centrato l'obiettivo, massacrato le nostre emozioni incallendole fino a renderle degli inutili e fastidiosi orpelli.

Eppure, quasi tutti i paesi del pianeta hanno stipulato carte internazionali sui diritti dei cosiddetti «minori» (chiamati così, verrebbe da pensare, perché minore è la loro importanza sociale), vi hanno ufficialmente aderito, ma dovrebbero essere anche consapevoli di averle tradite.

Hanno chiuso gli occhi, soprasseduto all'istinto salvifico, concedendosi continuamente eccezioni. Si sono ripromessi di non ripetere quei crimini salvo poi, quasi inevitabilmente, contraddirsi facendo precedere ogni plateale fallimento da un «dipende», come se la morte, non solo quella di un bambino, potesse essere relativizzata a vantaggio di qualche morale superiore, di una «giusta causa». E non mi riferisco soltanto ad aree deprivate ove mancano i più elementari diritti dell'infanzia, ma anche a quelle dove non è rispettata la dignità di donne, anziani, malati, fragili, ovvero a quella parte della nostra «civiltà» fondata sulla cultura dei più forti, dei gladiatori, dei prepotenti, sulla stereotipia della tracotanza.

Non parlo quindi soltanto di un'infanzia negata per guerre e massacri, per fame e mancanza di cure, né di quella annegata dalla nostra indifferenza a qualche miglio dalle nostre spiagge, ma mi riferisco anche ad altri conflitti meno visibili, che non fanno notizia, ma che producono danni nella sfera più intima. Parlo di un'anestesia che avvolge le vite già alla nascita e che si traduce nell'abbandono emotivo.

Alludo alle cosiddette «democrazie avanzate» dove non si pensa più che un bambino abbia diritto di crescere giocando con altri bambini, ma che l'unica sorte che deve essere destinata ai nostri figli e figlie sia un solipsismo digitale, dove la creatività è ridotta all'applicazione di prodotti prefabbricati uguali per tutti, dove i sensi diventano arti immaginarie, la manualità inutile declinazione nel quotidiano.

Non è forse questa la premessa per non provare più pietà e indignazione e per rinunciare a conoscere il sapore dell'empatia e della sensibilità?

Esiste, inutile negarlo, una sottile convinzione – che a volte non è nemmeno così esile, a dire il vero – che porta a ritenere che tutto ciò che è innovativo debba essere, quasi per un automatismo mentale, totalmente e solamente positivo. Ma quando una cultura si perde nell'autocelebrazione, si avvicina al proprio declino più cupo.

Un vantaggio questa *nouvelle vague* lo offre: rende tutto deperibile, effimero, elimina il senso critico, la coscienza e, quindi, la sofferenza. Abbiamo sottovalutato il cinismo che questo passaggio epocale comporta e acquisisce. Quello stesso cinismo di cui mi parlava un vecchio amico giornalista – lavorava al quotidiano francese «Libération» – quando mi accennava a una regola nota ai cronisti: il morto per chilometro. Mi spiegava che un morto sotto casa ha sui lettori lo stesso impatto di dieci deceduti a centinaia di chilometri da dove si vive, e che per raggiungere lo stesso clamore da un'altra parte del mondo occorre che i cadaveri siano cento e più. Ciò fa sì che l'effetto emotivo tenda a diluirsi secondo convenienza, tempo e geografia. Così ci si preoccupa di un bambino che cade dalla bicicletta nella nostra via e si procura una brutta distorsione al ginocchio, ma non altrettanto di dieci uccisi da una bomba lanciata su un ospedale pediatrico in una nazione lontana. Questo significa indifferenza, agire senza dover fare i conti con le emozioni proprie e del prossimo.

Il cinismo tende a conservare se stesso, ne ha cura. Un paradosso imbarazzante quanto inconsciamente accettato e accreditato.

L'anestesia morale crea proseliti, da sempre. Lo ha spiegato egregiamente lo scrittore americano Jack El-Hai nel suo *Il nazista e lo psichiatra*, in cui descrive l'incontro tra un giovane medico e Hermann Göring durante il processo di Norimberga, dove si celebrò il tramonto dell'epoca drammatica che aveva sconvolto l'Europa con la nascita del nazismo e lo scoppio della seconda guerra mondiale, o almeno di questo erano convinti i giudici e parte dell'opinione pubblica in cerca di oblio. Come avevano potuto i gerarchi di Hitler ordinare l'Olocausto? Di quanta indifferenza erano impregnate quelle divise? Perché un popolo intero aveva potuto essere sedotto da quei simboli di morte e diventare loro complice? Avremmo dovuto capire che non poteva essere un processo a rispondere a ciò che è dentro l'uomo, non solo ai responsabili di uno specifico periodo storico.

Inconsciamente vorremmo che ogni tragedia potesse passare attraverso il tritacarte della memoria e disperdersi come coriandoli. Ogni orrore si placherà, affermano gli indifferenti. Anche quelli che sembrano più terrificanti, come le guerre, i bombardamenti di civili, le uccisioni di donne e di bambini. Pure questi scivoleranno in fondo alle pagine di cronaca, esclusi dalle scalette di telegiornali e dei talk show. Perfino i social media rallenteranno i loro richiami ossessivi, cambieranno agende e parole d'ordine, svieranno la nostra precaria attenzione. La spettacolarizzazione segue esigenze precise e una di queste è puntare sull'effimero: tutto deve essere caduco, nulla si deve depositare sulla coscienza e insegnare al prossimo.

Temo che anche le proteste nelle piazze e nelle aule universitarie contro la violenza nei confronti delle donne possano consumare rapidamente il loro rancore e che le ingiustizie gridate tornino a essere inascoltate. Una delle strategie che l'umanità ha eletto per sopravvivere nel mondo contemporaneo, la più temeraria, risiede nell'enorme capacità di rimozione di ogni nefandezza compiuta. Se esistesse una pillola capace di cancellare il ricordo di un atto efferato e il senso di colpa che induce, sarebbe la più consumata tra i militari in guerra e tra i malavitosi, ma anche tra molti semplici, insospettabili cittadini.

La storia dimostra che l'umanità non è capace di imparare da se stessa, è acclarato, lascia i propri conflitti senza risposte aspettando che il prossimo si compia, arrivando a un punto che assomiglia al precedente per poi andare ancora a capo e ricominciare, come il meccanismo di un orologio antico che un uomo invisibile quotidianamente ricarica. Archiviando le tenebre, l'umano spera di non doversi confrontare con le ragioni dell'odio e del disprezzo, perché soltanto così si può illudere che non tornino a macchiare il cielo dell'anima.

L'indifferenza celebra se stessa accompagnando le nostre coscienze da un orrore a un altro, come un eterno Caronte che finge che tutto sia inevitabile. L'accidia dell'umanità nei confronti dell'odio, che continua a produrre e a diffondere, è il tratto identitario più dolente e profondo, che insegna a sconfiggere la sensibilità abolendo ogni radice emotiva. Gli insensibili non si sentono mai in colpa.

Non vi è alcuna ragione politica o economica in grado di offrire la minima spiegazione a questo tratto distruttivo: ciò che è più labile e più effimero sono proprio le nostre emozioni, che si dileguano come folate impreviste di vento, abitano dentro di noi come profughi.

Come si fa ad accettare che un bambino e una bambina periscano per mano dell'uomo? La risposta è che basta che ciò avvenga il più rapidamente e continuativamente possibile, che siano tanti, così tanti da riuscire ad anestetizzare la morte, il raccapriccio, l'afflizione, il senso di disgusto per la propria coscienza sporca.

L'anestesia è la trama di un romanzo di pessima qualità perché prevedibile e già letta, sembra scritta con il solo scopo di accecare la nostra speranza per poi lasciarci esanimi a concedere spazio alla reiterazione del male.

A leggere i profeti si prova vergogna. Per questo li abbiamo bruciati come abbiamo fatto con le persone libere, con chi si sentiva «academico di nulla academia» come si faceva chiamare Giordano Bruno.

Le loro parole rimangono sempre senza seguito se non quando vengono scritte in pagine lontane dove il loro significato, la loro eco non costano fatica e non impongono alcuna ribellione. I sacerdoti del silenzio parlano ad allievi distratti, arroganti o illusi. Altrimenti non ci si spiegherebbe perché nei cortei e nelle dichiarazioni dei politici e di molti benpensanti si senta ripetere «mai più» quando si stringe già un sasso nel pugno pronto a frantumare un altro confine di pacatezza.

Ci dovremmo porre la domanda più semplice e ineludibile: perché?

È l'unico interrogativo che ha senso soprattutto quando è astratto, quando non è riferito a nulla di specifico se non alla vita in generale, ma al quale non rispondiamo mai perché forse inutile, irriguardoso nei confronti delle nostre smisurate debolezze, ma anche per evitare l'imbarazzo delle parole che scorrono inquiete e incapaci di rassicurazione.

Ricordo una scena di un film di Marco Ferreri, *Ciao maschio*, in cui, sopra un letto sul quale era sdraiato un giovane Gérard Depardieu coperto soltanto da un asciugamano, campeggiava, disegnata come la nuvoletta di un fumetto, una grande scritta: «WHY?!».

Domanda duale, provocatoria, insopportabile nella sua schiettezza. Dietro quel graffito sul muro si annidava l'omissione della responsabilità, la sua anatomia incresciosa. Adulti talmente svuotati di sé che non riescono a proteggere i loro piccoli, così accecati dall'interesse personale da non aver saputo indossare l'autorevolezza per mostrarla ad altri, al prossimo, al futuro, oltre il qui e ora. Si cattura il momento in quanto contenuto in una narcosi sentimentale.

Si tende a evitare di chiedersi perché il cinismo sembra essere capace di riempire quel vuoto di senso. Forse perché per molti non è poi male distrarsi con altro, c'è sempre un comico che ci rallegra, una trasmissione che svia un'attenzione sottile come fogli di carta velina, un festival della canzone popolare, la polemica tra qualche vip, l'influencer di turno che provoca con il nulla di un pensiero che pretende di suggestionare una platea di follower.

Difficile chiedersi perché un bambino è morto annegato

o ucciso da una fucilata, se siamo perennemente distratti da qualcos'altro.

Non c'è necessariamente uno scopo quando si vogliono sfuggire le domande troppo ovvie, basta accontentarsi di un piccolo sussulto nel vuoto ancestrale dell'anima. L'eco di una caverna da cui non conviene allontanarsi. Non è forse cinico e rassicurante procedere per negazioni, per cancellazioni e rimozioni continue? E non è altrettanto cinico far finta di inorridire del dramma che abbiamo davanti agli occhi se poi si è pronti a ricostruire lo stesso scenario che lo ha creato? Cambiano i personaggi in scena, non il senso dell'atrocità che li anima.

Le guerre, le migrazioni epocali sembrano lontane anche quando accadono dietro le nostre città, è solo la necessità di redimerci con l'ipocrisia che ci permette l'attenuante, una visione senza una contaminazione emotiva come la fiaccolata per l'ennesima donna trucidata, cristi esposti come richiami all'oblio dei sensi, lacrime false e scellerate perché nessuno vuol essere più divorato dalla memoria di sé. Senza colpe e senza presagi di un nuovo male imminente, si vaga in uno spazio indefinito e potente quanto una rassicurazione effimera, un'espiazione breve e indolore. Tutto si svolge nell'attimo in cui accade, senza sciami emotivi, senza esiti, senza turbolenze.

Siamo alla beatitudine neutralizzata delle coscienze, quelle che oggi urlano lo sgomento e domani si imbellettano di nuovo per il prossimo dramma. Sembriamo clown tristi che girano sull'arena di un circo che deve sempre ripetersi per simulare un sorriso. Come in quella melensa misericordia che durante la pandemia cercava di rincuorarci ripetendo la litania «andrà tutto bene...». Ci sarà sempre qualcuno che ci salva, non noi con le nostre forze e le nostre deboli e contraddittorie decisioni. Ci ha provato anche Hollywood dicendoci che «domani è un altro giorno» e qualcuno ci ha pure creduto: l'illusione corre attorno alla grande ruota che gira cinica e bara. Domani è soltanto un giorno di meno, questo è certo.

Al destino si crede solo in quanto suggerisce comodità, perché non presuppone altro che passività. Agli appuntamenti invece bisogna andarci, quindi richiedono fatica. Il destino è solipsistico e passivo, gli appuntamenti sono con altri, l'altro che non siamo e che qualcuno vorrebbe scartare, oscurare, sottrarre.

Anche una guerra è un destino o è storia che si ripete, dicono i dittatori; la vogliono gli dèi, dicono i fedeli e gli invasati; oppure la vuole l'economia per ristorare i poveri illusi o per dare una speranza di una terra e una casa a qualche disgraziato. Non c'è emozione in una dichiarazione di belligeranza, nell'uccidere migliaia di indifesi pur di calpestare un confine e nemmeno nel trafiggere ciò che si considera un «amore». Non è ammesso alcun turbamento, perché l'emotività rallenta, sospende l'azione, crea un tempo dove c'è spazio per la ragione emotiva che è nemica della violenza. La distruzione è atto anaffettivo per definizione, ci sono uomini che credono perfino che si possa uccidere seguendo un «istinto sentimentale», che altro non è che l'antinomia per eccellenza.

Per fare una guerra bisogna essere indifferenti come per assassinare un ragazzo per uno scooter parcheggiato male, per far annegare una famiglia su un barcone in viaggio verso la libertà, per straziare il corpo di un bambino per vendetta. La sensibilità uccide, afferma il carnefice. Nelle case degli assassini non ci sono fiori, scriveva Guido Ceronetti.

Chi accetta di rinunciare alle emozioni si dispone a diventare un potenziale criminale.

Questo è il danno cui una parte dell'umanità inconsciamente si espone.

«La morte dell'empatia umana è uno dei primi segni d'una cultura sul punto di sprofondare nella barbarie» scriveva sessant'anni fa Hannah Arendt. Parole profetiche e terribili, perché quella prospettiva tracciata da una mente così lucida dovrebbe disegnare ancor più oggi il nostro orizzonte, essere sentinella di un maleficio che sta distruggendo le nostre relazioni. Per questo diventa urgente tracciare una linea oltre la quale si dovrebbe diventare coscienti che non accorgersi della superiorità della ragione sui sentimenti significa cedere alla seduzione della forza, alla rivalsa del male.

Se abbiamo osato oltrepassare quel segno tetro indicato da chi ci aveva avvertito, allora non soltanto Arendt, ma anche Antonioni, Pasolini, Merini, Gaber e moltissimi altri poeti, filosofi e liberi pensatori hanno inutilmente scritto.

Forse però c'è ancora tempo per capirlo, per far sì che gli eretici e i più lucidi visionari siano tuttora guide, sherpa insostituibili per le generazioni future.

L'empatia è un confine che non dovrebbe essere attraversato, perché oltre non c'è ragione, ma perdita della coscienza e del significato delle nostre relazioni affettive. E invece è evidente che qualcuno lo ha fatto e continua a farlo.

L'empatia è antidoto, significa assumere le emozioni come metronomo capace di scandire il nostro tempo invece di farlo scorrere al contrario. Non tutti la pensano così. C'è chi, come lo psicologo canadese Paul Bloom autore di *Contro l'empatia*, ritiene che sia invece proprio l'empatia il rischio, che ve ne sia anche troppa e che ciò vada a discapito della razionalità, che dovrebbe salvare l'umanità, la sua etica sociale. Opinione assolutamente rispettabile e anche in parte condivisibile, ma anche figlia di un'angolatura diversa, di una sensibilità divergente. Non ho mai pensato che l'empatia sia sinonimo di buonismo o fatua dichiarazione di buone intenzioni, anche perché si tratterebbe di un intollerabile esercizio di ipocrisia.

È della falsa o della pseudo-empatia che non sentiamo la mancanza, quella che si rincorre nelle chiacchiere dei salotti intellettuali, quella moralistica. Non è di compassione che sto parlando, ma del tramonto di una ragione che cannibalizza la nostra parte emotiva.

Allo stesso tempo mi chiedo perché ci dovremmo guardare dalla capacità e dalla disponibilità di mettersi nei panni dell'altro o dell'altra. Un talento che vedo rarefatto, e che, quando c'è, rischia di essere stereotipato. Caricaturale. Se non esistesse questa meravigliosa vocazione – la capacità di sporgersi verso l'altro e di accoglierlo –, non esisterebbero nemmeno la psicoterapia, la simpatia e tanto meno l'affetto gratuito. Perfino la commozione sarebbe esecranda. Molti politici e leader si guardano bene dall'esporre la propria fragilità come se fosse un azzardo per il consenso. Io non mi fiderei di un presidente della Repubblica che non ho mai visto piangere.

Oggi a me sembra stia trionfando una sorta di autocrazia emotiva, ovvero la declinazione autarchica delle relazioni, un'autogestione dell'irrazionale, perfino dell'affetto. Emerge una forma di «burocratizzazione dell'abbraccio» che insegna distanze, non coinvolgimento.

Al contrario, si usano le emozioni per definire e giudicare gli altri, non per comprendere se stessi e per imparare a sconfiggere ciò che la razionalità rischia di offrirci, la durezza dell'anima. Non esiste una morale delle emozioni, semmai è la razionalità che ne è satolla.

Occorre essere invadenti, accorgersi delle intelligenze che sfioriamo tutti i giorni, farsene contaminare: questo direi a un giovane o a una giovane. La difesa ossessiva di una gelida ragione non ci rende più intelligenti, ma solo più scaltri.

Mi chiedo perché per costruire un orizzonte – peraltro tanto circoscritto – per la nostra civiltà ci si voglia così spudoratamente nutrire di anestesie. Se la ragione ha un senso, non deve pretendere di indurire i nostri cuori, perché lo stanno già facendo da sé.

Nella mia ormai lunga vita ho visto molto cinismo diventare ispirazione, e forse anch'io ho ceduto a questo sentimento più di quanto avrei mai pensato di concedere a me stesso. Ora vorrei invecchiare da romantico. Per questa ragione credo sia urgente inventare, senza imbarazzo, una nuova passionalità, quasi un languore, non nella sua forma dolciastra o sdolcinata, ma come segno di una rivalsa strategica nei confronti delle tante gabbie che stanno limitando proprio quel cuore, quell'arnese biologico che va e viene nella fantasia di un bambino o che si tuffa e riemerge come la prua di una barca capitanata da un giovane e intrepido marinaio: la vita che inizia e si protrae come il viaggio nelle illusioni e nella meraviglia e nello scuotimento di una vela che le emozioni tessono con un lavorio indefesso. L'umanesimo non è solo esercizio di razionalità, ma concede e apprende dal mare delle emozioni strade e guide per illuminare i nuovi viandanti, sperimentatori, cacciatori di orizzonti.

Le pagine di questo libro iniziano dalla domanda su dove siano finite le nostre emozioni. Chiederselo non è un esercizio retorico, non è spaesante, ma aiuta a capire da dove riacchiappare la fiducia in se stessi. È evidente che il rischio di perderle non è in un eventuale eccesso di empatia, ma nel suo opposto, ovvero in quel marketing di realistica disperazione che produce isolamento, ma soprattutto sudditanza alla ragione degli altri e disistima di sé.

E i bambini avrebbero davvero bisogno di una speranza. Che la lezione del tempo per loro non debba essere soggezione a ciò che fan tutti, ma qualcosa di speciale, in grado anche di contraddire il senso comune – distinto dal buon senso – oggi prevalente.

Per farlo occorre tornare a ragionare senza dare nulla per scontato, ripercorrendo a ritroso il fiume dell'ovvio e della resa all'omologazione. Una rivoluzione dolce e inaspettata.

Questa è la speranza dell'esperienza: voler vedere oltre ciò che appare scontato, cominciando dal cercar di capire quando il piano della nuova etica educativa ha cominciato a inclinarsi verso il basso. Con tutto il rispetto dovuto alla nostra storia recente, naturalmente, ma anche con l'orgoglio necessario a diradare una nebbia che – questa è la mia opinione – ha impedito di scorgere le ricadute di una visione egocentrica e facilitante che ha complicato il futuro non solo ai nostri figli, ma anche a tutto il resto della nostra comunità.

2

La ruota del genio

Le persone geniali si riconoscono subito perché si esprimono in termini quasi banali. Comunicare in maniera semplice non significa affatto essere semplicistici. Dove c'è ridondanza verbale c'è presunzione: l'opposto della genialità, che, invece, fa rima con umiltà.

Jacque Fresco è stato un designer visionario, una delle menti più lucide del Novecento, un pioniere, l'anticipatore dell'ecosostenibilità, ideatore di città utopiche come quella che l'organizzazione Venus Project ha costruito in Florida negli anni Ottanta. Ha vissuto per un secolo all'avanguardia, anzi lo è stata lui stesso, l'ha personificata con coerenza e coraggio. Ha compreso prima di altri la necessità di contrastare i consumi, di limitare la devastazione dell'ambiente. Il suo motto è stato: dimenticatevi denaro, potere, proprietà e sostituiteli con benessere comune, condivisione e riuso delle risorse. Per Jacque Fresco non si trattava di uno slogan scandito in qualche piazza gremita di ideologie, ma della sua pratica quotidiana, del suo straordinario contributo professionale al quale generazioni di architetti, urbanisti, sociologi, ecologisti hanno attinto, trasformandolo in un cambiamento culturale che ha influenzato il modo di pensare un futuro possibile e compatibile con la salvaguardia del pianeta.

Tuttavia, le persone di genio non si occupano mai soltanto delle questioni specifiche legate al proprio ambito professionale, ma custodiscono, spesso inconsapevolmente, la capacità di esprimersi con altrettanto acume anche quando parlano d'altro, traendo ispirazione da elementi della quotidianità che ai più sfuggono, leggendone significati metaforici che esulano da ciò che stanno osservando. La vera genialità è inaspettata, la si coglie in un piccolo gesto, in una parola, in un racconto senza pretese.

Mi ha molto colpito una sua videointervista ascoltata qualche tempo fa. Mentre racconta di sé e del suo impegno progettuale, tra un esempio e l'altro, si percepisce una preoccupazione, quasi volesse arrivare ad analizzare la radice del suo pensiero, che non ha a che vedere con città e ambiente, con l'architettura e l'urbanistica, ma riguarda la precondizione per cambiare le cose del mondo: l'esigenza di crescere una generazione di bambini capace di unire il proprio talento alla determinazione, alla creatività e all'indipendenza.

In questa breve registrazione, Fresco è seduto su un divano scozzese nel suo salotto. A un certo punto, parlando di suo figlio quando era ancora piccolo, cambia espressione, s'illumina, gesticola con le sue grandi mani da artigiano, come se volesse sottolineare l'importanza di ciò che sta raccontando.

Il bimbo gli aveva portato una macchinina cui si era staccata una ruota. Jacque l'aveva osservata annuendo: «È vero, è rotta, peccato...» e aveva gettato il giocattolo e la ruota staccata in un cestino tornando alla sua lettura.

Il bambino era rimasto senza parole e lui, guardandolo, gli aveva chiesto: «Qual è il problema? Perché sei triste?».

«Ma tu hai buttato via quella macchina...» aveva risposto il piccolo sconsolato.

«E sì... la prossima volta bisognerà comprare un giocattolo in cui le ruote non si staccano così facilmente...»

«Be', se è così però posso provare ad aggiustarlo» aveva osservato il bambino.

A quel punto il padre aveva ripreso la macchinina e la ruota dal cestino e le aveva riconsegnate al figlio, che si era seduto accanto a lui cercando di rimetterla a posto. E ci era riuscito subito, in un minuto o due; aveva preso la ruota e, vedendo che dall'auto spuntava un pezzetto di ferro, l'aveva rinfilata su quel perno. Finalmente la ruota era tornata a girare e l'automobilina a correre.

Poi Jacque l'aveva preso in braccio: «Ma come hai fatto? Sei stato semplicemente meraviglioso...» si era complimentato con un bel sorriso.

«Non sono così piccolo, ci sono riuscito, ce l'ho fatta, ho visto che c'era un pezzo di ferro e ho infilato lì la ruota...» aveva risposto il bambino contento di mostrare al padre le proprie capacità.

«Se un padre o una madre avessero preso quella macchinina rotta» prosegue Fresco nel video cercando di trarre una morale dall'episodio «e avessero detto al loro bambino: "Non ti preoccupare, ci penso io a rimetterla a posto", avrebbero trasmesso il messaggio che sono i genitori a risolvere tutti i problemi dei figli, ma così i bambini non capirebbero mai che possono fare una cosa meravigliosa come trovare la soluzione per rimettere la ruota che si è sfilata da un giocattolo. Li priveremmo di una soddisfazione fondamentale, quella di scoprire che sono già degli esseri umani capaci di risolvere qualche problema, non degli assistiti» conclude Jacque.

Educare significa comprendere e far comprendere la differenza che c'è tra il sollievo e la gioia: il primo è un sentimento che scaturisce dalla tutela, dalla protezione; la gioia, invece, nasce dalla soddisfazione per ciò che si è riusciti a fare, rappresenta un premio, il principio di un'avvenuta affermazione. È con la gioia che s'impara a utilizzare i mattoni fondamentali per la costruzione della propria autostima.

Anche una ruota che si stacca da un giocattolo è l'occasione per educare un bambino alla consapevolezza di sé evitando l'automatismo della perenne e continuativa salvaguardia genitoriale.

Il quadro che oggi si apre ai nostri occhi prevede genitori molto diversi da Jacque. Sono i papà e le mamme salvifici, pompieri, assistenti sociali dei propri figli, che cresceranno in perenne attesa di essere tutelati di fronte a qualsiasi frustrazione quotidiana. E nulla di tutto questo ha a che fare con la semplice genialità dell'educare.

L'atto di gettare la macchina rotta nella spazzatura è forte, volutamente provocatorio, serve a far capire l'importanza dell'orgoglio.

Un grande architetto sa che il verbo «edificare» significa anche «costruire» in senso morale, così come «educare» significa scovare dentro l'anima di una creatura qualcosa di selvaggio, di non ancora domo, di scoppiettante: questa è la linfa con cui si cresce, si diventa adulti coraggiosi e ingegnosi.

Il buon educatore fa questo: non mette l'allievo in difficoltà, ma alla prova, sapendo che ogni bambino e ogni bambina hanno un proprio talento. E il talento ha bisogno dell'occasione buona per riuscire a stupire chi lo possiede e gli altri. Ognuno ha diritto a essere eletto, scelto per la propria capacità di sconvolgere ciò che gli altri si aspettano da lui.

Avete mai conosciuto un contadino che si ostina a mettere a dimora un albero da frutta sotto una magnifica, immensa quercia? Impossibile, quell'alberello non crescerebbe e soprattutto non darebbe frutti. Perché possa farlo, ha bisogno della propria pioggia, sole, neve e anche vento e tempeste. Ha bisogno di essere autonomo nella capacità di difendersi e di fidarsi di sé, e questo la grande quercia lo sa benissimo. E i genitori di oggi ne sono consapevoli?

L'esempio è fondamentale. In una casa dove si ascolta Mozart i bambini parlano sottovoce, e se un bimbo cresce sapendo che i propri genitori parcheggiano la macchina sempre in terza fila, diventerà un bullo, convinto che la violenza sia una forma accettabile di comportamento.

Se gli educatori non fanno uso di buon senso nemmeno quando esso rasenta l'ovvietà, e fingono che provenga da un mondo alieno, allora c'è da chiedersi cosa abbia portato a questo «imbarbarimento educativo». L'esempio di Jacque Fresco è lapalissiano, quasi sconcertante nella sua semplicità, eppure questo pragmatismo pedagogico appare estraneo a molti genitori e educatori, ma lo è anche più in generale nella nostra cultura. Ci vuole coraggio a sfidare il talento di un figlio, a provocarlo, ma ce ne vuole ancora di più a renderlo passivo, asservito. Cambiare è difficile, decidere di non farlo è diabolico.

Da lungo tempo trascorro serate in teatri per incontrare persone. Il mio mestiere potrebbe chiamarsi, come dicono gli americani, *public speaking*, ovvero parlare in pubblico, il che, almeno nel mio caso, non significa tenere conferenze perché non seguo un canovaccio preciso, nemmeno una traccia.

Seguo una modalità emotiva, chiedo che le luci siano sempre accese in sala, perché non si tratta di uno spettacolo in senso tradizionale, non ci deve essere distanza tra palcoscenico e platea, altrimenti non si comunica, ma semplicemente si declama, si interpreta un ruolo, si pontifica. Io ho necessità di «sentire» le persone, come loro possono fare con me. È una relazione di reciprocità che io chiamo empatia.

I teatri sono *sold out* già da mesi prima e mi chiedo che cosa possa portare tanta gente in quei luoghi sapendo che sul palco non troverà un musicista, né un comico, né un attore drammatico. Non smetto mai di interrogarmi sulle cose che mi accadono, non mi piace dare nulla per scontato, tantomeno il successo, che non è poi così interessante.

Forse chi viene ad ascoltarmi ha necessità di qualcuno che parli con semplicità, qualcuno che lo faccia sulla base di un'esperienza, qualcuno che un pregio lo ha: è autentico. Forse sono abbastanza vecchio per apparire saggio: certo, nulla di tutto questo sarebbe accaduto se non ci fosse confusione e sgomento nella vita della gente.

Nel pubblico c'è attesa, si sente. Ci sono persone di ogni età, immagino anche di diverse provenienze culturali. Né c'è differenza tra grandi e medie città, tra arene e piccoli locali. Non mi faccio bastare mai ciò che vedo, continuo a farmi domande, non mi permetto di dare consigli, dico soltanto quello che penso senza filtri e senza aspettative di consenso.

Sono anni che faccio questo mestiere di «psichiatra girovago», mi piace pensare di essere una sorta di tuareg senza meta. Per farlo al meglio, ho cercato di adattare la mia comunicazione a domande che, pur essendo formulate in maniera diversa, si basano sempre sullo stesso sconcerto, il dubbio di non saper fare le cose giuste. Sembra che il rapporto fra generazioni ruoti attorno a colossali sensi di colpa e di inadeguatezza. E per dare risposte occorre dire cose simili a quelle del racconto di Jacque Fresco.

La storia della ruota ammonisce, produce semplici domande. «Perché non ci avevo pensato prima, perché non ci sono arrivato da solo o da sola? Sembra che tutto sia così ovvio... eppure non l'avevo capito o forse non ero disposto a capirlo...»

Non mi sento certo diverso da quel pubblico semplicemente perché io sto seduto nel bel mezzo di un palcoscenico su una sedia rossa e loro in sala su una poltrona. Il mio compito, anzi, è annullare lo spazio che separa quella platea e quei palchi da chi è in scena. Togliere i riferimenti sicuri che ci sono nella distanza per ridare senso e significato alle emozioni. Perché si percepisce che sono proprio quelle a essere venute a mancare, e che tutti le cercano anche se è complicato ripristinarle. Ma questo è lo scopo per cui ci si vuole ritrovare a parlare e ad ascoltare.

Se, in una sorta di rito collettivo, scopriamo che qualcosa ha cambiato in peggio le nostre relazioni, quelle tra adulti e giovani, tra educatori e allievi, così come tra le stesse generazioni, occorre anche cercare di comprendere come, perché e soprattutto quando tutto questo è così profondamente mutato. Esiste una data, un evento, un punto di partenza di questa rivoluzione?

3

La malintesa democrazia delle emozioni

Se è vero – e non credo proprio di essere l'unico a pensarlo – che l'idea di educazione sta attraversando una crisi profonda, dovremmo chiederci: quando è iniziato questo declino? È rintracciabile un'epoca, un periodo? Oppure è accaduto tutto a caso, senza un prodromo, un momento in cui si potessero intercettare i primi segnali, una precisa volontà di cambiamento?

Mi sono spesso chiesto se questa domanda fosse retorica, semplicistica, un po' ingenua o se invece questa ricerca avesse un senso.

Non esistendo nulla che possa nascere in poco tempo, visto che si tratta di cambiamenti culturali complessi, ho cercato nella storia recente un indizio, fosse anche soltanto un fraintendimento.

L'idea stessa dell'educare poggia su una faglia: sappiamo che c'è una fragilità (quella degli educandi e degli educatori), ma non riusciamo a prevedere quando il terremoto si scatenerà, né quale sarà la sua forza. Tutto sembra seguire una continuità silente, salvo poi essere scossi da imprevedibili sobbalzi che creano discontinuità e cambiamento. È come se fosse necessario cambiare senza che si abbia alcuna idea su come farlo e nemmeno perché.

Una risposta me la sono data e ho azzardato: ci sono un anno, il 1946, un nome e un cognome, Benjamin Spock. Si era laureato in medicina e poi specializzato in pediatria e psicologia alla Columbia University: è il più noto «puericultore» del dopoguerra, colui che ha cambiato il modo di vedere e gestire il rapporto fra genitori e bambini, fra grandi e piccoli.

Spock era già popolare prima di diventare medico. Aveva vinto la medaglia d'oro per gli Stati Uniti alle Olimpiadi del 1924 nel canottaggio. Era coraggioso fin da giovane e quella forza l'ha semplicemente dirottata su ciò che amava ancora più dello sport, che pure gli aveva tributato onore e gloria: i bambini.

La notorietà planetaria, infatti, arriva dopo la seconda guerra mondiale. Sono gli anni in cui in America si diffondono le prime ipotesi interpretative dal punto di vista sociologico e psicologico sulla nascita e sullo sviluppo del nazismo e del fascismo in Europa. Coordinatore di un'importante ricerca sull'argomento, commissionata dall'American Jewish Committee e svoltasi tra il 1944 e il 1949, è il professor Theodor Adorno. I risultati verranno pubblicati nel 1950 in un volume destinato a cambiare la percezione e la coscienza di ciò che ha prodotto l'Olocausto: *La personalità autoritaria*.

Già dagli anni del primo dopoguerra, Adorno è noto come una delle personalità più influenti della Scuola di Francoforte, il laboratorio più prestigioso per lo studio della sociologia e della filosofia nato in Germania agli inizi del Novecento. Fuggito dalla Germania nazista negli Usa, egli si avvale del contributo di sociologi perlopiù americani e di psicologi e psicoanalisti provenienti in maggioranza dalla società psicoanalitica viennese che ruotavano attorno alla figura di Sigmund Freud.

È evidente che un dibattito così fondamentale per capire cosa avesse portato, soprattutto la Germania e l'Italia, ai catastrofici esisti della seconda guerra mondiale non poteva che contaminare anche gli ambienti più sensibili della psicologia e della medicina.

Benjamin Spock, per radici culturali, ne faceva certamente parte. Progressista, pacifista, antirazzista, aveva compreso che il contributo filosofico e sociologico di Adorno e dei suoi seguaci non solo aveva inquadrato un tratto identitario in termini ideologici e psicodinamici, ma che quest'impulso avrebbe avuto una ricaduta formidabile anche in termini culturali e educativi. Ciò che era emerso tratteggiando la personalità autoritaria doveva, secondo il professor Spock, essere applicato, perché avesse più efficacia e pregnanza, ai sistemi pedagogici dell'epoca, che perlopiù riflettevano il clima conservatore in cui era immersa buona parte della cultura educativa dei genitori americani.

Le sue teorie si condensarono in un libro – considerato ancora oggi una sorta di Bibbia dell'educazione – che vendette più di 50 milioni di copie nel mondo: *The Common Sense Book of Baby and Child Care*, un manuale per orientare educatori e genitori, soprattutto le mamme. Benjamin Spock aveva infatti compreso che l'anello debole dell'impianto pedagogico di quell'epoca erano le giovani donne e il successo mondiale del suo libro gli diede ragione.

Il testo riflette, in modo lineare e coerente, la visione sociale e politica di Spock (tanto che egli fu anche tentato da un impegno diretto candidandosi alle presidenziali del 1972, ottenendo però un risultato deludente), che parte da una semplice e obiettiva osservazione: gli stili educativi imperanti nel mondo occidentale erano improntati su forme rigide di patriarcato cui la figura femminile, la madre, era sottomessa.

Il mondo al maschile aveva enfatizzato la figura del padre-padrone, ovvero l'autoritarismo vigente nella maggioranza delle famiglie che a sua volta si era riversato e aveva trovato il proprio campo di applicazione ideale nell'educazione. I totalitarismi, le loro teorie discriminatorie, razziste e antisemite che si andavano diffondendo avevano bisogno di crescere generazioni di padri despoti e di madri soggiogate, secondo un modello che non poteva far altro che rispecchiare e replicare quelle stesse forme di arroganza e di indisponibilità all'ascolto e all'empatia.

I padri ordivano le trame sociali, le madri quelle della quotidianità domestica. L'autoritarismo paterno trovava la propria applicazione nel ruolo subalterno delle madri, che tuttavia si sentivano in qualche modo ripagate dalla delega alla crescita dei figli e delle figlie e dal ruolo gregario di cui si fregiavano.

Riconoscere l'autoritarismo del padre portava quindi a una sorta di sacralizzazione della figura della madre. Questo il professor Spock lo sapeva meglio di chiunque altro ed è lavorando su tale crinale che inizia il suo cammino e trova la sua consacrazione planetaria.

Molti anni fa mi complimentavo con il professor Giovanni Bollea – inimitabile maestro, anticipatore e tra i più lucidi neuropsichiatri infantili italiani – per un suo libro di enorme successo: *Le madri non sbagliano mai*. Sorridendo gli dissi che il titolo era magnifico quanto fuorviante. «Se fosse vero, saremmo tutti disoccupati...» mi permisi di osservare. «Ma certo, hai ragione... è che il contrario non si può dire» fece lui esibendo il suo lato ironico e saggio. Mezzo secolo dopo Spock, Giovanni Bollea sapeva bene con chi occorreva allearsi per consentire a una certa idea di «educazione democratica» di prosperare e diffondersi. Ma Bollea non ha fatto a tempo a vedere che cosa sarebbe accaduto nelle famiglie italiane e non solo, non poteva prevedere gli effetti collaterali che quelle idee pur magnifiche avrebbero prodotto nel tempo.

Faccio un passo indietro, torno al grande pediatra americano.

Il libro di Spock sembrava essere stato confezionato come il prodotto perfetto di un marketing culturale: si parte dall'idea dell'autoritarismo come dogma da abbattere e dalla sacralizzazione della madre come nuovo e potenziale alleato. Ciò, ovviamente, indusse proselitismo.

Parlo di marketing non a caso: il libro, così come tutto il pensiero di Spock, si rivolgeva non tanto a una platea immensa di educatori, puericultori, genitori, ma in particolare alle madri, specialmente a quelle che stavano per partorire o che avevano figli neonati.

Sapeva bene con quanto autoritarismo – quello specchiato dai maschi – generazioni di donne avevano allevato i propri figli. L'autoritarismo, così limpidamente esecrato da Adorno, aveva forgiato da un lato un esercito di padri, dall'altro indotto le madri a imporre le regole di un metodo educativo spiccio, perfino violento, in cui la distanza affettiva era la regola sovrana.

Spock intuisce che quegli anni sono adatti a proporre un metodo educativo diverso, antiautoritario, fatto di comprensione e di sensibilità. Se l'Occidente ha appreso la lezione del nazismo, se vorrà evitare future catastrofi, guerre e dittature, dovrà crescere una generazione mettendola al centro di un progetto pedagogico: questo il pensiero ineccepibile di Benjamin.

Il bambino e la bambina saranno ascoltati, anzi diventeranno decisivi perché, forse per la prima volta nella storia dopo Maria Montessori e pochissime altre eccezioni, si tratteggia un metodo scientifico e pratico di cui i bimbi sono l'elemento centrale e tutto il resto deve ruotare attorno a loro.

Le madri degli anni Quaranta sapevano che le regole secondo cui loro stesse erano state cresciute erano ferree a cominciare dall'inizio, dal primo giorno di vita. Dall'allattamento, per esempio. Un tempo era la puerpera che sceglieva il capezzolo, destro o sinistro, e anche il momento della poppata, al mattino presto piuttosto che a mezzogiorno o a notte fonda: era la madre che decideva, che dava il ritmo, i precetti insindacabili. Il lattante subiva.

Ora con Spock si cambia tutto e il capezzolo diventa emblema della rivoluzione. È il vagito che comanda ed è la madre a doversi adattare, assalita da insoliti sensi di colpa. Destra o sinistra è il pupo che decide, come anche le ore e le volte: basta un gemito e ottiene tutto.

Il capezzolo, ovvero l'incipit di un nuovo vangelo, di una nuova era.

Non è soltanto Spock a pensarla in questo modo; lui forse è il capostipite, ma poi ci sono le esperienze pedagogiche antiautoritarie in Inghilterra di Ronald Laing e Aaron Esterson, in Italia con don Lorenzo Milani, Mario Lodi e Margherita Zoebeli. Il libro di Spock dà inizio a una produzione letteraria, ma soprattutto a una serie di esperienze sul campo che seducono milioni di genitori e educatori.

Il bambino o la bambina, fin dal primo pianto, vengono posti al centro dell'interesse, dell'attenzione, della grammatica quotidiana che sovrintende alla crescita. Il vagito sintomo di disperazione che subito deve essere tacitata con il nutrimento, ovviamente, che è la cosa più semplice e basica da fare.

Ma qui nasce il malinteso, ciò che Spock e ogni altro ispiratore del nuovo approccio non avevano potuto prevedere, ovvero l'eccesso di zelo, l'idea che l'educare potesse basarsi sui sensi di colpa.

Se all'emissione di un gemito, ovvero di una richiesta esplicita (che non è solo bisogno di saziare la fame, ma di attenzione), non si è capaci di distinguere tra necessità e ricatto affettivo, l'approccio che nasce dal desiderio di rispettare un indiscutibile diritto all'ascolto si trasforma in mera dipendenza emotiva.

Il bambino comincia dal decidere quale capezzolo vuole e finisce per comandare nell'ambito domestico, per poi pensare di poterlo fare anche nella vita adulta.

L'ascolto, la sensibilità non significano sudditanza, obbligo morale, ma impongono discernimento da parte dell'educante, della mamma, di chiunque abbia un legame con quel bebè che diventerà presto un bimbo potenzialmente dispotico.

È la delicatezza di cui parlava lo psicoanalista Donald Winnicott quando diceva che l'educatore deve saper distinguere fra dolore e disperazione, tra ciò che crea rabbia costruttiva e ciò che porta al disfacimento della propria autostima. Questo richiede nell'adulto una sensibilità che non s'impara attraverso la formazione, ma seguendo un istinto, una naturale tendenza verso l'empatia.

Essere al centro dell'attenzione familiare è un diritto per un bambino, ma può trasformarsi facilmente in un'inconscia attribuzione di ruolo, come se un bimbo potesse essere portato a pensare: «Io comando perché ho in mano l'arma più efficace che esista, il ricatto affettivo». A tale richiesta il genitore/educatore non dovrebbe rispondere né con l'atteggiamento accondiscendente così tanto diffuso oggigiorno, né rispolverando vecchi metodi autoritari patetici e illusori.

Gradualmente, in questi ultimi decenni molti padri e madri hanno iniziato a credere che l'unico modo per sentirsi adeguati sia eseguire tassativamente il volere del neonato/bambino/adolescente, che cresce con un'inconscia certezza: se mi lamento conto e ottengo di più.

Il passaggio dal dispotismo genitoriale alla resa – sublimata a regola del nuovo corso educativo – è stato molto più veloce di ciò che il buon senso avrebbe potuto immaginare.

Non possiamo incolpare Benjamin Spock o attribuirgli queste responsabilità: forse non ha immaginato che il suo pensiero potesse essere equivocato, ma lo è stato certamente. Non poteva essere un manuale a consigliare come diventare genitori a milioni di mamme e di papà, troppo facile leggersi qualche regola d'oro per orientarsi in un mondo così delicato, impossibile da replicare. La risposta non doveva essere ricercata in un metodo infallibile, ma alla fine è stato così. Molti hanno trasformato l'educazione in una ricerca ossessiva, scordandosi così che, come diceva Maria Montessori, i genitori dovrebbero essere affidabili, non perfetti.

Volevano solo diventare «educatori democratici», mettendosi alla pari dei loro figli, ma sono caduti nell'ambivalenza di quell'aggettivo. Sarebbe bastata un'obiettiva valutazione di ciò che ha prodotto quel cascame culturale: il servilismo genitoriale come atteggiamento prevalente. Forse sarebbe stato sufficiente capire che l'educazione non può essere democratica perché un bambino non ha, né può avere, lo stesso peso e ruolo di un genitore, e viceversa.

È accaduto qualcosa di surreale: come se milioni di bebè avessero potuto comunicare tra loro alla nascita e si fossero detti, utilizzando un linguaggio criptato che solo i neonati possono comprendere e decodificare: «Guarda che c'è un modo per ottenere tutto, basta frignare e subito arriva il capezzolo, e lo puoi addirittura scegliere tu, destro o sinistro, e se piangi un altro po' puoi scegliere l'orario, mangiare quando vuoi... loro, i grandi, non fanno altro che quello che vuoi tu, sono al tuo servizio, sono strani e anche un po' psicolabili ma è bellissimo, incredibile...».

Un po' come succede ai gabbiani, proprio qui sopra il mio studio a Trastevere. Quotidianamente, verso l'ora di pranzo, arrivano da non so dove e sono tantissimi a garrire. È una festa. È stata un'anziana signora ad abituarli spargendo sul davanzale della sua finestra pezzi di pane, e loro, che fino ad allora volavano solo casualmente da queste parti, hanno incominciato a capire che ogni giorno a quell'ora precisa ci sarebbe stata la pacchia, molto meglio che rischiare la vita per rovistare dentro la spazzatura accumulata sui marciapiedi del lungotevere. Poi, con il tempo, hanno imparato che la signora avrebbe concesso le molliche di pane anche in altre ore della giornata, bastava che loro si avvicinassero a quel balcone svolazzando e lei si sarebbe impietosita.

Il problema è che anche adesso che l'anziana donatrice non c'è più continuano a riunirsi e fanno più rumore di prima, pretendono ciò che è stato sempre gentilmente elargito. Non si rassegnano e credono che, prima o poi, qualche altro cittadino di questa zona di Roma cederà e, pur di non sentire le lamentele insistite dei pennuti, imiterà la signora e metterà il pane su un altro davanzale.

È nella natura dei viventi scegliere le vie più semplici e meno rischiose, solo che per i bambini dovrebbe vigere una regola diversa e più complicata. Si dovrebbe capire che non si educano così nemmeno i gabbiani.

Benjamin Spock ha tracciato una strada che altri hanno adattato alla meglio, manipolando e distorcendo l'idea geniale da cui era partito. Lui voleva che un bambino fosse rispettato, non adorato come una divinità. Come nell'aneddoto biblico del «vitello d'oro», una parte della cultura occidentale ha temuto che Mosè, ovvero chi avrebbe dovuto guidare la sua gente, l'avesse abbandonata e ha cercato il sostituto trovandolo in un simulacro di saggezza che tradiva però debolezza e contraddittorietà. La grande metafora di cui parla il Libro dell'Esodo insegna che la voglia e la premura di rimpiazzare vecchie e logore regole educative con altre così evidentemente remissive si rivelano spesso deboli e illusorie.

In quest'ultimo mezzo secolo il pendolo è oscillato troppo in fretta dall'autoritarismo all'assoluta tolleranza, transitando attraverso una totale mancanza di autorevolezza. I vecchi gerarchi dell'educazione autoritaria amavano poche regole ferree, i nuovi guru si sono intrappolati in una modalità ancillare della relazione tra le generazioni. La continua ricerca di approvazione ha reso fragili le nuove generazioni di educatori agli occhi dei loro stessi allievi, rinunciando addirittura alla dignità di una regola, di un'opposizione, di un conflitto, come se confrontarsi, anche in maniera netta, fosse sinonimo di arrendersi. I no sono fondamentali perché sono molto più emozionali dei sì in quanto, a differenza di questi ultimi, hanno bisogno di presenza, di coraggio, di una visione, seppur contrapposta.

Così come l'educazione, anche le emozioni non possono essere facilitate da una malintesa ricerca di accettazione, dalla sua maldestra idea di tregua e di resa. Per crescerle e allevarle nelle nostre relazioni, occorre saperle sfidare, sapendo anche che si può perdere senza perderle, sbagliare senza rinunciare alla propria rispettabilità e dignità.

4

Il genitore giardiniere

Negli Stati Uniti – chissà perché certe idee, a volte geniali altre imbarazzanti, in campo educativo e comportamentale nascono sempre lì – si sta diffondendo una nuova moda tra i genitori.

La chiamano «educazione gentile» (*gentle parenting*, neologismo coniato per l'occasione) oppure «genitorialità positiva», oppure «disciplina dolce»: definizioni ammiccanti, probabilmente irresistibili. Infatti il successo è arrivato subito. Il target è quello dei genitori Millennial, quindi tanto vasto quanto disperato (non che tra i Boomer ci fosse chissà quale saggezza educativa, anche se qualche differenza è giusto coglierla). Madri e padri in cerca di una luce tra disastri annunciati e disgusto per gli obblighi familiari, visti sempre più in conflitto con i desiderata esistenziali di chi vive la prole come un dovere di cui farebbe volentieri a meno, se non fosse anche per una certa reticenza all'idea di contribuire alla definitiva estinzione del mondo occidentale.

Visto però che qualche figlio bisogna pur metterlo al mondo (per il bene della famiglia, per il futuro dell'azienda di papà, per la patria, che altrimenti sarebbe sommersa da imminenti, ulteriori «invasioni barbariche»), tanto vale cercare sul menu dell'immenso mercato della rete qualche facilitazione, qualche club cui iscriversi per ottenere la ricetta più adatta, la *road map* che consenta di conseguire risultati (ma quali?) con il minimo sforzo e soprattutto senza togliere tempo a ciò che si pretende da una vita confortevole e glamour (ovvero lavorare sempre di meno e avere sempre più tempo per se stessi al netto dei ruoli educativi).

L'idea è davvero fantastica. I nuovi guru dell'educazione hanno inventato un mestiere (come se non ve ne fossero già stati una marea, tutti molto creativi: genitore cameriere, sherpa, autista, bancomat, sindacalista, spazzaneve, consulente amoroso, mediatore, vigile del fuoco, avvocato difensore a oltranza della propria prole...): il genitore giardiniere.

Siccome l'assoluta incapacità di trovare una soluzione per gestire i propri bambini e adolescenti ha reso molte mamme e molti papà sempre più sconcertati, in perenne crisi di identità (e di nervi), e nello stesso tempo abulici e annoiati, il *new deal*, il metodo geniale, così innovativo che non si riesce nemmeno a capire quanto risolutivo possa essere, si propone di aiutare qualche centinaia di migliaia di Millennial-genitori-disperati fornendo un elenco di consigli che permetteranno di veder crescere i propri sventuratissimi figli e figlie come una pianta di basilico o una rosa. Il compiacimento per se stessi è assolutamente assicurato, per i risultati, temo, occorrerà aspettare.

Naturalmente, niente è del tutto gratuito nel magico mondo del web. Per aspirare a diventare dei genitori giardinieri perfetti bisogna iscriversi a qualche chat dove apparirà il mentore, il guru, il nuovo santone che dispenserà pillole di saggezza educativa in cambio di qualche dollaro.

Gli esempi che vengono forniti sono semplici e sconcertanti. Se un bimbo è in un parco a giocare e il sole sta calando, cosa devono fare mamma o papà? I vituperati genitori pre-boomer avrebbero forse agito con determinazione spiegando che era ora di rientrare a casa e, se il piccolo avesse cominciato a fare le bizze, avrebbero minacciato di non farlo tornare su quel prato l'indomani. Il genitore-giardiniere, ovvero quello «gentile», invece, si dovrà sedere sulla panchina e intavolare una discussione paritetica, tipo Assemblea Generale dell'Onu, con tanto di ordine del giorno che prenda in esame i temi più caldi, come la variabilità dell'ora di rientro, il fatto che effettivamente un bambino ha il sacrosanto diritto di rimanere al parco quanto vuole, la media del tempo lì trascorso dai suoi pari, l'approfondimento sui pro e i contro del prolungamento, l'eventualità del trauma psichico che il piccino potrebbe subire in caso di brusca interruzione della contrattazione in atto.

Secondo i guru del nuovo *sentiment* educativo, il «genitore gentile» corretto non ha e non deve mai avere regole, pensa che tutto debba essere oggetto di dialettica. Se una bambina vuole uscire di casa d'inverno con delle ballerine, mai dire «no», per carità, che poi domani sarà peggio, ci vorrà il numero di uno psicoterapeuta infantile da chiamare (in video, non vi preoccupate, così si risparmia) all'occorrenza, ore di terapie per superare il tremendo trauma indotto da quel divieto. Il vero *gentle parent* arriva al cospetto della reginetta con un assortimento di scarpine, più o meno invernali, tra le quali ella potrà (mai dovrà, mi raccomando) scegliere. Un risultato è raggiungibile all'istante per papà e mamma: non soffriranno mai di un mal di testa per una questione educativa.

Esiste un rapporto tra la leggendaria lezione sulla democrazia educativa proposta dal professor Spock nei lontani anni Cinquanta e questa sorta di prostrazione contemporanea di madri e padri? Il sospetto, purtroppo, c'è. Ripeto, non una relazione di causa/effetto, ma di mala, e furbesca, interpretazione di principi sacrosanti.

È strano che se qualcuno obietta che la figura del genitore-giardiniere è insensata, drammaticamente priva di autorevolezza, si debba, in automatico, sentire accusare di essere favorevole alle sberle, alle urla, ai castighi, al dolore inflitto come punizione. Ma perché ragionare secondo un codice binario, zero/uno, come fa un computer? Perché l'argomento che più dovrebbe trovare disponibilità all'autocritica deve diventare occasione per sfoderare antiche e superate battaglie ideologiche?

Io credo che un adulto possa agire con delicatezza e fermezza, saggezza, comprensione anche senza avvilirsi a fare il cameriere di una bambina o di un bambino. Perché mai l'unico modo per educare i figli deve significare, sempre e comunque, soddisfare qualsiasi loro bisogno, soprattutto quelli materiali? Ancora non è chiaro che elargire consensi significa annacquare la loro capacità di crescere desideri, dunque passioni?

Se educare in età evolutiva significa contribuire a costruire un adulto/a del futuro, come immaginano i genitori-giardinieri che possano diventare i propri figli? Giovani uomini e donne che sanno di poter ottenere tutto schioccando le dita? E quando si accorgeranno che questo non accade, che rimarrà loro da fare? Chi saprà gestire la frustrazione di un no ricevuto nell'età della responsabilità? A costoro non rimarrà altro che ritornare al nido (secondo questa nuova cultura, meglio sarebbe parlare di «serra») che così gentilmente li ha curati e mantenuti. Ogni conflitto diventerà lingua sconosciuta, li porterà, per impotenza, a una crisi di nervi o ad aprire il conto da uno psicoanalista. Chi fra noi adulti vuole davvero che le giovani generazioni rinuncino ad affrontare la vita per quanto dura e meravigliosa possa apparire?

Che nessuno si illuda: il *gentle parenting* diventerà una moda educativa di cui molti andranno fieri, magari non accadrà a tutti i genitori, ma avrà il suo spazio nel marketing dei social media, godrà di buona stampa, farà immaginare a qualche youtuber che questa possa essere una nuova frontiera di business, un bacino potenzialmente enorme di follower, quindi guadagni facili: basta farsi un po' di reel educativi e metterli sulla rete a pagamento.

I figli come piante da annaffiare, curare, concimare, lucidare, potare con estrema gentilezza. In fine dei conti si tratta di un facile manuale di istruzioni da imparare, basta pensare di non essere una madre o un padre, ma una geisha, la testa abbassata, la voce appena percettibile, la tazza del tè in mano da porgere al pargolo-buddha finalmente placato e sorridente perché non dovrà nemmeno fare la fatica di mescolare lo zucchero nel liquido bollente.

Non c'è una visione educativa da scegliere con coraggio, per i genitori-giardinieri, ma precetti da seguire, con gentilezza naturalmente: il padre e la madre diventeranno i novelli sacerdoti di una nuova moda educativa tanto amata quanto priva di sudore e di dignità.

Non mi sono mai interessato al cambiamento, ma all'idea di cambiare. E, conseguentemente, al diritto di indignarsi, di criticare ciò che viene proposto come «falsa innovazione». E quella del genitore-giardiniere assomiglia più a una boutade da avanspettacolo che a una teoria scientifica credibile. Non basta condannare ogni forma di «pedagogia nera», come era chiamata quella cieca e autoritaria, ma è necessario pensare a un'evoluzione che non cada nel ridicolo dell'illusione che trasformare un educatore in un tuttofare distopico possa aiutare i bambini a crescere autonomi e creativi.

Cosa avrebbero detto Montessori, don Milani, Mario Lodi di questa «dis-*imparata di creanza*», di questo regresso nella cattiva educazione, che proviene da oltreoceano? Avrebbero sorriso o si sarebbero inalberati? Io non riesco a tradurre questo in burla. Quel che è troppo è troppo, e credo che non possano essere solo un gruppo di intellettuali e educatori illuminati come il Gruppo di Firenze a reagire.

La «mala educazione» non è una questione che riguarda soltanto la puericultura e i suoi dintorni, ma il futuro stesso della nostra comunità. Interessa anche le economie di questa parte del mondo, come dimostrato da un dato: oltre un terzo delle aziende, piccole, medie e grandi, che raggiungono l'età per un cambio generazionale al loro interno, è destinato a perire, chiudere o, nel migliore dei casi, sperare di trovare un acquirente.

Non interessa nemmeno il tasso di sviluppo e il mantenimento di brevetti e manodopera? Siamo anestetizzati perfino nei confronti del futuro del gruzzolo, mobiliare e immobiliare, messo da parte con sudore e merito dalle generazioni che ci hanno preceduto?

Possibile che il dibattito sull'educazione sia lasciato a questa sciatteria culturale che vive di contrapposizioni false e ideologiche? Occorre reagire partendo dal buon uso delle parole. Dal non farci confondere da esse.

Rispettiamo la gentilezza, senza tradurla in cialtroneria o, peggio ancora, in un'insana e furbesca manipolazione linguistica, nell'opposto del buon senso che quel termine incarna. Il futuro non può poggiare su basi sciatte.

Non facciamoci ingannare da qualche guru improvvisato, dall'ultimo youtuber truffaldino. Ne va della nostra dignità e della nostra intelligenza, ma soprattutto del prossimo tempo dei nostri figli. Per scovare vie nuove occorre coraggio, così come è più difficile avere un proprio stile che essere trasandati, è più faticoso coltivare una visione originale che seguire il vento omologante di certi *new deal* prefabbricati; è sempre complicato esprimersi con libertà e autonomia, ma è scellerato inseguire mode e consensi a basso costo. Educare non significa recarsi in un negozio di prêt-à-porter sotto casa, ma cercare ognuno la propria visione, che in parte viene dalle nostre radici e dai nostri convincimenti, e in parte deve rompere le resistenze che suggeriscono panorami gattopardeschi: cambiare tutto senza che nulla cambi.

La rinuncia a uno sforzo creativo, soprattutto in campo educativo, significherebbe un disastro nel medio e lungo termine: scegliere soluzioni semplici e comode porta a una forma di cecità emotiva che saranno i più giovani a dover pagare una volta diventati adulti.

Spero di non dover vedere mai il giorno in cui il rischio di far sbocciare nuove idee possa diventare più doloroso di quello di farle avvizzire. Spesso incontro persone che mi dicono, con rassegnazione, che cambiare è difficile, forse impossibile. Forse perché non hanno mai valutato quanto sia ancor più pericoloso rifiutarsi di provare a modificare la nostra quotidianità.

Il destino è sempre scritto a matita. Sta a noi trovare l'impudenza di riscriverlo.

5
Tutta colpa di Cappuccetto Rosso

Temo che qualcuno voglia evocare il tramonto dell'incanto pur di risparmiare qualche faticosa emozione.

Che la nostra quotidianità sia attraversata da eventi terribili è evidente a chiunque. Violenze, femminicidi, odio e disprezzo della vita altrui: tutto, o quasi, per colpa degli uomini, della loro cultura, non vi è dubbio.

Mai, però, avrei pensato che le radici della violenza, della maligna sperequazione tra i sessi e dei ruoli potessero derivare da quel mondo che ci ha nutrito già da quando eravamo bambini e bambine, e lo ha fatto per generazioni: le fiabe. Almeno questa sembra essere la tesi di non pochi professionisti e intellettuali.

Mi riferisco a quelle classiche, che hanno resistito per secoli, quelle partorite da straordinari scrittori, alle loro infinite varianti, a quelle contenute nei grandi libri illustrati che facevano fatica a trovare spazio nel letto di un bimbo o di una bimba. Parlo di quelle che generazioni di nonni, nonne, madri e padri e pure zie o tate hanno letto un tempo davanti a un camino, sdraiati su un prato e poi a fianco del lettino a una luce fioca fino a quando il piccolo o la piccola lentamente si assopiva.

Penso a quelle tradizionali e non a quelle contemporanee che hanno subito la censura del «politicamente corretto». L'idea di mettere mano a un testo può essere un'opera interessante se si è spinti da un giusto scopo, ma non comprendo perché avercela con quei vecchi capolavori accusandoli di sessismo, di maschilismo e forse perfino di espressione di odio nei confronti degli animali resi protagonisti, a volte paurosi, a volte sorprendenti.

Eppure, chi ha avuto il privilegio di vivere quell'infanzia incantata non se l'è più scordata.

La prima versione di Cappuccetto Rosso nasce alla fine del Seicento dalla penna di Charles Perrault, e viene poi ripresa dai fratelli Grimm agli inizi dell'Ottocento (anche se continuarono a riscriverne varianti fino ad arrivare a quella finale, nel 1857). È una fiaba talmente conosciuta e popolare in Europa da influenzare anche altri grandi scrittori e pure musicisti, da Italo Calvino, che inserisce *La finta nonna* nella raccolta *Fiabe italiane*, fino alla celebre trascrizione musicale di Sergej Prokof'ev, *Pierino e il lupo*.

Qualcuno potrà eccepire che la morte della nonna sbranata dal lupo cattivo avrebbe potuto essere motivo di turbamento per milioni di bimbi nei decenni, che il bosco era troppo fitto e scuro, che Cappuccetto Rosso era stata troppo ingenua. Qualcun altro avrà osservato che in quella fiaba si potevano ravvisare elementi della costruzione di una cultura maschiocentrica (anche se non è detto che il lupo non potesse essere una lupa), che le figure femminili erano rappresentate come vittime designate, e che il salvatore di nonna e nipotina era un cacciatore o, in altre versioni, un boscaiolo.

Per qualcun altro – o qualcun'altra – sarebbe corretto arrivare a una revisione dei testi originali per giungere a una versione che non spaventi così tanto i bambini, che non obblighi gli adulti di riferimento a dare interpretazioni benevole e speranzose di modo che i pargoli possano avviarsi a fare sogni d'oro e non incubi terrificanti. Ma è davvero così? Quest'opera censoria è ciò che i nostri bambini si aspettano da noi?

Se così deve essere, tanto vale abolire Cappuccetto Rosso e sostituirla con una storiellina senza capo né coda, ma almeno senza passaggi terribili e sanguinari, senza boschi tetri e inganni feroci.

A me l'hanno raccontata cento volte, rigorosamente nella sua versione integrale. E altrettante volte ho chiesto a mio padre di mettere il disco della fiaba di *Pierino e il lupo* interpretata da grandi attori, che con la voce sottolineavano e arricchivano i passaggi più emotivi, non li nascondevano, anzi, si accordavano a note che ne sottolineavano volutamente la drammaticità.

Non credo che avrei mai amato una versione politicamente corretta con un Labrador scodinzolante al posto del lupo assassino, con un bosco meno scuro, senza inganni, senza bisogno di azzannarla, quella nonna, che tanto non muore. Che cosa sarebbe rimasto di quei capolavori? Dal punto di vista emotivo, assolutamente nulla.

Perrault, i fratelli Grimm, Calvino, Prokof'ev non volevano scrivere un'opera accomodante, senza terrore e paura, ma anche senza la speranzosa attesa di un lieto fine. Loro scrivevano e musicavano emozioni, non mediazioni emotive. Perché avrebbero dovuto levigarle togliendo i passaggi tremebondi, la sorpresa, l'incontro, perfino l'inganno? Le fiabe sono state scritte proprio per questo, per abituare i bambini e le bambine a esercitare, fin da subito, le loro capacità emotive, il loro talento sensibile, l'infinito saliscendi sentimentale che fa crescere, non impaurire.

Facevano bene i grandi scrittori di fiabe a non fidarsi di chi le avrebbe lette ai bimbi. Proprio per questo motivo avevano farcito i loro racconti con tutte quelle paure e gioie, cadute nello sgomento e risalite nel sollievo per lo scampato pericolo. Lo facevano per una ragione molto semplice: non si può pretendere che un adulto possa raccontare una favola a dei bambini che sono seduti a dieci o venti metri da lui, è impossibile, per fortuna.

Forse lo può fare un robottino di plastica piazzato da una mamma o un papà svogliati sul comodino del loro piccolo perché declami parole con la voce impostata da un algoritmo, risparmiando a genitori e nonni la noia di attendere che il bimbo cominci ad abbassare le palpebre. Ma non sarà più quella favola magnifica, sarà piatta e non indurrà alcuna fantasia, sarà insipida e non lascerà traccia nella memoria emotiva del bambino.

Quei grandi narratori le hanno scritte per fare in modo che l'adulto debba per forza essere a contatto con il suo piccolo, corpo a corpo, pelle a pelle. Del resto, come si fa a consolare un bimbo che ha paura che il lupo sbrani la nonna? In un modo soltanto: abbracciandolo, stringendolo a sé, cambiando tono di voce perché diventi dolce e rassicurante. Il grande teatro di un'esistenza popolata da emozioni.

All'epoca in cui conobbi il professor Cesare Musatti, stava uscendo una nuova edizione del suo famoso libro *Chi ha paura del lupo cattivo?* (del quale avevo scritto l'introduzione), un'opera ironica e appassionante nella quale il pioniere della psicoanalisi italiana spiegava come la letteratura per l'infanzia, nella sua massima espressione, sia un aiuto alla costruzione delle capacità individuali di far fronte agli eventi negativi, quello che serve a tutti noi per essere in grado di affrontare l'imprevisto, ciò che gli psicologi inglesi chiamano *coping mechanism*, la nostra capacità «morale» di superare le avversità.

Come ogni caposaldo del nostro marchingegno psichico, il nostro sistema immunitario psicologico ha bisogno di tempo per essere tarato, ma fondamentale è che inizi a formarsi con l'infanzia. Una fiaba ha senso soltanto se è in grado di provocare, come lo sono le ninnananne, i giochi, le bambole, gli orsetti che un tempo esercitavano le capacità di risposta sensoriale del bebè.

Come i «trastulli» che costruiva il mio vecchio amico Luigi Grassi nel centro storico di Napoli: giocattoli di legno che avevano il potere di «smerigliare» i sensi di un bimbo e una bimba fin dalla più tenera infanzia, di sbalordirli. Erano coloratissimi, si muovevano facendo acrobazie, buoni da toccare ed esplorare in tutti i loro dettagli.

Una favola è un trastullo ancor più perfezionato, anche se segue lo stesso principio emotivo.

Oggi la bottega di Luigi non c'è quasi più, apre solo un giorno la settimana. Non ci sono più file di bambini che aspettano che quel meraviglioso Mastro Geppetto riesca ad accomodare un gioco. Per troppi adulti i bimbi non hanno più bisogno di essere trastullati, hanno già schermi luminosi che sostituiscono da anni quelle meraviglie artigianali. Così accade alle fiabe, sostituite da melensi raccontini di un piccolo robot uguale a milioni di altri.

Prevale l'ombra del «politicamente corretto», che sostituisce l'emotività con la neutralità narrativa. C'è tristezza nei vicoli di Napoli senza quelle bambole, e anche in milioni di letti dove i bambini non si devono più preoccupare per la sorte della vecchia nonna alle prese con il lupo famelico.

6
Mi duole il corsivo

Molti insegnanti delle scuole materne ed elementari hanno osservato che i loro piccoli allievi stanno attraversando una grande difficoltà, che a volte diventa un vero e proprio doloroso impedimento, a scrivere in corsivo. Preferiscono lo stampatello, anzi, usare una tastiera.

Se si trattasse di una scelta fra opinioni più o meno accademiche, non ci sarebbe bisogno di perderci tempo, sarebbe solo l'occasione per dividersi tra i fautori «nostalgici» della scrittura a mano libera e quelli più avanguardisti di una consolle. Ma le cose non stanno così e lo dimostrano molte ricerche effettuate in diverse università, dalla Norvegia alla California, alla Svezia.

Basta guardare un bambino che sta scrivendo e osservare, per esempio, l'articolazione del gomito, del polso, delle falangi. Il corsivo richiede una serie di «competenze» che vanno apprese con il tempo, ma che non riguardano soltanto l'ambito ortopedico o muscolare bensì problematiche molto più complesse che comprendono anche quelle cognitive.

La prima interessa lo spazio. Se deve scrivere in buona calligrafia una serie di parole, occorre che il bambino consideri quanto grande deve essere il carattere per poterlo far rientrare lungo la riga contenuta nella pagina bianca (anche se sarebbe interessante che i bambini potessero esercitarsi a scrivere a mano libera su fogli senza alcuna «contenzione» per valutare possibili «sbandamenti» della scrittura), per poi immaginare dove e come eventualmente andare a capo. Si tratta di un'abilità specifica che ne comporta altre: attenzione, controllo, memoria, precisione, metodo, abilità visivo-spaziali. Tutta questa complessa meraviglia è contenuta nel semplice esercizio di scrivere in corsivo, necessario perché il bambino acquisisca e coltivi tali abilità (anche la parola «esercizio» è molto didattica, in quanto riguarda la fatica che l'apprendimento scientifico induce).

In neurologia, con pazienti adulti, il fallimento di questa attività indica un sintomo di possibili danni cerebrali o diminuite capacità cognitive.

Scrivere in stampatello è più facile, richiede meno cura e attenzione all'allineamento e alla precisione, come sappiamo bene. Infatti è quello che i bambini preferiscono scegliere, con la complicità di non pochi insegnanti e genitori. Già dall'infanzia si tende a evitare le prove impegnative, non si è imparata la grande lezione di Gianni Rodari che, quando si rivolgeva agli educatori, consigliava: «Ai bambini fate fare sempre le cose difficili, quelle semplici le sanno fare tutti...».

Il problema, però, non riguarda soltanto la modalità in cui la scrittura manuale si esprime: da decenni ci sono strumenti di semplificazione di massa ancora più temibili per lo sviluppo cognitivo-relazionale. Cinquant'anni fa nessun maestro o maestra avrebbe mai pensato di mettere sul banco di una scuola elementare una macchina da scrivere, non solo perché pesante e complicata, ma soprattutto perché avrebbe distolto i piccoli da ciò che la scrittura manuale prescrive e facilita: l'uso delle complessità del sistema nervoso centrale, anche se quegli insegnanti non ne avevano cognizione ma semplicemente lo intuivano.

Se si osserva, con gli opportuni strumenti d'indagine, l'encefalo di un bambino o una bambina mentre sta scrivendo a mano libera rispetto a un altro/a che invece utilizza una tastiera di computer o «scrolla» sullo schermo di un device, si scopre l'ovvio: nel primo caso, quasi tutte le aree sono irrorate e pienamente attivate, nel secondo l'attività della corteccia cerebrale appare attenuata. Una differenza quantitativa che ovviamente ne comporta anche una qualitativa dello sviluppo individuale.

Quindi le competenze cognitive – insieme a quelle relazionali ed emotive – che ne derivano si svilupperanno in maniera enormemente diversa, e nel primo caso saranno molto più ricche. Nel secondo, invece, l'effetto che si otterrà è un appiattimento graduale e progressivo che condurrà quei bambini a essere adolescenti e poi giovani adulti con più limitati strumenti non solo dal punto di vista meramente cognitivo, ma anche, e questo è il punto che vorrei sottolineare con forza, affettivo.

Non essere capaci di scrivere un biglietto significa una perdita della capacità di memoria, ma anche una comunicazione algida ed effimera. Significa non potersi allenare a un «ordine interiore» che parla della nostra personalità (altrimenti non sarebbero mai esistiti i periti calligrafi, che invece lavorano da molti decenni nei tribunali, negli studi di psicologia o anche per rispondere a una semplice curiosità, al desiderio di sapere chi siamo attraverso la nostra grafia). Ognuno possiede la sua propria scrittura, più o meno comprensibile, che fa parte integrante dell'espressione della personalità, tant'è vero che essa cambia nello stile e nella forma a seconda dell'età, del nostro stato d'animo, degli eventi che ci riguardano, dei luoghi in cui siamo, del momento del giorno o della notte in cui prendiamo un foglio e una penna e scriviamo.

Esprimersi per iscritto implica anche un altro atto fortemente simbolico: cancellare, correggere, modificare. E vedere gli errori che si sono fatti o i cambiamenti di idee. Provate a cercare l'immagine della prima versione dell'*Infinito* di Giacomo Leopardi e capirete cosa significa crescere per tentativi ed errori, ma coglierete anche la fatica e il dolore impliciti in quel tentativo di espressione. Ricordo un'idea molto suggestiva che l'assessorato alla cultura della Regione Marche ebbe invitando una straordinaria star del cinema, Dustin Hoffman, a leggere proprio quei versi camminando sulle colline di Recanati. L'immagine è rimasta indelebile. L'attore s'intignava a leggere il poeta in italiano e inevitabilmente sbagliava, ma continuava a provarci, a correggersi, a insistere pur inciampando, imprecando per ciò che non riusciva a fare.

Un breve filmato che sarebbe meraviglioso mostrare in una classe di ragazzi e ragazze che non conoscono quella specifica fatica, ma nemmeno quella splendida cocciutaggine. Ogni età ha un proprio motivo per fare qualcosa sudando, e la scrittura a mano comporta la giusta fatica di esprimersi.

Sarò pure diventato un vecchio romantico, ma mi ricordo perfettamente dei miei banchi di scuola. Erano di legno, prima di essere ricoperti da quell'orrore di formica verdastra (che in un mio impeto iconoclasta devastai alle scuole medie meritandomi la sospensione), avevano un buco in alto sulla destra (i mancini non erano contemplati da quella decrepita pedagogia) dove veniva inserito una sorta di bicchierino dentro il quale il bidello o la bidella, rigorosamente vestiti con grembiule zeppo di macchie, versavano da un bottiglione l'inchiostro, quasi sempre nero forse per sottolineare la sacralità enfatica dell'operazione.

Da quel momento entrava in campo l'abilità di ognuno nell'uso del pennino e si apriva così una scena teatrale. C'erano bambini e bambine portati a una certa perfezione che riuscivano senza indugio a centrare il foro con la penna, sfioravano il bordo eliminando l'eccesso di liquido dal pennino per appoggiarlo sulla pagina del quaderno senza una sbavatura: era certo che, se un'orribile macchia avesse sporcato le loro mani ma anche il grembiule, mamma e papà si sarebbero arrabbiati per l'ennesimo capo marchiato indelebilmente. Altri erano all'opposto – io ero certamente fra questi – e sembrava che quasi ci provassero gusto a sporcare banco, quaderno, dita e grembiule.

Tutto inutile? Pensa così solo qualche sempliciotto. Non era solo la teatralità del gesto di un severo bidello che versava l'inchiostro all'inizio delle lezioni, ma anche la paura di fare una brutta figura, la gioia di mostrare la propria abilità, l'ardire di sperimentare non solo scrittura ma anche disegno, caricature di compagni e maestri. Insomma, quell'inchiostro e quella penna erano come la bacchetta del direttore d'orchestra che apriva la sinfonia del mattino, dove ognuno, compresi i cialtroni, doveva fare la sua parte perché componente di una magnifica orchestra.

Scrittura significa interiorità, segno di sé, composizione, metodo, ma anche profumo, scarabocchio, dolo, impresa, resa, rimprovero, meraviglia. L'inchiostro ha un suo meraviglioso odore (i pochi temerari che frequentano ancora cartolerie e negozi di penne sanno che non solo ci sono tanti colori, ma anche che hanno tanti profumi: c'è quello che sa di muschio e quello che sa di mare e di salsedine...): peccato che i bambini di oggi siano privati di questa esperienza.

Si chiama «sinestesia», uso complesso e corale dei sensi. Una ricchezza assoluta, una tavolozza per i colori delle emozioni di un bambino, che così cresce più ricco e autonomo.

Scrivere pigiando dei tasti o, peggio ancora, toccare con un polpastrello uno schermo può sostituirsi a questo caleidoscopio?

E se qualcuno insegnasse ai bambini a colorare le parole usando tonalità che si adattano al loro stato d'animo (rabbia o felicità), non aiuterebbe la loro intelligenza emotiva?

Perché impedire a un bambino, come dice un magnifico verso di Arthur Rimbaud, di «inventare i colori delle vocali»? Non sarebbe un modo per credere nelle capacità dei più piccoli di educarci all'inedita emozione della loro scoperta?

Insegnare l'uso dei colori significa non solo far capire la differenza tra ciò che lo è e ciò che non lo è (per esempio il bianco e il nero), tra quelli freddi e quelli caldi, ma anche tra l'emozione personale legata a una tonalità piuttosto che a un'altra. Tra Isaac Newton che scoprì lo spettro – meraviglioso gioco che fa capire a un bimbo che un raggio di luce contiene magicamente un arcobaleno – e il pittore Johannes Itten che ideò il «cerchio cromatico» c'è un universo emotivo straordinario che dovrebbe essere svelato a chi si sta aprendo al mondo.

Il gioco inventato da Itten era interessante. Usava distribuire ai suoi giovani allievi un foglio bianco e poi chiedeva loro di scrivere e disegnare utilizzando solo e soltanto i colori che amavano di più; terminata l'opera, pretendeva che disegnassero adoperando unicamente le tinte che detestavano. Alla fine ognuno doveva avvicinare la prima opera alla seconda e tutto diventava chiaro, perfino l'oscuro delle loro paure e la lucentezza della loro meraviglia, anche se non sapevano descriverlo. Un viaggio nell'anima, un modo per capire la profondità di ciò che distingue le anime.

Chi potrebbe impegnarsi in questa scuola di artigianato emotivo oggi? Pochi, forse gli «ultimi dei Mohicani» che continuano strenuamente a resistere proponendo una didattica «dalla parte dei bambini» che utilizzi non solo penne, inchiostri, colori, plastilina e colla, ma anche musica, canto, ballo, mimo.

Perché non si scrive soltanto con le mani, ma anche con il corpo, con la voce, con i sensi che aiutano a scovare e utilizzare.

In Svezia sono stati drastici: a partire dall'anno scolastico iniziato nell'agosto 2023 hanno tolto la tecnologia digitale dalle classi delle scuole materne. Fino ai 6 anni niente schermi, nessun tablet, solo carta, matite colorate, colla, gessetti e altri strumenti di apprendimento manuali.

Anni fa chiesi che relazione si poteva instaurare fra un apprendimento con uso di tecnologie digitali e uno che ne fosse privo. Il problema fu che posi questa domanda non in un contesto qualsiasi, ma in un dibattito pubblico a Reggio Emilia, dove nel 1994 è nato «Reggio Children», che è una sorta di marchio registrato della buona educazione scolastica in nidi e materne presente in circa 130 paesi e città del mondo. Quelle mie parole furono lette come una provocazione, tanto che la polemica andò a finire addirittura in consiglio comunale per capire chi avesse osato invitarmi.

Una sorta di affronto, un'insolenza che non era certo nelle mie intenzioni, visto che ho sempre ammirato l'opera di Loris Malaguzzi, il progenitore dell'esperienza: volevo solo porre un problema, che mi sembrava ovvio già ai tempi, pensando che quella realtà avesse delle risposte innovative da offrirmi, non certo per suscitare polemiche sterili.

Non so se oggi a Reggio Children si comportano come in Svezia, ma so che quando posi la stessa domanda a un funzionario del ministero dell'Istruzione e del Merito, mi sentii rispondere che in Italia l'impostazione svedese non era importabile. «Non si può arrivare a un "aut-aut", ma a un "et-et"» chiosò l'esperto ministeriale. Ovvio che se ci si limita a suggerire che ogni plesso scolastico faccia ciò che crede, non si capisce il ruolo di un ministero, in quanto è logico aspettarsi che la soluzione scelta per affrontare un argomento così strategico sarà una scialba negoziazione tra famiglie e corpo insegnante. Ciò non significa che io creda nei cambiamenti che piovono dall'alto, ci mancherebbe, ma mi piacerebbe che ci fosse una maggiore curiosità e forse anche umiltà.

La didattica è sperimentazione o non è, ed è per questo che occorre coraggio, conoscenza delle esperienze maturate in altri paesi, scambio di vedute non provinciali e arroccate, studio, aggiornamento e anche tanta voglia di offrire il meglio del meglio ai nostri bambini e alle nostre bambine.

Il metodo scientifico educativo, che risale all'esperienza di Maria Montessori nella sua scuola del quartiere romano di San Lorenzo, necessita di ideazione, di ricerca, ma anche di valutazione degli esiti: unico modo per capire se ciò che si fa porta beneficio o danno. Oggi, al contrario, più spesso si aderisce a ciò che la maggioranza degli attori sul campo fa e si tende a ripeterlo senza badare alle conseguenze di quella modalità operativa.

In Svezia la decisione non è stata presa su basi ideologiche, non ha vinto la componente che da noi sarebbe stata subito bollata come retriva e ottusa, ma sono i dati scientifici ad aver convinto le autorità a trasformare ciò che l'osservazione ha prodotto in legge e pratica nazionale. Perché in Italia è così complicato uscire dalle logiche di mercato, dal potere delle lobby, dalla pigrizia burocratica?

Forse non amiamo abbastanza i nostri bambini? Forse funziona ancora un mozartiano «così fan tutte» liquidatorio e rassicurante? Meglio essere confusi in un non più sconcertante assenso che amare il temerario azzardo del nuovo, che a volte assomiglia a ciò che avevamo e non abbiamo apprezzato fino in fondo?

7
Chi taglia la carne?

È accaduto alla fine dell'autunno del 2023 in una grande città. E subito si è trasformata in una polemica/dibattito che ha appassionato e diviso per qualche giorno le opinioni di genitori, insegnanti e amministratori. Dico «per qualche giorno» non per sminuire la portata metaforica della notizia, ovviamente.

La domanda è da far tremare le vene e i polsi a chiunque: chi deve tagliare le fettine che verranno servite alla mensa della scuola d'infanzia?

Nel merito. La ditta che ha vinto l'appalto per rifornire la mensa scolastica ha dichiarato di non essere disponibile, oltre al trasporto dei cibi cotti, ovviamente concordati con i responsabili della scuola, anche a tagliare nelle giuste porzioni le fettine di carne (ma forse anche qualsiasi altro cibo) in modo che i bambini e le bambine non debbano incontrare difficoltà durante i pasti. Quindi l'audace prestazione sarebbe dovuta ricadere sulle persone che operano in quelle cucine, le quali però non si sono volute assumere la responsabilità: troppo rischioso. E poi, non c'è nel contratto e nessuno dice come si dovrebbe fare a regola d'arte.

Capisco il problema. Si potrebbe anche discutere sulla misura «congrua» del boccone: e se fosse troppo grande e rischiasse di soffocare l'infante o se dovesse rimanere nel piatto con conseguente malnutrizione? I genitori si sono subito allarmati. Le autorità scolastiche hanno ribattuto che è la ditta che sa come fare e deve farlo. La ditta afferma, avvocati alla mano, che non è riportato nel contratto d'appalto e quindi non se ne parla.

Non so come sia andata a finire la querelle, anche perché l'averla posta e dibattuta già parla da sé.

Chi ha dunque il compito di eseguire preventivamente il taglio della fettina? E del broccolo? E del pane? Qualcuno si deve assumere questa terribile incombenza, eppure nessuno trova il coraggio di farlo.

Gli adulti scappano dalle loro responsabilità eliminando forse per qualche giorno gli alimenti incriminati dal menu dei bambini, virando su qualche cibo che non debba essere sezionato. Ma i bambini ci guardano, come sempre hanno fatto. E che vedono? Un indecoroso popolo di scaricabarile.

Presidi, madri, padri, macellai, cuochi e cuoche uniti nella lotta per affermare la propria debolezza, incapacità, viltà. Tutti compatti e allineati nel voler uccidere il buon senso.

Possibile che a nessuno sia venuta in mente un'idea geniale? Insegnare ai bambini a tagliarsi la fettina, con pazienza, dolcezza, come se fosse un gioco. Che sarà anche emozionante e educativo, perché quel bimbo o bimba vedranno che c'è chi è più lesta di lei o chi è più goffo di lui. Nel frattempo si coltivano l'autonomia, la gioia («ce l'ho fatta!»), l'autostima («non ho bisogno di mamma e della cuoca per farmi un bel boccone, quindi sono diventata/o un po' più grande»).

Ma forse si teme che possa accadere proprio questo: che i bambini crescano e si allontanino presto da questo mondo di adulti pusillanimi e irresponsabili. In fin dei conti, anche una fettina si può rivelare strategica per non lasciarli maturare e farli rimanere dipendenti da mamma e papà.

8

Benvenuti al ballo delle baby principesse

Non c'è più tempo per crescere un bimbo o una bambina. Abbiamo fretta. Dobbiamo vederli passare dal parto, che deve essere il più veloce possibile e indolore, a una configurazione da adulto: tutto deve accadere in un baleno e possibilmente senza dolore. Insomma, devono sbrigarsi ad assomigliare nel più breve tempo possibile ai loro genitori, anzi alle chimere dei loro genitori, che nel frattempo si sono infantilizzati.

Un'infanzia bullizzata, trasformata in qualcosa di orrendo: l'età evolutiva che corre veloce, che segue ritmi da laboratorio sperimentale. Subito, tutto, senza pietà.

Un tempo c'erano i festival della canzone per bambini, ma era ancora un'epoca dell'ingenuità. Tutto sommato c'erano bambini e bambine vestiti da bambini e bambine, magari un po' goffi, un po' impacciati, ma poi ci pensava Mago Zurlì a sciogliere quel senso di imbarazzo convertendolo in un minishow per minicantanti.

Poi lo standard si è evoluto, com'è ovvio che sia, e le televisioni si sono buttate come cannibali sui più piccoli pretendendo che diventino bonsai di grandi artisti: non devono cantare una filastrocca, ma interpretare una canzone che piace ai grandi trasformando quel teatro televisivo in un pezzo di musical da Broadway, con tanto di balletto e di mascheramento da ministar.

Ovviamente ai bambini piace, sono elettrizzati, sanno che così faranno contenti mamma e papà, nonni e zii. Solo se li vedranno piangere lacrime di vera gioia e spellarsi le mani di applausi si sentiranno amati; se steccheranno, invece, quel sentimento si trasformerà in delusione e i genitori si vergogneranno di non avere bimbi e bimbe con lo stesso straripante talento dei vicini di gradinata (beninteso: pianto e delusione saranno implacabilmente ripresi in diretta, e al paese o nel condominio, il giorno dopo, tutti sapranno se fare i complimenti ai piccoli o se compatirli con una carezza sulla testa assicurando – hollywoodianamente – che domani sarà un altro giorno e che si potranno rifare).

Molti adulti sono entusiasti di questi show televisivi: portano ascolti e quindi pubblicità di prodotti che i genitori si precipiteranno a comprare non appena possibile per non frustrare le richieste dei loro piccoli principi e principesse.

Un bambino, una bambina non possono essere un bambino o una bambina, è proibito dalla legge del mercato. Sono stati partoriti e poi immessi appena possibile in quel carrozzone circense dove ci sono ruoli precisi, richieste e ricompense in automatico, dove non si deve nemmeno chiedere che si è già avuto, non precisamente quello che un bimbo vorrebbe ma ciò che un adulto ha previsto per lui o per lei. Non uno scambio emotivo, ma commerciale: se fai così, ti compro questo o quello (naturalmente si deve attingere dalla lista di oggetti di cui la pubblicità ha parlato durante le pause del programma).

I bambini sono una grande risorsa e il marketing lo sa da molti anni, e anche gli o le influencer lo hanno ben compreso. Nessuno sembra volersi perdere questa fetta redditizia di mercato.

Adulti bramosi di arricchirsi grazie ai loro piccoli, la telecamera per un certo mondo dello spettacolo e del business già pronta dentro casa, parcheggiata tra camera da letto e cucina (biscotti e ogni altra delizia per un breakfast irrinunciabile). Tutto per uno schermo televisivo o per un telefonino.

I social media sono la nuova frontiera e i bambini pupazzi/attori sono le vittime e gli artefici inconsapevoli di nuove accumulazioni di beni, soldi, fama sotto forma di follower.

L'età evolutiva deve essere glamour, in tutti i modi possibili e immaginabili. Così capita che ci si inventi qualcosa di pazzesco. Agenzie che promuovono feste di compleanno, onomastici, occasioni prenatalizie o prepasquali innovative, molto innovative. L'offerta è indirizzata soprattutto alle bambine, ma nessuno deve rimanere pregiudizialmente escluso, ci mancherebbe.

Si chiede a genitori e nonni: come dovrebbe essere la festa per la piccola? Da principessina, ovviamente. Nel senso che le bambine, ma non solo loro, devono ambire a passare un pomeriggio e una sera in un luogo attrezzato per il make-up da superstar, indossare e sfilare con vestitini come nei party di Los Angeles, poter godere dei benefici di una spa. Il tutto ripreso e inviato ai social di mamma e papà, che si occuperanno di metterli in rete per la delizia di tutta la famiglia e di tutta la comunità. Il baby fashion è garantito.

Sto parlando dell'età pediatrica, a scanso di equivoci.

L'idea che una mamma possa vedere nella propria bambina la se stessa che non è stata (ma perché avrebbe dovuto?) è di una tristezza senza limiti. Eppure, pare che le baby spa vadano molto di moda, immagino che sarà obbligatorio prenotare per non deludere la piccola dovendole confessare che la mamma dell'altra bimba è stata più lesta. La disperazione sarebbe inconsolabile e la mamma e il papà dovrebbero battersi il petto, i sensi di colpa non li farebbero dormire di notte.

Non mancherà molto tempo per arrivare a una prevendita online dei posti nelle baby spa, come fosse per il concerto di un rapper di tendenza, tanto non ci sarebbe molta differenza, sempre di show si parla e l'età non conta più nulla e «maturità» è una parola sconosciuta. Non vi preoccupate, ci penseranno TicketOne o Vivaticket e nessuna bambina rimarrà delusa.

Cosa c'è di emotivo in un luogo dove bambine si truccano da popstar, sfilano con abiti luccicanti come top model, con luci e musica al massimo volume (bisogna crescerli nel rumore assordante, perché altrimenti poi si abituano a parlare), per finire a strafogarsi di torte a cinque piani come per i compleanni dei vip? Nulla o forse tutto, secondo il nuovo manuale del genitore perfetto che vuole crescere i propri figli come compratori seriali, come *buyer* indefessi, come insegnano i corsi di marketing. È una ruota. Nonni e genitori pensano che l'unico modo per educarli sia farli appartenere da subito a un mondo di principi e principesse, non quello delle fiabe, troppo complicato e faticoso, ma quello della fiction, della realtà plastificata, finta, ricoperta di lustrini. L'ultima parvenza di emozione è la lacrimuccia della nonna, che mai si sarebbe immaginata che la nipotina potesse frequentare fin da subito parrucchieri, sarte, fotografi, camerieri, pasticcieri, videomaker, disc jockey scatenati, bagnini ossequiosi e massaggiatori per il dopo bagno turco.

Non bisogna appassionarsi alle passioni, ma alle apparenze, adattarsi a un mondo dove ti mostri non per ciò che sei ma per quello che altri pretendono da te, preconfezionando una felicità algida, un prêt-à-porter emotivo che aiuterà a ipnotizzare occhi ancora troppo ingenui per comprendere l'orrendo inganno, per capire che la loro piccola anima è stata precocemente intrappolata.

Tutto tornerà, non si preoccupino quegli adulti così solerti. Ora quelle bambine e quei bambini sembrano sorridere e godersi la grande festa, ma quella falsificazione emotiva avrà delle conseguenze. I piccoli gnomi cui sono state rubate l'ingenuità e la tenerezza diventeranno adolescenti incapaci di sentire e di accorgersi di ciò che non è oggetto, servizio, pretesa. E ricambieranno con altrettanto cinismo chi li ha accolti in questo mondo d'inganni.

Non si diventa improvvisamente insensibili a vent'anni, ma ci si cresce.

L'infanzia avrebbe bisogno di un tempo rilassato, in cui essere liberi di non fare niente, di non avere persone che ti travestono e che ti amano solo se diventi un guitto alla corte di adulti che non conoscono l'alfabeto delle emozioni, ma che lo hanno sostituito con un catalogo di cose da comprare, indossare, mangiare, fotografare.

Quella bimba non ha nemmeno avuto il tempo di nascere che già è entrata nello sbalorditivo mondo del falso. Non una crostata fatta in casa aiutando una nonna che ti strabilia cambiando il tipo di marmellata, ma una torta multipiano alta come un grattacielo che nemmeno riesci a tagliare in diretta streaming.

9

Se un orango appare nel centro di Roma

Una panetteria, centro storico di Roma. Non manca molto a Natale, eppure il pomeriggio si allunga pigro, una folla sgranata sembra aver scelto di riposare prima dell'ultimo attacco alle vetrine. Mi rifugio in un vecchio locale per una cioccolata calda e una fetta biscottata. Dietro al banco due ragazze indossano cerchietti con corna di alce di plastica verde, unica parvenza di festività, a parte qualche panettone accatastato sul vetro curvo della vetrina con sotto, allineati, precisi, senz'anima, vari tipi di pane e biscotti.

Poco oltre il mio tavolino, due giovani signore chiacchierano. Non le ascolto, ma le osservo. Dal loro abbigliamento, invece che in una via del centro di Roma sembra siano in un'elegante località di montagna: calzamaglia nera, piumini colorati, stivali alla moda. Si versano il tè, sorridono, forse aspettano qualcuno; non sembrano particolarmente allegre anche se hanno dei pacchi infiocchettati.

C'è un'aria pacata, una gioia ridimensionata.

Bevo la cioccolata, scorro una rivista, ma soprattutto tengo d'occhio l'orango che spunta da una busta di carta. L'ho appena comprato per mia moglie, è abbastanza grande, certamente la sorprenderà come quel simpatico pupazzone ha fatto con me quando sono entrato, poco prima, in un negozio gestito da una giovane francese, pieno zeppo di animali di peluche. C'erano giraffe, tigri, polipi, orsacchiotti: tutti ammassati in attesa di avventori in cerca di qualcosa da regalare che sapesse d'infanzia.

L'orango è di stoffa e lana color marrone infuocato, gli occhi di vetro sembrano seguirti come quelli di un bambino curioso. Ora spunta indiscreto da dentro la busta. Non so perché ma gli ho subito dato un nome, Chelsea. Mi sembra adatto, e poi mi ricorda qualcosa.

Le giovani donne d'un tratto smettono di chiacchierare, sono entrate due bambine che hanno tutta l'aria di essere le loro figlie. Si salutano con qualche gridolino, poi si siedono tutte attorno al tavolino, la cameriera subito si avvicina e prende gli ordini. Avranno sì e no 12 o 13 anni, sono vestite alla moda anche loro, sportiva ovviamente. Tra madri e figlie non c'è molta differenza, le seconde sembrano già delle giovani adulte, le madri ancora delle adolescenti. Viste sedute una accanto all'altra è difficile capire bene se vi siano ruoli diversi fra loro.

Nemmeno il tempo di bere un succo di frutta e si passa subito alla consegna di qualche pacchetto infioccato per le bimbe, che scartano subito l'involucro colorato, ma senza frenesia, come se tutto fosse scontato e seguisse tempi consueti e previsti. Anche quando si aprono i regali non c'è sorpresa. Si capisce che si tratta di prodotti da profumeria, barattolini, scatolette. Annusano il contenuto, si scambiano i prodotti. Sembrano pacatamente divertite, assomigliano a signore di una certa età che fanno fatica a mostrare sorpresa, non si va oltre un «ohhh...» contenuto. È tutto troppo glamour per essere credibile, sa di fasullo, comprese le risatine compiaciute delle mamme.

Le bambine griffate ora sono passate a provare i trucchi appena ricevuti in regalo, ogni tanto, a turno, danno un'occhiata alla mia busta con l'orango che spunta curioso, anche perché l'ho appositamente messo in bella vista. Ci ho provato a distrarle, ma evidentemente non ci sono riuscito.

I colori e l'odore di ciò che è contenuto in quelle scatolette colorate e scintillanti sono troppo forti, e poi c'è il compiacimento delle mamme a illustrare ciò che tengono tra le mani come esperte venditrici a domicilio.

Continuo a guardarle, dopo poco rimettono i profumini e le ciprie dentro la carta da pacco natalizia, forse si sono già stufate.

Quanto dura l'«effetto Natale» oggi? Non molto.

Per un attimo mi sono illuso che il mio meraviglioso orango sarebbe stato più sorprendente di qualche rossetto o vasetto di fondotinta, che avrebbe eccitato la loro fantasia, che si sarebbero potute avvicinare e chiedere come si chiamava quel bestione di lana rossa, che forse con il mio Chelsea si sarebbero potute inventare un gioco che si prestava a racconti, suggestioni. Eppure lui, l'orango, le sta fissando con gli occhi a palla. Loro no, sono intente a rimirare l'effetto di un rapido make-up sotto lo sguardo compiaciuto delle madri.

Probabilmente le bambine di oggi non possono essere interessate a un orango, nemmeno se è planato in una panetteria del centro di Roma a due passi da piazza Navona. Sono prese da altro, giocano a fare le superadolescenti pronte ad atterrare nella vita elegante di madri eleganti.

Naturalmente, le mie sono soltanto proiezioni di un signore anziano colpito da un pupazzo di peluche. Non sono in sintonia con quella panetteria chic, nella ZTL di Roma.

Romanticherie da quattro soldi, direte leggendomi. Meglio rimettere l'orango ben dentro la busta, non fargli più spuntare il testone di lana rossa come il fuoco e andarsene.

Lascio le bambine al loro posto davanti alle tazze da tè per signore. Le guardo ancora una volta, si sono già alzate in piedi, non per seguire Chelsea che le sta lasciando, ma perché si sono stufate di tutto, anche di ascoltare le chiacchiere delle loro madri eleganti, anche dei make-up.

Tutto vola veloce quando non c'è attenzione a nulla. Tutto scappa via dalle emozioni che devono essere brevi e nemmeno troppo intense. Anche Natale diventa triste nel centro di Roma senza troppa gente e senz'altro che un po' di superficiale frenesia.

Non ho idea di dove andranno quelle madri e quelle figlie annoiate, che nemmeno i regali hanno svegliato. Non sembra ci sia una meta in quella mancanza espressiva.

Non basta essere bambine per avere un sorriso sincero. La cosa peggiore che possa capitare a un essere umano è smettere di vivere da giovane e continuare a farlo per tutto il resto della vita.

Quelle bambine e le loro madri sono uscite dal locale identiche a quando vi erano entrate, c'è stato solo un breve intervallo emotivo, un belletto, qualche risatina stirata. Forse ci sarebbe stato bisogno di qualche sorpresa vera, di uscire da un cliché per iniziare a vivere facendo un dispetto a quella consuetudine; ci sarebbe voluto un orango senza rossetto e mascara.

Chelsea ci aveva provato.

10

Non fare il morto!

Alla fine di una conferenza, mentre stavo facendo il firmacopie, mi si avvicina un signore dall'aspetto giovanile, con un sorriso carismatico. Mi vuole assolutamente raccontare un aneddoto, nonostante la calca che si è riunita attorno al tavolino dove sono seduto. Mi spiega che è un utile corollario a ciò che ho detto nel teatro poco prima, qualcosa che mi sarebbe utile conoscere. Non mi faccio sfuggire l'occasione.

Mi racconta che lavora come volontario in una piscina comunale frequentata da bambini e bambine di diverse età. Un pomeriggio era in ammollo contornato dalle creature a ognuna delle quali aveva detto, dopo aver nuotato, di «fare il morto» a pelo d'acqua per rilassarsi un po'. Sapeva bene che sulle gradinate erano appollaiati molti genitori che non potevano perdere il controllo dei loro piccoli e che probabilmente volevano vedere i progressi dei loro futuri campioni, ma non poteva prevedere le conseguenze di quell'ordine bonario.

Lì per lì la lezione di nuoto era proseguita come tanti altri pomeriggi, ma poi, quando i bambini e le bambine erano negli spogliatoi per prepararsi a uscire e il maestro stava abbandonando la piscina, un gruppo di genitori era avanzato verso di lui con fare minaccioso.

«E no, caro lei, non si fa così… non si azzardi più a dire ai nostri figli di "fare il morto", perché li traumatizza, ha capito?» Lui era rimasto interdetto, poi aveva chiesto che cosa avrebbe potuto dire per evitare di sconvolgere i piccoli. «Galleggia sull'acqua!» aveva risposto uno di quelli con la sicurezza di un avvocato difensore.

Il mio interlocutore finisce il suo racconto con un sorriso amaro: «Ha capito dove siamo andati a finire? Vivono solo nel terrore che qualcosa, qualsiasi cosa, possa spaventare i loro figli, li allevano nel vuoto pneumatico!».

Ci sono genitori, parlo della generazione che oggi ha attorno ai quarant'anni, che hanno paura delle paure ed eleggono l'abolizione perfino letteraria di un sentimento a passaggio educativo necessario. Per paura della morte, parola che deve essere bandita in qualsiasi modo dall'abbecedario della crescita. Se il nonno è deceduto, si dovrà dire che è in viaggio d'affari ed evitare tassativamente che il nipotino possa assistere al suo funerale; l'idea che il dolore possa fortificare le capacità di elaborarlo non trova posto nella loro agenda. E se papà e mamma litigano, in realtà parlano solo ad alta voce, ma si amano follemente.

Sono giovani uomini e donne che preferiscono che i loro bambini non giochino a fare il morto anche se questo li porterà ad allontanarsi da una certa idea di vivere cercando emozioni che devono rimanere asettiche.

Ci sono genitori che ricoprono ossessivamente gli angoli di casa con la gommapiuma, rivestono i pavimenti con materassini antitrauma, non abbandonano un attimo il piccolo sul cavallino a dondolo per paura che possa cadere: odiano la sola idea di un'abrasione, di un bernoccolo. Genitori adatti a lavorare più nell'esercito della salvezza che tra quattro mura domestiche. Una vita terrificante in cui è tutto ammorbidito, ovattato, mediato, rassicurante e dove nemmeno le parole che si possono utilizzare per giocare devono evocare nulla che abbia a che vedere con il dolore, e quindi nemmeno con la vita. Anche nell'acqua di una piscina comunale va versata una generosa dose di anestetico.

11

A scuola da Pavlov

Mi scrivono spesso genitori, per la verità più le mamme che i papà, ma forse perché i padri sono nella maggioranza dei casi dei neofiti tra l'intimidito e l'arrogante e non pensano che educare sia un mestiere in cui occorra accumulare competenze ed esperienza.

L'argomento classico di cui vogliono parlare e su cui desiderano avere consigli da me è spesso il più generico fra tutti: come crescere i propri figli, ma soprattutto come comportarsi con la scuola e gli insegnanti.

È molto singolare che vi siano adulti che, pressati quotidianamente da questioni tanto complesse come crescere i propri figli, pretendano di riuscire a risolvere i loro problemi con una mail nella speranza che l'esperto di turno appiani ogni cosa con due righe, così che loro possano sentirsi sgravati e tornare a occuparsi d'altro.

La facilitazione della comunicazione online semplifica tutto, rende fattibile e fruibile anche l'accesso ai cosiddetti «esperti», abbassa barriere e annulla lontananze, e questo sarebbe certamente un bene se non trascinasse molti nell'illusione di trovare due regole d'oro per riassumere una relazione, quella tra genitori e figli, che rimane per definizione ingarbugliata. Anche perché, se fosse agevole per tutti, sarebbe banale. Non solo non esiste un «manuale delle Giovani Marmotte» su come educare i figli, ma nemmeno una mail salvifica, perché offenderebbe chi la scrive più di chi la riceve.

Poi, per fortuna, c'è anche qualcuno che mi vuole parlare di una questione più specifica di cui ho spesso scritto (infatti, normalmente, nella mia risposta rimando alla lettura di un mio testo, anche per sottolineare che un po' di fatica la si deve pur fare): l'istruzione a tempo pieno. Mi dicono che questi orari così prolungati assomigliano a quelli degli operai o degli impiegati, che i bambini sono bambini e vanno lasciati liberi, che poi arrivano a casa stanchi e stressati (forse dovremmo iniziare ad ammettere che siamo tutti stressati, indistintamente, dalla culla alla bara, aggiungendo però che senza stress la nostra vita sarebbe un'agonia), che insomma è ingiusto nei confronti di quelle povere creature…

È struggente riflettere sull'idea che molti genitori ancora abbastanza giovani (in genere si tratta di quarantenni, al massimo cinquantenni) si sono fatti della scuola dell'infanzia e della scuola in generale, nemmeno fosse una puzzolente officina.

Possibile che a così tanta gente non passi mai per la testa che una scuola è un grande teatro in cui si gioca, ci si diverte, si impara, si fatica e si cresce? Possibile che un padre o una madre possano pensare che è meglio che i loro bambini trascorrano le lunghe ore pomeridiane da soli mentre gli adulti di riferimento sono in qualche altra stanza davanti a un computer, al telefono, a guardare la televisione o a fissare il loro smartphone? Possibile che si arrivi a ritenere che una baby sitter sia meglio di altri venti bambini che si sfidano al tiro alla fune o si dipingono addosso? Possibile che si arrivi addirittura a credere che la nonna che lavora a maglia o il nonno che si legge le ultime notizie sportive possano essere per un bambino compagni di viaggio più affascinanti di una ciurma scatenata di pari?

Sì, è possibile. La scuola dà molto fastidio, lo si è capito da anni. Non si comprende bene che senso abbia, che ruolo abbia. Anzi è proprio ridotta a ciò che gli stessi genitori paventano: un parcheggio privo di strisce blu per terra. Proprio come quello del centro commerciale dove scatta sempre un riflesso pavloviano: papà parcheggia dicendo le solite battute sul fatto che non bisognerebbe mai venirci di sabato, ma poi si scende (anche la nonna) e si va a comprare un giochino elettronico e un pezzo di pizza riscaldata da una lampada calata sulla mozzarella che sfrigola. Tutto scontato, ripetitivo, nauseabondo, esattamente come in una classe. Un tempo la speranza per molti bambini era poter andare a scuola, perché c'era una persona educata, appassionata, creativa che si inventava qualche idea pur di far giocare i propri piccoli allievi e, nel contempo, insegnar loro a scrivere, leggere e far di conto. Per molti c'era una gran differenza tra una casa e un'aula, ma erano altri tempi e di quel mondo rimangono pochi eroici difensori circondati da un nuovo, divergente senso comune. Ora siamo dentro un unico nucleo in cui non ci deve essere differenza tra una stanza dove un bimbo si annoia da solo illuminato da uno schermo e un'altra dove ci sono venti bambini che si annoiano illuminati da altri schermi.

Certo che ci vuole il tempo pieno, perché è un'occasione per giocare senza un orario preciso o per ripassare assieme un brano di storia o di geografia.

Non sarà un caso che il centro commerciale inaugurato recentemente nei pressi di Milano, tra i più vasti d'Europa, contenga, come vera e propria attrazione familiare, un parco giochi. Chi lo ha progettato deve essere un accanito e convinto seguace di Pavlov: l'obiettivo è creare una reazione biochimica nel cervello dei bambini (c'è di mezzo la serotonina, che piace moltissimo anche agli adulti, anche se non lo sanno), un automatismo psichico tale per cui, non appena si fa il nome dell'immenso magazzino, queste povere creature si sentano attratte e, come per incanto, diventino euforiche. Si vuole che crescano pensando che la gioia non sia giocare gratuitamente nel cortile della scuola o nell'aula con le pareti ricoperte da grandi fogli con pupazzi abbastanza mostruosi, ma in un luogo dove tutto è programmato, dalla spesa che trabocca dal carrello alla paninoteca, ai negozi di elettronica dove trionfano gli ultimi modelli di televisori e naturalmente al parco giochi, dove giovani professionisti o volontari intratterranno, tra qualche albero di plastica tipo finta foresta, quelle creature abbandonate per il tempo dello shopping.

Potremmo pensare di chiedere al prossimo architetto impegnato nel progetto del centro commerciale più grande del pianeta di disegnare anche delle scuole, asili, materne, elementari, ma forse per i più esigenti anche qualche media e media superiore. Così l'età evolutiva potrebbe trovare lì un nuovo nido accogliente e tornare a casa solo per dormire, in questo modo tutti potranno crescere direttamente dentro i luoghi di culto, la didattica stessa potrebbe essere parte di un'opera più grande e complessa, quella che porterà tutti, compresi i nonni, a diventare fedeli seguaci della più vecchia religione che esista, quella che onora l'acquisto (non più il baratto, che non era poi così male) di ogni bene materiale e immateriale, come per esempio il tempo.

Se così fosse, riceverei meno mail drammatiche che mi implorano di intervenire per cancellare questo retaggio novecentesco, perlopiù scandinavo, dell'orrido tempo pieno. Non sembra strano che da quei lontani paesi abbiamo importato molte usanze, da Santa Klaus alle renne, ai pupazzi di neve, ma non la buona educazione e il rispetto per i più piccoli, che a quelle latitudini è ben più praticato che da noi? Paesi dove si pensa che nessun bambino debba essere abbandonato a casa il pomeriggio.

L'idea di educare all'omologazione, all'acquisire il più precocemente possibile competenze merceologiche: ecco il disegno che si cela in questa sconcertante, spero inconscia, richiesta. Deve prevalere il pensiero che tutto sia «roba», prodotto da acquistare compulsivamente, senza inutili incrostazioni emotive. Si cresce un'infanzia pronta per l'e-commerce, e il sistema nervoso deve produrre i neurotrasmettitori adatti, quelli che traducono in gioia la vicinanza a un oggetto reale o virtuale che sia. L'eccitamento non viene da un'emozione, ma da un cortocircuito biochimico regolato pavlovianamente.

Non sono molti quelli che inorridiscono all'idea che si possano frequentare a ogni fine settimana enormi costruzioni che assomigliano a uno zoo antropologico.

Hanno eliminato anche le persone alle casse, ecco l'ultima innovazione. Nemmeno più un sorriso, anche solo abbozzato, di chi passa il codice a barre. Tutto sostituito dal solipsismo di una carta di credito.

I bambini guardano e imparano, vedono strani adulti che sembrano contenti di non parlarsi, forse stanno imparando che è così che si vive. Nutrire un neurotrasmettitore, all'educazione ci penserà la serotonina.

12
Una scuola esigente

Le notizie si rincorrono, non passa settimana senza che si verifichi un episodio di violenza commesso in una scuola. Ragazzi e ragazze che aggrediscono professori o coetanei, genitori che minacciano o picchiano insegnanti rei di aver punito i loro figli. E presidi che non sanno come comportarsi, assediati come sono da una comunità che sembra non stimarli più, che pensa si possa fare a meno di loro.

Un bel libro di Giorgio Ragazzini, *Una scuola esigente*, mette in luce questo vuoto, questa paura che dovrebbe non attanagliare solo chi lavora in classe o chi ha figli e figlie in un istituto, ma una società assai più ampia. Se la scuola fallisce, tutti falliamo. Giorgio Ragazzini è anche il principale animatore del «Gruppo di Firenze», punto di riferimento per chiunque ami la scuola e l'educazione, da anni è impegnato in battaglie di buon senso, per quanto isolate. Seguo le loro preoccupazioni e le condivido da tempo.

Ma non è soltanto la violenza a indebolire e a togliere autorevolezza al mondo scolastico e accademico, è anche l'emergere e la diffusione di un largo consenso riguardo a istanze culturali che vengono spacciate per innovative.

Un aspetto illuminante riguarda il dibattito sui voti. Un assessore della provincia di Bolzano si era detto assolutamente contrario a che nelle scuole medie superiori si potessero dare voti inferiori a quattro. Non ho mai capito perché prendersela proprio con quel voto, come se indicasse il baratro irrimediabile per la vita di un ragazzo o di una ragazza. È evidente che, se si aboliscono i voti bassi, si devono eliminare anche quelli alti: quindi dovremmo dire – e sarebbe molto imbarazzante – che si cancellano non solo i tre, due e uno, ma anche i sette, gli otto e i nove. E perché si deve negare a un giovane la possibilità di riscattarsi da un giudizio negativo magari fornendo una prestazione eccellente? Funziona ovunque, nello sport come nell'arte, nella letteratura, nel lavoro in genere, ma anche in amore. Non accade mai di essere lasciati da un/a innamorato/a? Impossibile, altrimenti significherebbe ammettere di non sapere nulla di quel sentimento. Perché mai dovremmo dire a un giocatore di tennis che il prossimo torneo dovrà giocarlo senza punteggio? Nei sogni c'è sempre di mezzo la sconfitta. Ed è proprio in quel preciso istante che inizia la risalita, imparando qualcosa dai propri sbagli, essendo umile nel riconoscere la propria imperfezione.

In molti si sono lamentati quando al ministero dell'Istruzione hanno pensato di rendere più comprensibili e nette le valutazioni che le scuole elementari danno sul profitto dei bambini e bambine (senza tornare comunque ai voti). Una battaglia linguistica in difesa di un gergo a metà tra il burocratico e l'indecifrabile intellettualismo: tutto creato *ad hoc* per la paura di dover dire a un bimbo che si deve impegnare di più, a una bimba che è stata molto più brava della volta scorsa.

Mi chiedo cosa ci sia di così attraente in una scuola impegnata a perseguire una mediocrità, sintomo evidente della titubanza che insegnanti e genitori provano all'idea di essere autorevoli. Un voto non è un giudizio, ma un'inevitabile valutazione e chiunque, a qualsiasi età, è costantemente valutato e valutabile. Una scuola imbarazzata nel vagliare gli alunni lo è anche con gli insegnanti e questo rende tutto inaffidabile. È strano che sotto qualsiasi forma la valutazione esista e sia accettata nel resto del mondo: per un'azienda (fatturato), un ristorante (i clienti sanno essere spietati), una partita di calcio (ne sanno qualcosa tifosi e commentatori sportivi), il successo di un libro (copie vendute), un artista (giudizio dei critici o delle gallerie). Non si tratta di far valere solo i criteri del mercato, so bene che dietro una bocciatura si può nascondere un talento, ma forse quell'intoppo è utile a lui o a lei per ricominciare con maggiore determinazione e rabbia. Non sarà un caso se molti geni sono stati bocciati, non è un impedimento ma un'opportunità che si può cogliere per migliorarsi.

E poi c'è comunque la coscienza di sé che a volte è implacabile. Strano che solo per la scuola non debba funzionare così: un imbroglio culturale e sociale.

Naturalmente non ci si rassegna alla sola abolizione del voto, ma si punta anche a quella di tutto il resto, pagelle e scrutini compresi. A che scopo? Insegnare a rimandare il momento di fare i conti con la vita vera, con le proprie forze e debolezze, con gli errori e il talento, a quando si sarà diventati adulti? La scuola, agenzia distopica, contenta del suo arroccamento. Fortino ipocrita a protezione dei più piccoli perché possano crescere fragili e spaesati.

Si può pronunciare un «no» con dolcezza, si può spiegare dove si è sbagliato con gentile fermezza, ma guai a far finta che una cialtronata possa bastare ad andare avanti. È un insulto, uno dei tanti modi che si stanno adottando per dimostrare che non ci fidiamo dei giovani, che crediamo non riescano a reggere alla frustrazione così come all'improvvisa affermazione. L'otto è fondamentale tanto quanto il quattro, non sono eventi evitabili e nemmeno necessariamente predittivi. Altrimenti vincerà una scuola da «sei meno meno», un gigantesco schiacciasassi che detesta la discesa quanto la salita, ovvero, in entrambi i casi, la crescita.

Abbiamo bisogno di una scuola esigente, ma anche di esigere una scuola che assomigli alla migliore vita possibile, quella delle pozzanghere e del sole. Essere empatici con i ragazzi e le ragazze non significa dispensare pacche sulle spalle, insistere nel pettinarli per il verso del pelo. Una scuola, come la nostra vita, non avviene in una toilettatura per cani, ma in un posto dove il vento insegna che il pericolo è la bonaccia, dove si deve esigere di essere amati, non costantemente aiutati.

Uno degli elementi più deboli riguarda proprio il rapporto tra famiglie e insegnanti, che tende a scavalcare gli alunni impedendone la responsabilizzazione. Non ho mai capito perché un padre e una madre devono andare così spesso nell'istituto frequentato dai figli e dalle figlie. A fare che cosa? A perorare la buona causa dei loro pargoli? A fungere da mediatori culturali con gli insegnanti, da conciliatori, da sindacalisti? Ma non capiscono che per un figlio o una figlia avere sempre un avvocato difensore è semplicemente terribile?

La mia visione è drastica. Eleggere un giorno del calendario scolastico per poter visitare l'istituto dove studiano i ragazzi e le ragazze. Punto. Per tutto il resto dell'anno, la scuola ritorna a essere il luogo di confronto fra alunni e insegnanti senza la mediazione di nessun altro familiare. Come del resto si fa in alcuni paesi nordeuropei, ma come faceva anche mio padre, che non è mai venuto al mio liceo per tutti cinque gli anni. E io ero felice che quella «faccenda» fosse mia, soltanto mia.

Se Marco o Marzia vanno male in matematica, per quale ragione la professoressa di quella materia si deve sentire in dovere di convocarne i genitori? Perché dicano ai loro pargoli che la matematica è un problema? Ma non si teme il ridicolo?

Scuola senza genitori e controlli elettronici, ma con insegnanti autorevoli: questo significa per me una «scuola esigente».

13

Chi ha inventato il registro elettronico?

L'immanenza nel rapporto tra genitori e prole ha prodotto tra i bambini e gli adolescenti inutili ed evitabili fragilità, che si sovrappongono a quelle che già accompagnano fisiologicamente chi cresce.

Educare oggi assomiglia a una partitura bizzarramente dicotomica: da una parte il controllo, dall'altra l'indifferenza. Sembra assodato non sapere dove vanno un figlio o una figlia la sera o la notte anche se hanno appena varcato l'età pediatrica. A 13 anni escono di casa e nessun adulto sembra trovare più la forza e la determinazione per opporsi, si limita a prenderne atto.

La madre di una dodicenne entra per caso in possesso del telefonino della figlia e scopre immagini eroticamente spinte e la picchia: l'impotenza del buon senso. Invece di prenderla a sberle, perché non chiedersi come mai a quell'età quella quasi bambina è già immersa in un mondo così esplicitamente fuori dalle sue fragili competenze, ovvero adulto?

Un'inusitata libertà viene concessa contemporaneamente a una spasmodica voglia di controllo. Strana contraddizione.

Mi sono chiesto tante volte chi ha inventato il registro elettronico. Mi rispondono, quelli che lavorano nella scuola, che è il frutto di un compromesso tra esigenze genitoriali («voglio sapere dov'è mio figlio/a alle 10.23!») e desiderio di spogliazione da ogni possibile colpa da parte degli insegnanti («se uno studente non viene a scuola, noi decliniamo qualsiasi responsabilità»). Un patto scellerato che non tiene conto in nessun modo dell'interesse dello studente.

Accade dunque che, se si viene interrogati, un messaggino arriva sul telefonino di mamma, papà, nonna e zio: la vita scolastica di quel ragazzo/ragazza non ha più segreti, è sotto l'occhio digitale. Tutti vogliono e devono sapere tutto, anche a costo di ignorare i diritti basilari dei figli: quello di andare a scuola impreparati assumendosene le responsabilità, di pensare che quel luogo appartiene a loro e non all'invadenza familiare (che, in automatico, va in «off» quando si tratta di farli uscire con gli amici alla sera).

Così si accresce solo il senso di irresponsabilità dei ragazzi e delle ragazze, perché il registro elettronico serve soprattutto a questo: a non crescere, a vivere una quotidianità sempre sotto tutela, perennemente segnalati, trasformati in un «bip» che appare in uno schermo. Assomiglia esageratamente all'idea di geolocalizzare i propri figli, conoscerli non perché si discute con loro, ci si interroga a vicenda, si litiga, si piange e si ride insieme, ma semplicemente perché si sa dove sono, in piazza, al bar, al parco. A molti genitori piace sapere esattamente dove sono, un puntino li segnala sui loro schermi digitali, ma ignorano se sono felici o se, per qualche motivo, hanno smesso di esserlo.

Una bizzarria, un'imbarazzante contraddizione. Come se le relazioni familiari e il rapporto con la scuola si fossero materializzati in un radar acceso per poche ore al giorno, proprio quelle dove dovrebbe prevalere l'autonomia, e spento quando invece ci si dovrebbe sentire consolati da una presenza, anche se a distanza.

Tutti soli in una vita assieme, a scuola come a casa, come fuori. Videosorvegliati o abbandonati, non amati.

14

Sospendiamoci un po'

Accade a Modena, in un liceo. Uno studente critica pubblicamente alcune decisioni prese dalla dirigenza e per questo viene sospeso. Non entro nel merito della decisione, che comunque è stata successivamente riconsiderata riammettendo il ragazzo, mi interessa semmai ragionare sul metodo, che non capisco, anzi, che non ho mai capito.

Ricordo tanti anni fa quando tre ragazzi e una ragazza devastarono parte dell'istituto dove studiavano, rompendo i bagni e altri servizi comuni. Anche in quel caso furono sospesi a furor di popolo. E recentemente il ministro dell'Istruzione e del merito si è detto d'accordo sulla sospensione di altri studenti colpevoli di vandalismi durante l'occupazione di un liceo milanese, dichiarando a un giornale: «Chi occupa, chi compie un atto illecito, deve rispondere dei danni. Questa è una mia riflessione personale: credo che studenti di questo tipo non possano essere promossi all'anno successivo». Poi ha proseguito: «Credo che bene hanno fatto le forze di polizia a fare un sopralluogo e a trasmettere gli atti alla Procura: questi reati devono essere perseguiti. Chi sarà individuato responsabile deve essere condannato penalmente e, inoltre, chi è responsabile deve risarcire alla scuola i danni. Non deve essere la scuola e la comunità a rispondere dei danni».

La preside dell'istituto ha affermato, rispondendo al ministro: «È partito l'iter disciplinare per accertare la partecipazione degli studenti all'occupazione e verificare le responsabilità di quanto successo. Siamo amareggiati e arrabbiati e non possiamo negare che ci sentiamo in difficoltà ma non facciamo caccia alle streghe né processi. Io spero che siano gli stessi studenti a presentarsi e a dirci cosa hanno fatto». Mi auguro proprio che sia così, anche se temo molto l'asse famiglia - ragazzi e ragazze: è il tallone d'Achille della situazione della scuola italiana, l'anello debole soprattutto quando si allea con insegnanti e presidi. E lo è ogni giorno di più, perché è l'interfaccia tra scuola e comunità che si è ridotta a una trave di legno piena di tarli.

Da una parte una scuola che non sa come e se essere autorevole, dall'altra genitori sempre pronti a rintuzzare qualsiasi forma di individuazione di responsabilità, il tutto immerso in un *melting pot* culturale che ha sacrificato formazione, competenze, merito per eleggere opportunismo e cialtroneria a mezzi necessari per vivere e costruire un futuro.

Chi rompe rimette a posto, ovvio. In Olanda da anni vige una regola secondo la quale se un minorenne danneggia una proprietà pubblica deve lavorare nel tempo disponibile per ripagare, in questo modo gli atti di vandalismo sono drasticamente diminuiti.

E noi cosa facciamo? Li sospendiamo! Li mandiamo a casa, dove quel ragazzo o quella ragazza potranno finalmente alzarsi con calma al mattino, poi mettersi le cuffiette e giocare con la PlayStation appena ricevuta in regalo da un papà geniale (come premio o per senso di colpa), oppure potranno stare ore su Instagram a vedere foto e a creare reel. La sospensione che diventa occasione per una promozione social. È così che si esprime l'autorevolezza di un adulto?

«Sospendere» è un verbo molto metaforico. Non sono gli adolescenti a temere di poter incorrere nelle decisioni di adulti tutti d'un pezzo, ma siamo noi che abbiamo davvero «sospeso» ogni giudizio, nonché la nostra rispettabilità e dignità.

15
A Woodstock con mamma e papà

Accade in una grande città. È la fine di gennaio e fa molto freddo eppure c'è molta gente che affolla una strada semiperiferica. All'alba di quel sabato ci sono tanti giovani, ma anche genitori che accompagnano i propri bambini e rimangono lì al gelo più o meno allineati con tutti gli altri.

Il motivo? Un locale ha promesso un hamburger gratis. Ci si aspetterebbe una folla di disgraziati, di senzatetto, di barboni arrivati apposta dalla stazione (che non è nemmeno vicina), di disoccupati; persone che normalmente aspettano davanti a una mensa della Caritas o di qualche altra meritevole associazione di volontariato. Invece, in questo caso c'è una strana folla che, a giudicare dalle fotografie pubblicate sui giornali, non sembra soffrire di quelle impellenze... e poi, perché mai i genitori hanno accompagnato i loro piccoli in quel gelo?

«Abbiamo fatto 500 chilometri per portare nostro figlio e non ci hanno dato nulla...» urla una madre a un cronista. Difficile pensare che una famiglia affronti un viaggio nella speranza di poter mangiare ciò che è disponibile a poche centinaia di metri dalla propria abitazione, anche se lo si deve pagare qualche euro. Qualcosa non torna. Forse è la notorietà del locale ad attrarre o il macinato di grandissima qualità, però rimane da capire perché fare tutta quella strada e perché rimanere intirizziti, chiusi nei poderosi piumini a mormoreggiare e poi a urlare la grande frustrazione. Ci deve essere qualcos'altro.

Infatti pare che la ragione di quell'assembramento mattutino non fosse solo l'offerta di un hamburger «pagato», ma la prevista apparizione di un personaggio famoso su YouTube.

Pare che questo signore sia una vera celebrità sulla rete. Ecco il motivo della ressa, dell'attesa e dell'enorme delusione: il panino gratis non c'era (o forse sono finiti subito nella calca) e il divo di YouTube non l'ha visto nessuno. Forse il freddo o la paura per tutta quella gente o uno sbaglio di data. Solo qualche ora più tardi lui si è scusato per l'equivoco, ma la domanda resta: perché svegliare un bambino in piena notte, nel gelo, promettendogli l'insuperabile apparizione con tanto di piccolo pasto caldo gratuito? Lo youtuber avrà certamente del talento se è riuscito a radunare tutta quella folla con la sola promessa di palesarsi in una mattina d'inverno, ma che cosa c'entrano un bambino o una bambina?

Il raccapriccio non nasce tanto dall'hamburger che non c'è e nemmeno dal mito social che non appare, ma da quei genitori che si mescolano alla folla di ragazzi e ragazze, travestendosi da adolescenti per soddisfare la richiesta di un bimbo che forse ha visto sullo schermo del telefonino di mamma o papà l'eroe del momento, e che reclama e attende come un tempo avveniva la vigilia, nella speranza che Babbo Natale portasse un dono.

Oggi Babbo Natale arriva in ritardo ma promette un hamburger pazzesco, il bimbo forse ha sonno, ma saranno i genitori a tenerlo sveglio facendo il countdown del grande spettacolo. E se poi tutto dovesse essere un fake? Be', pazienza, peccato per la benzina e per la colazione fatta in un bar qualsiasi per ripagare di quella delusione. L'influencer/youtuber non è arrivato, ma domani ne aspetteremo un altro in qualche locale in un'altra città, tanto fare 500 chilometri a nord o a sud non è poi così diverso.

L'importare è rispondere immediatamente alla voglia di un bambino, sfamarla all'istante, smontare la magia dell'attesa, perché, se un bambino chiede, bisogna pur stare sull'attenti e mettersi a sua disposizione per accontentarlo in tutto e per tutto.

Eppure sarebbe un po' riduttivo leggere questa notizia solo dal punto di vista degli effetti delle bizze di un infante. Forse, a ben vedere, sono gli adulti che vogliono partecipare ai giochi dello youtuber, ai suoi irresistibili richiami. I bambini sono le vittime designate di un mondo dove tutto deve essere sempre un appuntamento imperdibile e virale, anche se inconsistente.

Una sera in un ristorante milanese incontrai un signore che non conoscevo, amico di amici. Il discorso scivolò sui figli e sui loro gusti musicali. Lui sembrava molto ferrato e mi raccontò che, quando sua figlia aveva 13 anni, l'aveva accompagnata a San Siro dove si esibiva una band all'epoca molto famosa soprattutto fra i giovani.

I 13 anni, secondo me, fanno ancora parte dell'infanzia, quindi chiesi quale fosse il motivo di portare una bambina a un concerto rock che si rivolgeva a un pubblico di ragazzi e ragazze più grandi. Lui mi disse che mi stavo sbagliando, che c'erano un sacco di altri fan dell'età di sua figlia e che non ci vedeva nulla di strano, anzi che si erano tutti divertiti da matti, compreso lui.

Aveva ragione quel padre, anche i genitori che hanno fatto 500 chilometri per un hamburger avranno pensato che fosse tutto ovvio, logico, al passo con i tempi moderni. Anzi, non ho fatto nemmeno fatica a immaginare quel signore travestito da teenager ballare in uno stadio gremito per una rock band, anche perché non sarà stato certo l'unico.

Oggi si pensa che non ci debba essere differenza tra le generazioni, forse ambiscono tutti ad arrivare il più precocemente possibile su un altopiano dove bambini e genitori, e forse anche nonni, resistono impavidi per non lasciare la scena, che sia uno stadio con un gruppo musicale o la fila per vedere un piazzista della rete non importa.

Il rapporto fra generazioni è diventato invasivo, appiccicoso.

È la paura della morte che inconsciamente frena una comunità impedendole di assumere responsabilità che si basano anche su quella «giusta distanza» trasformata in ascolto di saggezza, che è tale proprio perché ha vissuto di più e diversamente, e perciò si permette di dire di no, di non aderire a qualsiasi richiesta di un bimbo, senza per questo rovinargli i sogni, la fantasia, anzi coltivando l'attesa. L'età evolutiva si chiama così proprio perché non è un plateau, ma un percorso, un'avventura che s'impara ad amare perché la si deve saper aspettare.

Mischiando adulti e bimbi in una folla in attesa messianica, misconoscendo l'idea che esistono scale, gradini, fasi della crescita e il tempo giusto per fare qualsiasi cosa, si impedirà ai più piccoli, solo per soddisfare la dilatazione adolescenziale dell'identità dei loro genitori, di far crescere delicatamente e gradualmente in sé una vita diversa, meno prevedibile di quella di chi li precede dal punto di vista generazionale.

Che fretta c'è? Che gusto c'è a far credere a una bambina che può chiedere qualsiasi cosa e a quell'adulto che non invecchierà mai, che il tempo è sempre quello che non è più? Perché questo accanimento a uccidere l'almanacco delle nostre, differenti, vite?

E se poi, quando da bambini si diventa adolescenti, s'incontra un nodo, a chi si può fare appello? A un genitore/adulto che rifiuta quel ruolo, quella autorevolezza? A chi si rivolge una ragazza che attraversa un'inquietudine più intensa? A un mago dei social, a una rockstar, a un venditore di hamburger? Immaginate di essere un bambino o un adolescente che si guarda attorno e non vede nessuno, e ditemi che cosa provate.

Faccio fatica a capire la necessità di questa innaturale complicità. È strano pensare che sia giusto che tra un padre, una madre, un figlio e una figlia non ci debbano essere differenze, antagonismi, ma solo false vicinanze, scimmiottamenti di parità.

A mia madre non piacevano i Beatles, o almeno così mi è sembrato di capire. Forse li criticava per mettermi dei limiti, perché altrimenti li avrei ascoltati in continuazione, notte e giorno, e non avrei fatto ciò che dovevo, ovvero studiare. E non parlo di mio padre, lì c'era Mozart, ovvero un altro mondo, chiaramente esibito nelle sue divergenze, forse anche nell'inaccessibilità. Da una parte c'erano loro e dall'altra io e mio fratello.

A Woodstock c'erano ragazzi e ragazze liberi, felici, innamorati della vita, ma non erano accompagnati da genitori che facevano finta di essere loro pari. A Woodstock si andava senza permesso, assumendosi la responsabilità di quella fuga da casa, dalla quotidianità noiosa. La voglia di toccare il cielo, e di morderlo, per poi tornare, assumersi le responsabilità della trasgressione e provarci ancora, e sempre.

Era un rischio immergersi in quella bolgia di sesso, droga e rock. Ma doveva essere così, che sapore avrebbe mai avuto quel sogno se tutto fosse stato concesso con la benedizione paterna e materna o, peggio, con la loro presenza con tanto di T-shirt «love & peace»? Non sarebbe stato ridicolo? Certo, e lo è anche adesso.

Si sta facendo strada un inquietante antagonismo contro il diritto universale di poter trasgredire, che è un modo «sano» di crescere sapendo che non tutto è lecito, che il mondo non è tenuto insieme da un buonismo permissivo e nauseabondo. Come potrebbe mai crescere una generazione se capisce troppo presto di poter muovere ogni passo nella bambagia?

In quale «manuale» pedagogico è scritto che genitori e figli devono andare d'accordo? Perché un padre o una madre si devono trasformare in *chaperon* sempre presenti, pronti a contaminare uno spazio che non deve essere, per statuto genitoriale, condiviso? Disposti ad andare perfino a Woodstock pur di invadere quel tempo stregato da un eccesso. Anzi, si sono autoconvinti di doverlo fare quasi anticipando sul tempo la lievitazione naturale.

Ogni giovane generazione ha avuto un suo tempio segreto, tenuto nascosto agli adulti, un Woodstock per conto proprio che è esigenza di riparo dal giudizio e dal controllo di mamma e papà.

Sono cresciuto a Padova e quando vi torno frequento lo stesso albergo da anni. Poco tempo fa mi trovavo lì per un appuntamento di lavoro e sono uscito dall'hotel verso l'ora di pranzo. Stranamente, la strada davanti all'uscita che costeggia un fiume era piena di macchine. Chiedo al proprietario, mio vecchio amico, se fosse successo qualcosa. «È l'orario di uscita dal liceo che è più avanti, è sempre così a quest'ora...» Mi avvicino all'istituto per vedere meglio. Macchine ovunque, parcheggiate con le quattro frecce anche in quarta fila. Inimmaginabile.

Penso a un ragazzo di 16, 17 anni che si è invaghito di una ragazza che frequenta quello stesso istituto. La ragazza non sembra interessata, lui deve fare l'ultimo tentativo, magari preparandosi un argomento interessante che potrebbe finalmente risvegliare in lei qualche attenzione nei suoi confronti. Sa che dovrà giocarsi il tutto per tutto all'uscita da scuola e per questo si mette ad aspettarla dietro le colonne dell'ingresso. Ha passato qualche notte a imparare a memoria un discorsetto sul cinema americano o su un poeta caraibico per fare colpo.

Ma come si fa a immaginare di fare tutto questo – che rappresenta un diritto universale dell'adolescenza – se c'è un genitore in doppia fila che lo aspetta? Papà e mamma uniti nell'idea di sradicare il romanticismo del proprio figlio, la sua prova generale d'amore.

L'ossimoro delle convergenze parallele non ha mai garantito altro che confusione di ruoli e di identità, quando si parla di educazione.

C'è diritto anche a commettere un errore, anche uno sgangherato tentativo di seduzione, se è la passione che ha condotto a quell'inciampo. Un genitore deve trovare il coraggio di pensare che chi ha messo al mondo uscirà da quella pozzanghera con le proprie gambe, non con la sua ipocrita complicità. E quando a un ragazzo e a una ragazza non si permettere di sbagliare, si rischia di fargli trascorrere un'esistenza piena di rimorsi, quando invece il bello è arrivare a invecchiare senza rimpianti.

Un educatore dovrebbe sapere che un errore è sempre meglio di un'omissione.

16

Non ho l'età, o forse sì

A proposito di contraddizioni in seno al popolo e di confusione sotto il cielo. Non vi è dubbio che capire che età abbiano i propri figli e nipoti sia diventato oggi complicato, qualsiasi risposta rischia di essere sbagliata. Si è grandi a 13 anni tanto da godere delle libertà di un adulto, ma si è ancora troppo giovani a 17 perché si viene «perdonati» per qualsiasi cosa si faccia, perfino un reato. Insomma, abbiamo messo gli ingredienti per un bel minestrone di verdure senza sapere che tempo di cottura abbiano i piselli, le carote, il sedano, le patate e la pasta. E non sapendolo, o meglio non volendolo sapere perché è troppo difficile e impegnativo, si procede assumendo un tempo medio che stracuoce una cosa e ne lascia cruda un'altra. Ne verrà una pietanza immangiabile, ma si fa prima a farla e ci si convince che sia il compromesso più accettabile.

Così si stanno comportando molti con bambini e adolescenti, accettando tutto, salvo poi avere timore per ciò che hanno cucinato con loro e per le conseguenze che avrà sulla loro vita adulta.

Mi spiego con un crimine orrendo.

Accade in una città del Sud, una notte. Una ragazzina di 13 anni – qualcuno, più cauto, la chiamerebbe bambina – viene stuprata da un gruppo di ragazzi di poco più grandi.

La cronaca racconta che il fidanzato viene costretto, legato, a osservare la violenza ripetuta. Agghiacciante, nemmeno fosse la scena di un film horror per adulti. La magistratura sta lavorando sul caso e, a quel che è dato sapere, ha già individuato alcuni colpevoli, riconosciuti dalla vittima. Tutti minorenni. Orrendo, ripugnante da ogni punto di vista.

Mi auguro che i magistrati siano celeri e determinati, che possano accumulare le prove decisive e condannare con la massima severità possibile i delinquenti. Non sono mai stato un fautore delle galere, figuriamoci di quelle minorili, ma confido nel senso di responsabilità dei magistrati e nella loro capacità di mantenere il rigore assieme alla creatività (che poi si chiama «alternativa alla detenzione»), ma al di là di questa competenza, che non possiedo, mi vorrei soffermare su un altro aspetto che riguarda tutto ciò che avviene prima del crimine: che cosa porta a permettere che una tredicenne viva una vita con tanto di fidanzato come una maggiorenne? Come si fa a dare per scontato che alla sua età si possa parlare di fidanzamento? Oppure qualcuno pensa ancora di vivere come alla corte di qualche nobile famiglia del XVII secolo e allora quella bambina dovremmo chiamarla «infanta», come quelle ritratte da Velázquez alla corte del re di Spagna?

Mi chiedo se davvero qualcuno pensa che a 13 anni si possa esser consapevoli di cosa comporti una relazione affettiva, fare serata e nottata, magari bere e tanto altro ancora. Non parlo soltanto della vittima, prendo solo spunto dall'ennesimo, orrendo caso di cronaca per pormi la domanda. E rispondo: no.

Io continuo caparbiamente a credere che esista ancora l'infanzia e che l'inizio dell'adolescenza debba essere lento e graduale: siamo sicuri che il metodo migliore per conoscere la sessualità e per iniziare a entrare in quel mondo sia iscriversi a OnlyFans o seguire precocemente YouPorn?

È ciò su cui concordano tutte le ricerche: come ha affermato Beatrice Borromeo in un'inchiesta effettuata per Sky, tre adolescenti su quattro iniziano le loro esperienze attraverso la rete, appena oltrepassata l'infanzia, e, più recentemente, lo ha confermato Lilli Gruber con il suo saggio *Non farti fottere* dedicato alla deriva del mercato pornografico tra i giovanissimi.

Il *sexting*, cioè lo scambio di messaggi sessualmente espliciti, è diventato il gioco erotico di iniziazione, le ragazzine lasciano le bambole e i modellini e si spogliano. È chiaro che il passaggio tra esposizione del corpo e suo utilizzo è brevissimo, lo scivolamento da questo mondo alla sua declinazione più degradata e pericolosa, il *body shaming*, diventa irrefrenabile.

Mi aspetto il prossimo passo: l'età giusta per conoscere e praticare sesso sarà ancor più precoce, perché questo vogliono un mercato fiorentissimo e la cultura prevalente tra i nuovi genitori di oggi, un po' impotenti e un po' curiosi, quasi guardoni, a metà tra l'essere complici e ipocritamente preoccupati.

Se 12 o 13 anni rappresentano ormai l'età politicamente e educativamente corretta, assodata dalla pratica di molte famiglie che arrivano a compiacersi nel vedere dei bambini travestiti da adulti che si prendono le notti della città, o che ammiccano in pose da playboy davanti al proprio telefonino sperando che il proprio corpo acerbo possa attrarre migliaia di follower, cosa dobbiamo aspettarci? Forse un'ulteriore anticipazione, quindi possiamo prevedere che a breve ci saranno bambine e bambini che arriveranno al mattino alla scuola elementare stanchi per colpa di una discoteca o di una serata finita all'alba con tanto di scorribanda notturna? È questo il «nuovo senso comune» dell'educazione di oggi? E se esistesse ancora qualcuno che reagisse inorridendo a questa decadenza, mi chiedo: cosa potrebbe fare perché ciò non accada? Se si inizia con un reel postato su un social di moda, con tanto di intimo supersexy in bella mostra, significa accettare che la sessualità oggi nasca come merce di scambio, un *do ut des*. E poi? La violenza su ciò che si considera non anima bensì oggetto non può meravigliare i benpensanti.

Mi si obietterà: ma è difficile determinare l'età per fare questo o quello, non ci sono dei limiti e poi tutti lo fanno, come si ferma quella marea?

Educare è complicato per definizione, infatti non tutti gli adulti dimostrano di avere lo stesso talento. Un tempo c'erano genitori consapevoli dei pericoli che la crescita contiene, ma che agivano in maniera diversa e non perché erano di un'altra epoca, ma perché possedevano un minimo di buon senso. Si fa sempre a tempo a pensare di essere liberi e non soggiogati da un mercato che usa qualsiasi cosa – compreso l'imbarbarimento culturale – pur di fare fatturato.

Ma se è difficile spiegare a un genitore che i 12 anni fanno ancora parte dell'infanzia, è altrettanto complicato affrontare il tema della sessualità con chi ha figli un poco più grandi e che frequentano una scuola media superiore.

Qui va in scena un altro ambiguo, imbarazzante atto dell'educazione ipocrita. È tollerata, in qualche modo, l'idea che una bambina e un bambino possano utilizzare strumenti digitali che servono anche a vedere e trasmettere scene esplicite di sesso, ma gli stessi genitori, che magari hanno un altro figlio appena più grande, organizzano spedizioni punitive per protestare contro un insegnante reo di aver fatto leggere in classe un romanzo con contenuti erotici. È accaduto in vari istituti di media superiore, con tanto di presidi che cercano di trovare scuse adatte a calmare le acque.

Eppure è evidente che la scrittura è evocativa, mentre le immagini visive non lasciano spazio a un'analoga elaborazione. In questo teatrino della doppiezza, della totale mancanza di coerenza, immagino di essere un liceale contemporaneo: cresciuto prematuramente con il sesso che occupa lo schermo del suo telefonino e che viene considerato presenza immodificabile della preadolescenza, vede che gli adulti, compresi i suoi stessi genitori, cominciano a manifestare una strana intransigenza nei confronti di capolavori della letteratura come il *Diario* di Anaïs Nin o le poesie di Charles Bukowski. E questo per sentito dire, per combattere una santa guerra preventiva, vista la percentuale di adulti che conosce a fondo vita e opere di quei grandissimi scrittori.

L'elaborazione mentale è sempre sentimentale perché smuove fantasie, associa significati, esaudisce curiosità, comprese quelle più scabrose e intime. Per questo va facilitata e non repressa.

È pur vero che non c'è un'età in cui si cresce, in cui si passa di grado, in cui si diventa consapevoli e critici. È vero che è tutto maledettamente complicato, per fortuna. Ma non credo che sfugga a nessuno che poter leggere un libro o anche vedere un film (che è cosa diversa da un selfie), magari in una classe, all'interno di un gruppo possibilmente con la presenza di un adulto che affianca e non indirizza, contribuisce a sviluppare pensieri critici e una discussione, che è cosa diametralmente diversa dalla fruizione passiva di quegli stessi stimoli in un'assordante solitudine.

Aiuterebbe ragazzi e ragazze a capire la differenza fra sessualità e genitalità, tra cultura del corpo e suo sfruttamento, tra un'esibizione seminudi di fronte al proprio telefonino e quella su un palcoscenico ballando, facendo teatro o lezioni di mimo.

Che significherebbe educazione al rispetto, ma anche alla creatività, al sogno, all'immaginazione. Libri e film espliciti ma letti e visti in classe, coralmente, aiutano a distruggere l'ipocrisia e le contraddizioni in cui il mondo degli adulti ha immerso la sessualità.

17

Non esisto, ma mi taglio

Una giornalista mi chiede di commentare un dato inquietante: il crescente numero di adolescenti che si tagliano avambracci o gambe. So che sono dati epidemiologici molto difficili da confermare o smentire, ma non è di statistica sanitaria che vuole parlare. Il vero problema è la fragilità psicologica fra gli adolescenti che questo dato sottende, al di là della sua entità numerica reale o presunta (è probabilmente il mio pallino per il perfezionismo, ma mi chiedo come si possa affrontare un problema legato alla salute pubblica in assenza di dati epidemiologici seri e verificabili come accadde al tempo delle ludopatie).

Cerco di spiegare il mio punto di vista, articolando qualche riflessione che mi viene da lontano, da quando, ormai più di trent'anni fa, mi occupavo di condotte autolesive tra gli adolescenti. So che quel dato drammatico che allora studiavo non solo non è sceso, ma si è «arricchito» di fenomeni ancora più complessi e diffusi anche perché, mentre un tempo la solitudine non portava a connettersi a nessun mondo artificiale se non quello immaginario, ora invece è quasi solo così: un eremo legato a una non-realtà attraverso ponti di fumo permessi dalle tecnologie digitali che collegano tra loro i diversi mondi virtuali.

La giornalista mi segue, ma pone sempre meno domande fino a che, notando un suo silenzio prolungato, le chiedo se trova le mie parole scontate o banali, se non stia rispondendo alle sue aspettative.

«No, no... tutto interessante, ma il problema è che io speravo che lei potesse darmi qualche consiglio pratico da poter scrivere per i miei lettori...»

«Scusi, in che senso, consiglio pratico? Sia più esplicita.»

«Insomma, io mi metto nei panni di una madre che ha un'adolescente di cui sospetta una condotta del genere... cosa dovrebbe fare per capire se davvero la figlia si ferisce?»

«Farle arrotolare le maniche, assistere, pur con discrezione, quando si spoglia per andare a letto alla sera... I tagli, le ferite si vedono, non crede?»

Evidentemente non è così scontato se la giornalista ha intercettato e condiviso lo smarrimento di molti suoi lettori e lettrici interessati e coinvolti in un sospetto disagio sofferto dai propri figli e figlie.

Si può pretendere di leggere le difficoltà, i segnali dell'inquietudine di un'adolescente, senza entrare in quel mondo, pur con il dovuto rispetto e la necessaria cautela? Non credo: per capire bisogna avere il coraggio di farsi contaminare dalla bellezza dell'insicurezza, dal non-finito di un'età che sta appena annusando la vita e che non deve assorbire solo le nostre paure di adulti fabbricanti di perfezione. È davvero così difficile trovare l'audacia di guardare quel segno di solitudine e di fragilità senza farsi annientare da quelli che sono solo correlati e non necessariamente supposti sintomi psicopatologici?

Ci sono genitori che non vogliono vedere l'immagine di ciò che ritengono una propria sconfitta. So bene che può non essere facile far arrotolare le maniche della camicia di un'adolescente, ma so anche che necessita dolce fermezza, simpatia, empatia, condivisione di rischio e di sofferenza, ovvero amore.

Se un genitore non riesce a vedere una figlia che non si vuole scoprire braccia e gambe, che cosa può fare? Capire che il problema non è una ferita non esibita, ma l'incapacità di parlarne.

Tagliarsi significa voler percepire il dolore, come eccedere significa desiderare di toccare i propri limiti. Può sembrare un paradosso: significa voler sentire la pena per riuscire ad accorgersi di un'emozione altrimenti negata. Soffro dunque esisto, mi taglio e forse non sarò più invisibile allo sguardo degli altri. Non è tanto il disagio che ci deve interrogare, quanto l'eccesso di agio che porta all'assenza di reazioni emotive inducendo a cercarle a tutti i costi, comprese quelle autolesive.

Là dove non c'è crescita di identità, opera faticosa e sempre in salita, quella ricerca di senso viene spostata su qualcosa più a portata di mano: il proprio corpo, che diventa contenitore di scorie di una sensibilità altrimenti inespressa, ma sempre e comunque deflagrante.

Non esistono genitori perfetti, ma adulti esigenti anche, e forse soprattutto, quando hanno l'impressione di aver sbagliato, di non essere riusciti a cucire o rammendare un tessuto comunicativo e forse nemmeno un affetto.

Le ferite su un avambraccio sono lo specchio di un vuoto che spaventa perché questo è il loro scopo, la loro platea pubblica. Tutto si concentra su quel rifiuto di scoprire l'arto diventato palese nel suo piccolo, grande, immenso dramma.

Il resto non può che essere una sfida per giovani e adulti, un confronto complesso perché è crescere che non è facile, altrimenti ci riuscirebbero tutti.

Spogliarsi non vuol dire togliersi i vestiti di fronte a chi si ama, ma accettare di squamarsi, decidere di cambiare pelle, per scegliere una nuova vita che inizia esattamente lì dove c'è il disagio. Un corpo ferito può significare coraggio, sfrontatezza e non ammissione di colpe. Anche davanti a uno specchio.

Occorrono buoni testimoni, osservatori che non temono di essere giudicati da ciò che vedono.

Chiudere o arrotolare le maniche di una camicia è una bella metafora dell'adolescenza, contiene due opposti che devono convivere. Da una parte la necessità di nascondere, dall'altra quella di svelare.

Nella crescita occorre rispettare un disordine che non prevede e non annovera idee sempre chiare, spesso necessita di una nebbia dentro la quale si può/deve occultare. Compito dell'educatore è il rispetto, ma anche la gioia di disinnescare, con perizia e curiosità, un probabile inciampo.

Nel crescere ci può essere bonaccia, ma più spesso è il vento a prevalere e a sferzare, le vele si gonfiano all'improvviso così come possono afflosciarsi. I capitani – ovvero gli adulti – non temono le tempeste, le vivono.

Oggi sembra che tutto quanto riguarda l'adolescenza debba essere ricondotto o a una benefica calma piatta o al sintomo di qualcosa di potenzialmente preoccupante, come se la fragilità dovesse obbligatoriamente condurre a diagnosi.

Ognuno di noi si dovrebbe identificare anche nelle proprie ferite, i tonfi valgono assai più di qualche prevedibile, composto applauso.

I tagli che certi adolescenti si infliggono non sono altro che una richiesta per sé e per altri, e questo può generare sensi di colpa.

Non trovare il proprio spazio nel mondo è ovvio quando si inizia l'opera della vita, sarebbe strano il contrario.

«Si vorrebbe addormentarsi, dimenticare tutto e poi risvegliarsi e iniziare tutto da capo» come dice Fëdor Dostoevskij in *Delitto e castigo*; sembrano parole scritte per un adolescente di oggi.

Bisognerebbe vivere, anche in modo impossibile, ma senza avere il dubbio di essere pesci in un acquario osservati da spettatori impauriti a ogni movimento delle nostre pinne.

18
Alla fiera dell'ansia

Il principio fondante di ogni buona psicoterapia va ricercato nella capacità di aiutare a «tirare fuori» il nucleo di sofferenza che il paziente nasconde dentro di sé. Anzi, si potrebbe affermare che buona parte del lavoro terapeutico psicologico si fonda proprio sull'abilità di indurre, pur con metodi diversi, l'emersione di un dolore interiore e delle sue correlazioni e cause. Naturalmente, non è detto che questo *acting out* debba per forza avvenire nel segreto di uno studio, seduti su una poltrona o sdraiati su un divano davanti a uno/una psichiatra o a uno/una psicologo/a; può accadere attraverso la meditazione, in ufficio, con un amico o un prete, ovunque, possibilmente, però, evitando che questa «verbalizzazione» dell'angoscia crei un eccesso di sconcerto negli altri che assistono o sono in ogni caso coinvolti (il professionista da questo punto di vista dovrebbe essere attrezzato proprio per arginare questa potenziale invasione).

Se dunque una persona riesce in questo intento, contribuirà a dipanare alcune increspature della sua anima e ne proverà sollievo, almeno in una prima fase. Che lo faccia da sola o con l'aiuto di uno psicoterapeuta, alla fine la differenza non è così sostanziale, l'importante è provarci.

Si tratta di un viaggio interiore che spesso è gravato da ricordi dolorosi, fasi rimosse della propria vita. Non può essere facile e breve, come qualsiasi avventura, ma dovrebbe essere attraente, suscitare curiosità.

Anche in questo campo il mondo è cambiato. Oggi è possibile seguire una psicoterapia senza recarsi in uno studio professionale, lo si può fare a distanza o direttamente sui social, che raccolgono e diffondono il disagio trasformandolo in materia di comunicazione. Non voglio difendere a tutti i costi l'idea di un confessionale psicoterapico autoreferenziale, ma mi stupisce che questo travaglio sia diventato una specie di *showdown*, come se la propria intimità non dovesse essere più contenuta, ma merce esposta come un prodotto in una vetrina.

Quando qualcuno parla della propria interiorità attraverso uno schermo, gli altri diventano automaticamente dei «guardoni» di quell'anima.

Il mondo digitale vive cannibalizzando anche e soprattutto la vita più intima. Siamo tutti invitati alla fiera dell'ansia, dell'angoscia, del turbamento mentale senza che vi sia complicità o empatia, ma solo una condivisione estetizzante, sterilizzata, anestetizzata. Si rischia di diventare cavie in un laboratorio senza competenze dove sono le pieghe dell'intimità a essere merce da esporre.

Oggi assistiamo a una proliferazione di possibilità per «esternare» disagio, dolore interiore, rabbia, senso di perdita: tutti dovremmo essere contenti che un antico tabù sia, almeno parzialmente, stato superato, anche se è palese il rischio di sottovalutare l'effetto di questa spettacolarizzazione di massa, ovvero l'utilizzo dei social media come occasione per trasformare l'elaborazione della propria sofferenza interiore, la propria fragilità nella sua teatralità mediatica. Ciò sta accadendo, in particolar modo, fra adolescenti e giovani adulti.

Molti ritengono che questa irruzione esibizionistica rappresenti l'effetto di una sorta di epidemia che ha colpito le giovani generazioni, come qualcuno afferma ogni volta che l'evidenza di un caso «clinico» emerge all'attenzione della cronaca. Una parte non indifferente dell'opinione pubblica afferma, con grande sicumera, che si tratti di un effetto a media-lunga scadenza dell'epidemia di Covid che ha colpito il pianeta. Come se l'adolescenza non fosse mai stata, nelle generazioni passate, inquieta per definizione, al di là di una minoranza che esprime una reale sintomatologia clinica.

Le autorità sanitarie hanno dimostrato, in quel periodo di grande crisi, un'evidente incapacità di ascolto dei molti professionisti che avevano lanciato l'allarme: per questa ragione durante la pandemia sono state create, anche involontariamente, tutte le condizioni per diffondere diverse forme di disagio psicologico tra i più giovani. È evidente che tutto ciò abbia avuto a che fare con certe eccessive misure di isolamento cui si sono voluti costringere milioni di bambini e di adolescenti. I risultati sono evidenti, come dimostrano molte ricerche nazionali e internazionali. Ne ho parlato diffusamente anch'io in un paio di libri che scrissi sia durante il lockdown sia nel periodo immediatamente successivo.

Il quadro era chiaro, ma per fortuna, grazie alla scienza medica e a una diffusa presa di coscienza, la pandemia ha perso gran parte della sua forza distruttrice e oggi viviamo con una necessaria, residua attenzione ma senza mascherine e allontanamenti sociali, e i primi ad aver goduto di questo cambiamento straordinario della qualità di vita sono stati proprio i più giovani. Le scuole sono state gradualmente riaperte e con esse è tornato il tempo di incontro che quei luoghi permettono.

Fa un certo effetto dunque continuare a ritenere che qualsiasi malessere psichico colpisca i giovani di oggi debba essere riconducibile, quasi fosse un rapporto di causa-effetto, alla pandemia trascorsa ormai da anni.

Come se l'età giovanile non potesse essere di per sé fragile. E quando questa delicatezza si mostra pubblicamente, la reazione degli adulti è di sconcerto. C'è chi si sente in imbarazzo di fronte al loro dichiarato disagio, un senso di colpa che affligge la generazione dei genitori e degli educatori rendendoli poco autorevoli.

Una ragazza in un'aula universitaria si alza e, davanti all'onorevole Gilberto Pichetto Fratin, ministro dell'Ambiente e della sicurezza energetica, dichiara di soffrire di «eco-ansia», l'ammette tra le lacrime che inducono, a loro volta, la commozione nell'esponente del governo. La ragazza dice che non crede di voler mettere al mondo dei figli, vista la situazione in cui versa l'ambiente globale. Il ministro annuisce, entrambi piangono.

Qualche mese più tardi in un noto liceo milanese un folto gruppo di ragazzi e ragazze alzano le mani in segno di resa, dicono di non reggere più i ritmi che la vita impone loro, vogliono lasciare una scuola che ritengono troppo competitiva, insana, capace solo di sottrarre energie. Sembrano gli *Ammutinati del Bounty*, senza bastimento e senza Marlon Brando.

Subito i genitori si precipitano in soccorso degli insorti e anche gli insegnanti sembrano riconoscere le loro stesse responsabilità: così il liceo si trasforma in una sorta di comunità terapeutica. Probabilmente, qualche padre e qualche madre hanno subito dirottato il proprio giovanotto o ragazza ansioso/a verso un istituto dove basta respirare per essere promossi: a fronte di un disagio si tende ad agire appianando i conflitti.

Il liceo «Bounty» fa immediatamente «scuola», diventa un caso nazionale dal momento che una gran parte dell'opinione pubblica riconosce l'entità della cagionevolezza psicologica giovanile e pensa di dover correre ai ripari consigliando di accrescere la schiera di professionisti della mente a scuola, battendosi contro i voti e le pagelle, individuati come fonte di insostenibile angoscia, accettando di appiattire ancora di più la strada che conduce i giovani alla vita adulta.

Casi come quello del liceo milanese si susseguono in ogni parte del territorio nazionale: non più una scuola rigorosa, ma ubiquitariamente riconosciuta come il luogo, ovvero la fabbrica, in cui si esprime il più intenso malessere psicologico, dall'insopportabile stress a forme preoccupanti di depressione.

Uno strano disagio psichico, quello che sta colpendo i nostri giovani, una forma diversa da quelle che ho conosciuto e studiato nella mia carriera. Si tratta di un fenomeno che si manifesta principalmente in un orario specifico, quello scolastico, e che poi nel pomeriggio e soprattutto alla sera si dilegua come neve al sole. Una «psicopatologia a ore», uno star male a singhiozzo che però stranamente non colpisce quasi mai quando inizia l'ora degli aperitivi, quando quei ragazzi e ragazze si incontrano in una piazza o in un locale, ma ritorna, magicamente, con tutto il peso dei suoi sintomi non appena si avvicina il tempo della prima campanella. Una sorta di «fiume carsico» sintomatologico che genitori e insegnanti fanno finta di non capire, ma che volentieri attribuiscono a una generazione che corre, secondo loro, sullo spaventoso e diffuso orlo di una crisi di nervi.

Un giovane cantante, molto popolare tra i teenager, indice una conferenza stampa per annunciare di aver deciso di soprassedere alla produzione del suo nuovo disco e al tour che avrebbe dovuto presentarlo. La notizia dilaga in poco tempo sui siti, preoccupa i fan, fa discutere radio, televisioni e social.

Motivo? Eccesso di stress, indisponibilità a reggere i ritmi della società dello spettacolo. Dice di volersi fermare per darsi del tempo per curare le ferite dell'anima.

È più che comprensibile che un giovane artista abbia voglia di uscire dalla pressione prodotta da quel mondo che peraltro ha scelto. Non è lui il problema, ma il clamore che ha subito circondato la notizia con tanti adulti – artisti compresi – che si sono schierati dalla parte della fragilità pensando che sia una malattia da cancellare, il sintomo di chissà quale psicopatologia. Nessuno sembra ammettere che l'ambizione comporta stress, piuttosto si prende posizione contro un mondo falsamente meritocratico e competitivo.

Eppure dovremmo sapere che è proprio la fragilità a essere sintomo del talento, in tutte le sue espressioni.

Molti anni fa, quando stavo lavorando per la Rai al Festival di Sanremo, affermai che il mondo della musica, così come quello più generale dell'espressione artistica, è popolato da «psicolabili», ossia persone gracili dal punto di vista psicologico (il che non significa affatto essere degli psicopatici). Mi sembrava ovvio – d'altra parte non mi pare che Jimi Hendrix sia morto di vecchiaia – anche perché, come per quella breve e fantastica esistenza, è difficile stabilire il confine tra creatività, esibizionismo, fama (o fallimento) e i costi che questo cocktail inevitabilmente comporta per l'equilibrio psichico. Anche la popolarità ha i suoi costi, mantenerla e sperare che non si crolli comporta inevitabilmente stress e rischi depressivi. Ma evidentemente è complicato capirlo e ammetterlo, tanto che su un noto quotidiano fui nominato, con mio sommo giubilo, «vincitore immorale» di quell'edizione del Festival. Quanta ipocrisia si nasconde dietro al dito che indica la luna, e quanto rincuora il mondo quando è descritto come artificialmente privo di affanno e di cruccio.

La strada del talento, mi spiace che ci siano giornalisti che non lo vogliano riconoscere, è lastricata di dolore, speranze, mortificazioni, ambizioni, cadute, successo e fallimenti. Non parlo solo delle star della musica, dell'arte o del cinema, ma anche di ciò che accade in ogni anima che è alle prese con la magia dell'esistere piuttosto che con la mediocrità della sopravvivenza.

Sono in molti quelli che sembrano rincorrere il «successo» equivocando sul termine, che è sì un sostantivo, ma anche un participio passato che dovrebbe consigliare una certa cautela nel goderne. Il «successo» è già accaduto, quindi comporta di per sé ansia perché non si può sapere se e come tornerà.

Non misconosco la natura e l'entità del disagio giovanile, fa parte del mio mestiere riconoscerlo e rispettarlo. È fondamentale che non sia minimamente sottaciuto, anzi.

Ho qualche dubbio, invece, riguardo all'esposizione in pubblico delle ferite interne come fossero una moderna Sindone. Ci sono influencer e youtuber che sembrano fare a gara a chi più esibisce la propria fragile intimità come un qualunque articolo commerciale. Qualcosa da mostrare o da usare, di cui tutti devono sapere e di cui ognuno deve parlare. Un prodotto da marketing appoggiato su una vetrina virtuale.

Non credo che mettere in mostra il proprio dolore o disagio psichico faccia necessariamente parte della «cura», anzi, temo il contrario perché porta allo svuotamento di sé, quindi a indebolire le proprie difese. Se l'Io diventa un prodotto da fiera, resta privo di fascino, consistenza, mistero. L'inconscio e le sue ferite sono invisibili agli occhi, trasformarli in «cosa», in foto, in selfie ha un prezzo: la perdita di se stessi. Non tutto del nostro inconscio deve essere decifrabile, ci sono cassetti che non tutti dovrebbero avere il permesso di aprire.

Ciò che si tende a sottovalutare non è il dato statistico che riguarda la diffusione della sofferenza psicologica nelle giovani generazioni, ma la componente che tende a moltiplicarla, diffonderla.

Il disagio mentale non è trasmissibile (ci sono stati molti tentativi di ricercarne la natura genetica, ma i risultati non sono stati all'altezza delle aspettative, e meno male: che ne sarebbe di noi e delle nostre prospettive di vita se si scoprisse che la depressione è geneticamente trasmissibile?), ma comunicabile. La differenza è enorme.

Vivere in una famiglia nella quale una persona soffre di una patologia mentale non significa che i discendenti ne saranno necessariamente colpiti, ma più probabilmente «influenzati». E se ciò può accadere in una famiglia dove si vive un certo disagio psichico, perché non dovrebbe accadere anche in un pubblico ben più vasto?

Si chiama «effetto megafono». Se si tende a legittimare culturalmente un certo comportamento identificandone le modalità espressive, non si produrrà soltanto una condivisione del fenomeno, ma anche la sua espansione.

«Se l'unico strumento che possiedi è un martello, ogni cosa inizierà a sembrarti un chiodo» diceva lo psicologo Abraham Maslow. Se ogni manifestazione di fragilità adolescenziale verrà considerata come sinonimo di una psicopatologia, è evidente che il timore per una sorta di ondata di disagio diventerà concreto e i «falsi positivi» (che in epidemiologia sono i casi che vengono erroneamente diagnosticati come portatori di una malattia quando invece l'esito dipende da errati criteri diagnostici) cresceranno a dismisura fino a occupare potenzialmente l'intera scena mediatica.

Se tanti giovani influenti parlano di un disagio conclamato, se fanno un *coming out* psicologico delle proprie difficoltà, ciò finirà per diffondere sintomatologie erroneamente identificate come patologiche tra altri coetanei, invece di aiutare chi chiede aiuto *coram populo*. Si viene a creare una sorta di «effetto Werther», ovvero un'emulazione tra persone che si possono riconoscere in una costellazione sintomatologica che non porta necessariamente a una patologia clinicamente identificabile.

L'ammettere di stare male psicologicamente è passato da essere considerato disdicevole e imbarazzante (comportando spesso una vera e propria condanna morale) a una sorta di occasione per parlare di sé, come se l'effetto liberatorio di per sé dovesse condurre a una reale comprensione del problema.

Non possiamo far finta di ignorare che dietro la fragilità prolifera un enorme mercato alimentato da prodotti farmaceutici (che molti giovani rischiano di assumere senza averne una reale esigenza, tant'è vero che online si possono trovare psicofarmaci che vengono consumati senza alcun rapporto con una patologia eventualmente diagnosticata), da psicoterapie (che significa formazione, professione, supervisione), dall'editoria (libri, manuali, riviste specializzate) e dalla pubblicità sui social.

Sembra che per stare psicologicamente bene oggi ognuno debba avere il proprio *mental coach*, come già avviene nelle scuole, nelle aziende, nei weekend di formazione, sulle chat dei social media. Una proliferazione di offerta che crea una domanda in crescente aumento. Mi riferisco anche a quella parte del mercato che è meno definibile professionalmente: cartomanti, maghi, veggenti, pseudo-guru, mestieri che si possono fare senza alcuna adeguata e certificata formazione.

Ci sono circa 13 milioni di italiani che si affidano a persone che si occupano della mente pur non possedendo alcuna preparazione valutabile. Un fenomeno spinto anche dalla crisi che sta attraversando il Servizio sanitario nazionale e molte sue strutture sul territorio. L'ascolto «professionale» offerto a volte appare superficiale e frantumato tra lunghe attese per un colloquio e personale non sempre all'altezza.

Così si compone una sorta di tempesta perfetta per i giovani di oggi: da una parte una domanda che cresce (anche sotto la pressione e la preoccupazione di molti genitori riguardo alla fragilità dei propri adolescenti), dall'altra una risposta che tende ad assomigliare a un menu che ognuno può offrire, compreso chi si è inventato un mestiere di curatore dell'anima qualche giorno prima, ma che viene esaltato dai follower che riesce a incantare.

Ansie e angosce fatalmente finite in un grande bazar affollato di giovani che chiederebbero soltanto di crescere assieme alle loro incongruenze, ai loro limiti e inquietudini, e non di essere interpretati come portatori di sintomi, trasformati in clienti, in *buyers*.

L'ansia è parte integrante della vita, della voglia di esprimersi ed esprimere la propria creatività, come diceva Jorge Luis Borges quando ne parlava come necessità e impellenza, inevitabilità della ricerca. La crescita psicologica in età evolutiva prevede domande, increspature, pieghe che chiedono empatia e non necessariamente decodificazioni cliniche.

Dobbiamo avere il coraggio di spiegare ai più giovani che l'arte del vivere è un continuo e inevitabile inciampo. Per questo occorre credere in loro confidando che cadranno e sapranno rialzarsi anche oltre le loro stesse capacità. Raccontarli come una massa di fragili bisognosi di cure e di appoggio è un insulto al futuro, il loro innanzitutto. Ma anche a noi adulti.

19
Orario sentimentale

La tragica vicenda di Giulia, la ragazza veneta di 22 anni orrendamente massacrata dal suo ex fidanzato, ha innescato, come prevedibile e sacrosanto, reazioni di sdegno in ambienti sia culturali che politici. Inevitabilmente anch'io ho cercato di dare una mano, rilasciando interviste, partecipando a trasmissioni televisive.

Ne ho tratto una serie di reazioni emotive diverse e contraddittorie. Da una parte un sollievo legato alla percezione di un risveglio di una coscienza sopita, quella che decide di non tollerare più la violenza contro le donne. Finalmente ho sentito un impegno ancor più determinato da parte di tante giovani che in maniera così clamorosa hanno riempito piazze e aule universitarie. Sono in maggioranza ragazze, probabilmente anche qualche ragazzo, a urlare il diritto di essere libere in amore come nella vita. Sembra comunque strano aver dovuto attendere l'ennesimo efferato omicidio, per di più di una giovanissima, quasi allo scadere del 2023, per svegliare le coscienze.

Ho anche ascoltato con interesse ciò che si proponeva di fare per contrastare l'orrenda piaga. E lì l'entusiasmo mi è un po' calato.

C'era chi suggeriva leggi più severe (forse si potrebbero applicare quelle che sono già in vigore con più determinazione e coerenza), chi inveiva contro nuove forme di patriarcato, chi difendeva i maschi chiedendo di non fare di tutta l'erba un fascio, chi incolpava la famiglia, chi la cultura violenta. Chi tirava in campo la musica trap accusandola di essere aggressiva, sessista, volgare. Chi auspicava un maggiore impegno governativo per i centri antiviolenza per una più chiara e organizzata tutela delle donne che trovano il coraggio di denunciare.

Tutti avevano ragione, forse, come sempre. Ma poi? Che si può fare in concreto?

Qui viene la parte più triste. Non voglio nemmeno prendere in considerazione le proposte minimizzanti: il femminicidio è un dramma orrendo, insopportabile per una civiltà che voglia ritenersi tale. Non importa sapere se la statistica riporta dati in leggera ascesa o discesa (solo nei primi tre mesi del 2024 le donne assassinate sono oltre venti). Anche il caso di una sola donna morta per mano di un uomo che dice di amarla sarebbe un dato enorme. Dovrebbe essere considerata da chiunque una morte orrenda che parla di una cultura inchiodata al proprio passato. Nessuno dovrebbe alimentare equivoci, ma non è così.

In alcuni miei libri precedenti ho espresso i miei dubbi riguardo all'equazione «femminicidio uguale delitto di genere», cercando non certo di assolvere alcuna responsabilità o complicità diretta o indiretta (dunque culturale) dei maschi assassini o dei loro padri, ma provando a restituire maggiore complessità a un fenomeno che non può essere semplificato, se non si vuole correre il rischio, più che concreto, di reiterarlo all'infinito. Mi è sembrato infatti strano che nessun commentatore si sia ricordato di un concetto – a mio parere molto interessante – che si riassume nel termine *genderless* (letteralmente «senza genere»). Solo pochi anni fa se n'era discusso, e vi erano stati molta curiosità e consenso, non soltanto nell'ambito della moda, ma anche del costume più in generale, nell'indicare una transizione in atto che tentava di far fare alla cultura un salto per una nuova consapevolezza identitaria, fuori da vecchi schemi che oggi, purtroppo anche in ambienti insospettabili, vengono retrivamente riproposti. Evidentemente la foga classificatoria (ansiolitica) ha preso il sopravvento sull'analisi dei processi evolutivi, anche a costo di far ritornare la discussione indietro di qualche decennio. Se per genere non si intende soltanto la componente biologica di appartenenza, ma anche quella culturale che implica anche l'educazione, allora occorre ammettere che un maschio assassino è nato e cresciuto in un ambiente dove erano presenti un padre e una madre e sarebbe incauto pensare che il maleficio dipenda soltanto dall'influenza culturale maschile. Forse le complicità sono più complesse e inquietanti e non è fuorviante sospettare che il termine «genere» possa portare a una semplificazione eccessiva della questione.

Tra un dibattito e un altro scaturiti dall'omicidio di Giulia, tra la curiosità voyeuristica e la carenza di una visione chiara, si è fatta largo una proposta che sembra realizzare un miracolo politico-culturale: un accordo tra il governo di destra e l'opposizione di sinistra, i cui leader in entrambi i casi sono donne, e con la stragrande maggioranza di intellettuali, youtuber, influencer, professionisti del commento televisivo. Una maggioranza schiacciante, che unita alle piazze e alle aule universitarie compone un vero e proprio plebiscito.

Che cosa ha avuto la forza di unire queste realtà così disomogenee? La sorpresa viene dalla soluzione prospettata. Ciò che ha messo d'accordo l'opinione pubblica, normalmente divisa su tutto, è l'idea di organizzare nelle scuole di ogni ordine e grado qualche ora di «educazione sentimentale».

A parte il dettaglio che non si è spiegato per quante ore dovrebbe funzionare, se durante l'orario di lezione o nei pomeriggi di rientro a scuola, la parte più grottesca e imbarazzante è che nessuno è stato in grado di dire chi avrebbe dovuto intrattenere ragazzi e ragazze a parlare di sentimenti. Un professore di religione, di filosofia, una volontaria dei centri antiviolenza, una vittima, un figlio di una vittima? E soprattutto, con quale curriculum, formazione, competenze?

Non riesco a credere che in buona fede si possa pensare che un problema culturalmente ciclopico come la violenza (giovanile o di genere), l'idea di possesso che proviene da antiche radici patriarcali ma anche da qualche complicità matriarcale, possa essere anche minimamente compreso in due ore settimanali di buon senso sentimentale.

Un'idea che sottintende una visione terribile della scuola: si pensa che essa non sia «sentimentale», gentile né rispettosa, visto che è necessario questa sorta di *addendum*. L'educazione sentimentale è, o dovrebbe essere, nella scuola stessa, altrimenti è come ammettere che non circolino abitualmente emozioni, relazioni affettive. Sarebbe come ammettere che una delle più importanti agenzie educative della comunità sia impreparata ai suoi stessi compiti. Ho sentito poche persone condividere l'opinione che si tratti di una proposta ridicola, utile quanto installare delle zanzariere sugli oblò di un sommergibile.

Per non essere solo critico, provo a suggerire. Se un liceo mi chiedesse come parlare di sentimenti a ragazze e ragazzi, proporrei una visione collettiva, in classe o in un'aula magna, di un film straordinario, *Full Metal Jacket* di Stanley Kubrick. Un affresco della ferocia della guerra, non solo della sua follia, ma anche della solitudine della violenza, dell'educazione autoritaria, dell'odio, del dolore e della morte. Sono sicuro che pochi giovani lo abbiano visto e che oggi sarebbe strategico riproporlo. Per scioccarli, perché quella visione (e le leggendarie colonne sonore che accompagnano le scene clou) creerebbe sconcerto, forse rabbia, ma almeno non li farebbe rimanere indifferenti. L'educazione ai sentimenti prevede di non averne paura, ma di guardarli, esserne pervasi, travolti, quindi di comprenderli, di imparare ad amare il caleidoscopio emozionale di cui si compone la vita.

So bene che se mai qualche insegnante volesse organizzare quella visione sarebbe sommerso dallo sdegno di plotoni di mamme e papà, presidi, giornalisti perbenisti e pure qualche prete irrisolto.

A me invece piacerebbe leggere qualche tema che un ragazzo o una ragazza potrebbero scrivere all'indomani di quella visione. Forse individuerebbero punti di vista diversi e imprevisti, e probabilmente ci aiuterebbero a rivedere anche qualche pregiudizio.

E poi vorrei chiedere a quei giovani di concentrarsi sul rapporto tra immagini e colonna sonora, *Paint It Black* dei Rolling Stones, tanto per fare un esempio: adrenalina pura. Sentimenti, appunto.

20
I dolori del giovane A.

Mi scrive un ragazzo che si firma A.:

> Sarebbe bello poter dare sempre la colpa alla vita, alle altre vite e a ciò che è successo. Lo sento fare troppo spesso dai miei coetanei soprattutto quando devono affrontare una crisi d'amore… peccato che l'esistenza la scriviamo noi, è nostra responsabilità. Eppure, quando va male non ce ne vogliamo accorgere, non vogliamo vederlo. Non siamo capaci di affrontare gli eventi negativi. I miei amici dicono: «Piuttosto la mollo, mi sta bene così perché se con lei è andata in quel modo, pazienza, tanto il mare è pieno di pesci». Non le sembra terribile quando un ragazzo parla così di un amore appena finito?

Concetto di un'arrendevolezza disarmante, che qualche ragazzo o ragazza preferisce piuttosto di mettersi davanti allo specchio. Guardarsi ha sempre fatto paura, meglio scappare che osservare i propri sbagli, i propri difetti.

Continua il giovane A.:

> Eppure penso che questo sia un momento che potrebbe contribuire a dare una scossa, sviluppare una critica costruttiva. Noi giovani non siamo condannati, ma solo immobilizzati da un mondo che corre troppo più forte di noi. Basterebbe non seguire la corrente, vedere che rimboccarsi le maniche fa bene. Non per forza deve accadere qualcosa

di catastrofico per azionarci, per non farci ripetere gli errori o per farci ragionare. Dobbiamo fermarci un attimo, arrestare questa corsa vuota e senza traguardo che si compie ogni momento, per poi poter riprendere a ragionare, respirare e risolvere. Basta abbandonare questi social, lasciarli agli altri. Io la penso così e lo dico ai mei amici: costruite voi stessi imparando a conoscervi e capirvi, abbiate dei gusti, dei pregi e dei difetti, siate voi stessi, siate unici. Siate vivi e non abbiate paura.

Mi sono chiesto cosa rispondere al giovane A. e a tanti altri ragazzi e ragazze con i quali vorrei parlare, fuori dalle aule, dei loro dolori e della loro vita.

Mi piacerebbe dire a ciascuno: cerca un'invenzione perché solo così non ti smarrirai. Cerca la dolcezza negli occhi di chi ti guarda anche se non si è accorto di te. Ricordati che l'ordine è il nulla catalogato, la vita non è una vetrina di gioielli, ma una bancarella in un suq dove ci sono mille spezie, mille odori, mille sfumature di colori. Rispetta il disordine mentale delle persone che ami, proteggilo dall'ordalia della perfezione, ma cerca di acquisire un tuo metodo, imponiti una segreta disciplina.

Vorrei dirgli che proprio questa disciplina interna insegna che è tutto ancora possibile, l'importante è che continui a indignarsi e a meravigliarsi, a perseguire un mondo diverso da quello che ha ricevuto. Non è retorica novecentesca. Tutte le generazioni hanno cercato, chi più e chi meno, di rovesciare il barattolo per vedere che cosa c'è sotto, ora tocca a lui che è ancora giovane, non si finisce mai di preparare le valigie.

Vorrei dirgli che dovrebbe stare molto attento a essere soddisfatto per ciò che fa, meglio fermarsi un gradino sotto l'autocompiacimento, così si ha sempre uno spazio per crescere. Si fa sempre in tempo a sentirsi appagati: meglio che sia il più tardi possibile.

Chi mi ha voluto bene non mi ha mai rinnegato perché

ha capito che lo sforzo di adeguarsi sempre e comunque alle idee degli altri mi imbarazzava, ieri come oggi.

Se alla mia età posso cantare anch'io il mio grazie alla vita come hanno fatto magnificamente Mercedes Sosa e Joan Baez (la loro *Gracias a la vida que me ha dado tanto...*), è per tutti quelli che non mi hanno fatto smettere di sognare e non mi hanno mai trattenuto, che sono stati i miei personali istruttori di volo.

Ecco cosa vorrei dire a quel ragazzo: vivi la tua vita fino in fondo per poterla un giorno, fra tanti anni, ringraziare e raccontare ad altri che se ne gioveranno perché ancora impauriti.

Vorrei dire a quel ragazzo, adesso che sono diventato vecchio, «portami a casa e fammi vedere di che colore hai dipinto le tue stanze».

21

Una corda tesa

È notte a Milano, le luminarie tardano a spegnere le feste di Natale. Una strada di circonvallazione, poche macchine, una nebbiolina malinconica addensata attorno ai lampioni rende quella prima periferia della città triste, arresa a riprendere il via vai di tutti i giorni oltre i cenoni, i botti, le bevute augurali.

Lungo il rettilineo c'è un ragazzo, ha i capelli lunghi, con lui ci sono due amici. I tre si mettono a trafficare vicino a un albero del viale, estraggono una corda d'acciaio e dei ganci per fermarla, sembrano strumenti da rocciatori. Si guardano attorno, poi fissano la corda all'albero a una certa altezza, quindi attraversano la strada e la legano a un palo di ferro. Qualcuno nell'oscurità li sta guardando, non riesce a credere ai propri occhi. Abita a un piano alto del caseggiato che sta proprio sopra l'incrocio. Prende un telefonino e inizia a filmare ciò che sta accadendo.

La corda d'acciaio ora è tesa come quella di un arco, ad altezza d'uomo. Il signore che osserva capisce che può essere una strage, potrebbe passare qualcuno su una moto, una macchina, una bicicletta. Un film dell'orrore, deve aver pensato l'uomo nascosto dietro la finestra. Chiama la polizia, i ragazzi sono ancora lì, poi si separano e scappano in direzioni diverse, due in motorino, l'altro, quello con i capelli lunghi, a piedi. La macchina della polizia arriva in un baleno e ferma quello che cammina a pochi metri, un ventiquattrenne. Lo portano in caserma. Lo interrogano per ore, poi all'alba confessa. «L'ho fatto perché non sapevo cosa fare, per noia. Non ho pensato a cosa sarebbe potuto accadere, l'abbiamo fatto così...» I complici, uno dei quali minorenne, saranno arrestati poche ore dopo.

Per qualche giorno i media ne parlano, qualche dibattito nelle Tv, sui social, il solito rituale mediatico che gonfia lo stupore di qualcuno. Perlopiù l'atteggiamento è d'incredulità, poi si viene a sapere che il giovane aveva avuto qualche precedente, che era stato in cura presso qualche servizio psichiatrico, e qui gran parte dell'opinione pubblica ha tirato un sospiro di sollievo. Un caso isolato, un tipo strano che fa una ragazzata. Anche i reati addebitati vengono derubricati come se la giustizia intuisse la necessità di sminuire il clamore e vi si adattasse. Nei dibattiti prevale la tesi del «tanto clamore per nulla», del «non facciamo d'ogni erba un fascio», del «tanto i balordi ci sono sempre stati», del «non criminalizziamo anche le ragazzate». Sono soprattutto uomini a pensarla così, probabilmente padri.

Un diffuso sentimento di frustrazione accompagna il tentativo, cronico e prevedibile, di dissipare le paure. Vogliamo sempre rimanere in sella, come se l'errore, che magari è un cavallo che improvvisamente s'imbizzarrisce, non debba mai farci vacillare. Ho sentito dire che quel filo è stato tirato «solo» da qualche sciocco, che i nostri figli o figlie no, che non sono dentro quell'atto, che non hanno fatto i pali come il personaggio della vecchia canzone di Jannacci, che sono da un'altra parte, in salvo forse. Il professore universitario intervistato è pronto a giurare che i propri studenti appartengono a ben altra categoria, quella sana, quella che sogna le cose giuste. Tutti a spegnere il fuoco della polemica postnatalizia.

Non vi è dubbio che fare delle generalizzazioni è opera improba e intellettualmente disonesta, ma mi chiedo quale debba essere il nostro compito, quello di adulti che hanno costruito, direttamente o indirettamente, consapevolmente o inconsapevolmente, questo mondo abitato anche da giovani così indifferenti.

Qualche sera fa ho ascoltato le parole di un filosofo che stimo molto, il professor Maurizio Ferraris. Parlando di intelligenza artificiale e di nuovi scenari per il futuro del pianeta, ha ammesso un dubbio: forse l'umanità per la prima volta nella sua storia si sta avvicinando alla fine della propria curiosità, dal momento che si sta esaurendo la quantità di cose che dobbiamo ancora scoprire. Un pensiero, un'intuizione affascinante e inquietante allo stesso tempo. Quindi lo «scopo» è alle porte, è quasi raggiunto, dunque esaurito? E che cosa potrà nutrire l'umanità nel prossimo futuro?

La noia contraddistingue la giovane età e non solo. Esiste almeno da quando è nata la borghesia e si è diffuso un certo benessere.

Qui parlo della noia così come credo l'intendesse il giovane che ha teso il cavo «per vedere che effetto fa» e che è soltanto una delle declinazioni possibili di una parola che, in ben altro contesto e con opposto significato, è stata così cara agli esistenzialisti che ne hanno fatto un'icona. Questa invece ha che fare con un certo nichilismo, nel suo significato mortifero. Noia in quanto fine, non principio.

Però c'è un'altra noia, quella costruttiva, quella che induce e rende inevitabile il cambiamento. È quella rivoluzionaria, che ha permesso e costruito gran parte della migliore esistenza per l'umanità, foriera di innovazioni, scoperte, avanzamenti culturali e scientifici. Solo che questa noia ha bisogno di una caratteristica: la consapevolezza di essere annoiati.

Quando ci si rende conto che la nostra quotidianità rischia di essere monotona e ripetitiva, e ciò dovrebbe risultare imperdonabile, allora la noia si trasforma in una sorta di spia luminosa che si accende davanti ai nostri occhi e diventa una molla che slancia l'essere umano verso un futuro migliore per sé e per la collettività. Non lo strangola con un filo d'acciaio.

22

La tribù dei silenziosi

Secondo un sondaggio pubblicato su «Repubblica» da Laura Imai Messina nel dicembre 2023, il 70 per cento dei giovani giapponesi non utilizza lo smartphone né per fare o ricevere chiamate, né per mandare messaggi vocali. La telefonata è diventata per i teenager nipponici funesta, imbarazzante, insanamente maleducata in quanto pretende di entrare nella sfera intima senza chiedere permesso. E poi distoglie tempo e attenzione. Sarà forse una questione legata a una cultura, quella dell'antico paese dell'Estremo Oriente, particolarmente rispettosa, dove i diritti personali sono regole intransigenti e non opinioni.

Potrebbe dunque trattarsi di un'eccezione che non ci rappresenta, di un comportamento esotico. Oppure no. L'idea di delegare totalmente, e senza l'«interferenza» di una voce umana, la comunicazione ai social media potrebbe sembrare radicale, ma scaturisce da una necessità molto contemporanea: quella di risparmiare sul tempo delle emozioni, forse perfino proteggerle sapendo che si stanno esaurendo. E per farlo non occorre più nemmeno scindere tra pubblico e privato, basta eliminarle dal lessico quotidiano riducendole a un solipsismo afono.

Queste ragazze e questi ragazzi possono, paradossalmente, rappresentare un'avanguardia, indicare il limite da non oltrepassare, l'importante è avere coscienza di tali transizioni.

Veniamo da un tempo in cui la voce era cercata solo da una casa a un'altra, da casa a ufficio, da un ufficio a un altro: comunque era necessario un luogo deputato. Il resto non esisteva, rimaneva soltanto l'attesa di ricevere o fare una chiamata. La voce confinata in un tempo prevedibile, programmabile, quindi potenzialmente rispettoso delle regole di ognuno.

Non parlo però solo dell'annuncio verbale, ma dell'esigenza emotiva che quella voce induceva. Ricordo ancora il numero del telefono fisso della casa dei miei genitori: 049 32518. Mia madre è morta da più di quarant'anni, mio padre ha lasciato subito quel luogo perché non avrebbe mai potuto viverci senza di lei nemmeno un minuto. Eppure quel numero è fissato nella mia memoria. Ovunque fossi nel mondo sapevo che potevo comporlo e subito era lei a rispondere e c'erano parole, certo, ma soprattutto risate, qualche silenzio protratto, un nodo alla gola. La mia tenerezza e la mia cocciutaggine sono passate attraverso cinque numeri e un prefisso telefonico. La cruna di un ago emotivo. Non ricordo nessun nostro racconto, nessuna vera circostanza, ma la voce di mia madre è incisa come in una pietra.

Che cosa sarebbe stato di me se non ci fosse stata quella possibilità di far girare la ruota dei numeri in qualsiasi cabina telefonica del mondo? Che ne sarà di quei cittadini che abbandoneranno la voce per comunicare solo attraverso un messaggio, una foto, un'emoticon, ovvero l'emozione stilizzata e sterilizzata?

Negli ultimi anni si è arrivati a una rottura totale dello schema. Lo strumento digitale si è arricchito di messaggi immediati che controllano la nostra attività, annullandone la componente emozionale. Viviamo bombardati da annunci, in ogni minuto della nostra esistenza la voce è soltanto una parte della comunicazione.

Rinunciando alle telefonate, i giovani giapponesi stanno indicando una strada che contrasta l'invasività delle parole pronunciate, ma a un prezzo altissimo, che loro evidentemente non ritengono improponibile: abbandonare l'emozione, preferendole una serie di comunicazioni «di servizio» silenziose, precise come tagli di bisturi.

Tra i giovani giapponesi, ma anche tra molti dei nostri, sta crescendo una vita apparentemente silenziosa, dove la mancanza della voce non è solo rispetto, ma tomba emotiva evocata e tranquillizzante. Il resto dei social media proseguirà il proprio percorso invasivo dentro l'anima dei cittadini, sempre più efficienti, ma questa volta raccogliendo frutti rischiosi.

Sono proprio i ragazzi e le ragazze giapponesi, involontariamente, a segnalarci il pericolo, ma poi forse finiscono anche loro per cadere nella trappola.

Pur di non essere invasi dalle telefonate, si accetta il rischio di rinunciare alla voce, ovvero alla trasmissione della nostra espressione mentale. Senza averne la necessaria coscienza, molti hanno firmato un trattato di «quiescenza emotiva». Difendono la loro quotidianità, quasi come forma di rispetto, azzerando i moti dell'anima.

Una cancellazione che non potrà che avere ricadute inquietanti sulle nostre relazioni, sulla nostra crescita empatica. Il silenzio di una generazione imporrà un lutto comunicativo perché accrescerà la mancanza di fiducia nell'altro, vissuto ora come impiccio, ridondanza, presenza che occupa i nostri domini psicologici.

Il risultato è un arroccamento, un utilizzo privatistico delle nostre parole, che gradualmente perderanno il loro significato. Emergerà ancor più netto un taglio del tempo quotidiano tra sguardi silenziosi, sussurri accennati, schermi illuminati e messaggi afoni: il trionfo dell'autarchia emotiva. Un'omissione che prevarrà proprio in quanto unica arma per difendersi da ciò che, alla fine, potrebbe prevalere: il silenzio come materia di scambio, una resa soffocata come risultato sopportabile, plausibile.

L'avversione alla voce umana disegna un ulteriore scenario alieno, ma non così improbabile, se ci si guarda attorno. Contrariamente a quanto pare accadere in Giappone, dalle nostre parti si accetta anche un compromesso terribile: non più una conversazione, uno scambio, ma un messaggio vocale, una manciata di parole gracchiate che hanno solo l'utilità di evitare il contraddittorio dialettico.

Se questo connoterà il futuro, sarà un disastro «ambientale», nel senso che distruggerà i luoghi in cui vive l'umanità, che sono da sempre «sonori», pieni – forse ridondanti – di parole, grugniti, sussurri, urla, preghiere, letture. Azzerare tutto questo, rendere silente l'umanità se non nella piccola, ristretta nicchia dell'intimità, potrebbe rendere il domani terrificante. E anche illusorio.

Parlare implica riuscire a farlo, ovvio ma non scontato. Ci abbiamo messo millenni per imparare a dire «ti amo», e ci eravamo quasi riusciti, quando poi è arrivato l'effetto paradossale: l'eccesso comunicativo che ha distrutto proprio quella trasmissione sentimentale. Doveva essere difficile sopravvivere per gli esseri umani asserragliati nelle grotte, però sapevano che poteva esistere un contatto che si era trasformato in linguaggio. E poi lo hanno costruito con cura mutandolo in una lingua parlata sempre più ricercata, con tanto di accenti dialettali, declinazioni semantiche, affinamento di toni emotivi. Tutto polverizzato? Adesso siamo tornati a un silenzio contornato da piccoli stereotipi emotivi.

Per fortuna c'è qualcuno che si ribella. È il sindaco di un paese di nemmeno duemila anime che si trova 50 chilometri a sud di Parigi, Seine-Port. Stanco di vedere i parchi della sua cittadina popolati da zombie seduti davanti a uno schermo, senza che nessuno avesse ancora voglia di parlarsi e di ascoltare, preoccupato per i suoi giovani abitanti ma anche per gli anziani ancor più soli, ha proposto un modo drastico e sbrigativo per risolvere la questione: proibire l'uso di smartphone e di altri aggeggi digitali nelle aree pubbliche (vie, parchi, parcheggi…) e di donare ai più giovani telefonini di vecchia generazione, quelli che non si potevano utilizzare per scambiarsi messaggi, foto, reel e altre cose del genere, ma soltanto per parlare e nelle emergenze. In questo modo i genitori degli adolescenti potevano comunicare a voce con i loro ragazzi e ragazze, e viceversa. Stop.

Sarebbe stato interessante aver potuto inviare una troupe a riprendere la trasformazione antropologica di quel paesino, la mutazione di una strada e di un bel parco, mostrando prima l'angoscia di persone che condividono una panchina senza nemmeno guardarsi in faccia, senza salutarsi, ignorandosi totalmente, e poi, una volta approvato l'editto «napoleonico» dal referendum indetto dal primo cittadino (circa il 55 per cento dei votanti si è espresso a favore del bando tecnologico digitale), osservare come rinasce una chiacchiera, come si ricomincia a occuparsi anche delle vite non proprie, a verificare quanto ci vuole a tornare a fidarsi dell'altro o dell'altra, a essere gentili accorgendosi che non si è ectoplasmi ma umani che possono perfino dirsi «buongiorno» oppure chiedersi: «Le dispiace se mi siedo su questa panchina?». Dall'ignoranza dell'altro al sapere che esiste e che ha un nome, una storia e magari è pure simpatico.

Mi si dirà: ormai queste tecnologie fanno parte della nostra vita, sono coreografie inalienabili, non è più possibile cambiare rotta, troppo tardi. Così parlano i pessimisti, i conservatori, quelli che non credono nei cambiamenti salutari.

Anche ai tempi di Maria Montessori ci sarà pur stato qualcuno che avrà detto che il modo per educare i bambini era quello che si seguiva in tutte le scuole, che era inutile e forse anche pericoloso cambiare, adottare un metodo che rivoluzionava tutto. Ma le trasformazioni le fanno le avanguardie, da che mondo è mondo. Da Leonardo a Caravaggio, da James Joyce a Federico Fellini, da Martin Luther King a Jackson Pollock. La tradizione non è un vincolo, ma un trampolino.

C'è differenza tra buon senso e senso comune. Il primo non obbedisce alla legge del consenso, il secondo è arreso a esso, lo rigenera continuamente, diventando il nuovo modo per fare proseliti, ovvero gente che si adatta a ciò che c'è senza domandarsi se esiste una maniera diversa di condurre la propria quotidianità.

Probabilmente a Seine-Port arriveranno i burocrati, qualche gendarme come quelli di Pinocchio, e soprattutto qualche inviato di una lobby che entra in ansia non appena viene a sapere che c'è chi si permette di cantare fuori dal coro «digitale». Anche perché se poi quella cittadina dovesse scoprire che, a parte il caso di qualche tossicodipendente da social, per molti la vita ha preso a sorridere, che non è male vedere due vecchi che parlano appassionatamente di calcio o di un viaggio giovanile, che i ragazzi sono tornati a litigare per un nuovo gioco inventato da qualche pazzo, qualcuno potrebbe iniziare a pensare che ribellarsi a certa invasione tecnologica non è un difetto, ma è necessario. Magari qualche padre e madre si stupirebbero nel vedere che i propri figli non sono più asserragliati in camera da letto, ma addirittura parlano in un parco.

E potrebbe capitare addirittura ciò che accade nelle scuole in cui si sono sperimentate le stesse idee ardimentose, come invitare gli studenti, e anche gli insegnanti, a rinunciare al telefonino fino alla fine delle lezioni. Molti ragazzi e ragazze hanno raccontato che si poteva parlare durante gli intervalli e che era stata una bella scoperta sentire che c'era qualcuno che ti rivolgeva la parola e chiedeva come diavolo ti chiamassi senza inviarti un whatsapp. Non trovate? Ovvio che sì, ma poi tutto è finito in nulla, troppo forti le minacce dei genitori che esigono di sapere dove esattamente è la propria figliola pretendendo che si porti il cellulare anche quando va in bagno.

Eppure, non tutti sono contenti che in Giappone la generazione Z sia ridotta a un assembramento di zombie che ha paura perfino di telefonare, di ascoltare voci e che preferisce mandare un'emoticon idiota piuttosto di dire almeno quel «ti amo» che non ha avuto il coraggio di pronunciare guardando negli occhi l'altro o l'altra.

Però poi una piccola città si muove, si rovescia, critica, si ribella, pratica un'idea diversa di convivenza e salta fuori uno strano sindaco, uno che non ne può più di essere complice di quell'«elisione dell'anima», che pensa che il suo ruolo non sia passare le carte del governo centrale, ma inventarsi, e meritarsi, un paesaggio diverso, opposto. Si sfidano gli stereotipi con gusto, ci si propone paladini di una battaglia che miliardi di persone reputano persa.

C'è ancora spazio per Davide e per la sua fionda, per uno sberleffo. E si può sognare che tutto sommato Golia non sia un gigante invincibile. Forse il sindaco di Seine-Port non vuole entrare nella storia, ma semplicemente poter tornare a casa dall'ufficio sentendo che nel parco, che di solito attraversa osservando alieni che sanno soltanto guardare uno schermo, ha ripreso a pulsare la vita umana.

È strano che molti ecologisti si rallegrino nel vedere che sono ricomparse le rondini o i fenicotteri nei campi e nei paesi, ma non si accorgano che quegli uccelli stanno volteggiando sopra la testa di chi non spicca più un volo dalla propria quotidianità.

Aspetto nuovi sindaci visionari che non cerchino il consenso, ma vogliano permettere una nuova cittadinanza attiva. Ci sarà un epigono del capopopolo di quel piccolo borgo a sud di Parigi anche in Italia? Troveranno anche i nostri borgomastri il coraggio di guardare un parco della loro città e, vedendolo brulicante di ragazzi e ragazze abbacinati dai pixel, avranno la dignità di dire di no, che si può e si deve pensare di poter vivere in maniera diversa senza passare per retrogradi, boomer rimbecilliti solo perché non supini al grande mercato delle mega-aziende digitali?

Ci sarà qualcuno che vorrà ancora veder vagare per le nostre strade un'umanità gentile e parlante invece che automi silenziosi? Se si perdono le parole, si alimenta una lenta, inesorabile, precoce demenza emotiva. Se la voce diventa un optional, ricordo novecentesco superato da comandi espressi da algoritmi omologanti, che senso avranno un parco, una strada, un portico, una città? È possibile aver perso la dignità di essere dei viventi, degli animali sociali?

23

Ops... ho perso la Smemoria

Ho letto che il diario dei diari scolastici – Smemoranda – dopo oltre quarant'anni di attività ha cessato di esistere (pare che risorgerà pubblicata da un altro editore fra un anno o più, ma immagino che non sarà quella che abbiamo conosciuto per decenni).

Probabilmente gli adolescenti di oggi già se l'erano scordata, ma per molto di più di una generazione quell'agenda non è stata solo uno strumento per annotare appunti scolastici, numeri di telefono, nomi e indirizzi di amici o di potenziali amori, ma l'identità cartacea di chi si sentiva ed era giovane.

Smemoranda, probabilmente, non accompagnerà più le nuove generazioni dei preadolescenti e degli adolescenti, per la stessa ragione che porta ad abbassare le saracinesche delle cartolerie e delle edicole. Quell'agenda è stata da tempo sostituita dagli schermi illuminati dei telefonini, da suonerie che ricordano che domani c'è il compito di matematica o l'allenamento di volley o che la nonna compie settant'anni. Così, senza fare la fatica di ricordare, ci si ricorda.

Solo che sugli schermi non si attaccano post-it, non si scrive cambiando colore del pennarello per dare risalto a questo o a quell'evento, non si inanellano cuoricini trafitti, né ci si commuove rileggendo un nome. I pixel non si stracciano quando quell'amore svanisce – al massimo si «bannano» – e nemmeno la foto dell'ex deve passare in quel tritacarne che si chiama emozione, lacrima, parolaccia, maledizione. Le nuove agende si sono trasformate in schermi inodori e insapori.

Immagino che molte Smemoranda collezionate per anni siano state riposte su un ripiano alto di una libreria di casa e chissà da quanto tempo i loro vecchi proprietari non trovano il coraggio – perché ci vuole coraggio a voler ricordare – di salire qualche gradino di una scala, prenderne una e mettersi sul divano a sfogliarla. Sarebbe come appoggiare la puntina di un giradischi su un disco riemerso da un ricordo di una sera di molto tempo fa. Un'emozione, non semplicemente un gesto, un oggetto. Qualcosa di più e più straordinario, che non ci si aspetta proprio in quell'annoiato pomeriggio di una domenica uguale alle altre.

La memoria, come la biochimica, ha bisogno di enzimi. Sfogliare un'agenda di quando si frequentava il liceo significa anche qualcosa di doloroso e forse di inaccettabile: che certi nomi non ci sono più, che quell'estate è finita, magari non come ce lo si aspettava.

Ma c'è anche tenerezza tra quelle pagine sulle quali gli inchiostri si rincorrevano come farfalle. Strappano un sorriso quelle poesie dedicate a chi nemmeno ci si ricorda più. E sfogliando gli anni come i tomi della più grande enciclopedia che si possiede, si crea una certa dolce e tiepida intimità, che quasi si vorrebbe difendere dall'invasività di una quotidianità doverosa che attraversa l'esistenza di ora, come quel salotto in cui si aggirano i personaggi di un teatro che fu scelto o subito. E si sente che fa bene quell'agenda ritrovata, come un caffè sospeso sul bancone di un bar nemmeno troppo lontano e caotico.

Un'agenda come madre di ricordi, complice di amicizie

sbiadite, come parole a stampatello, con quel luccichio di colori che richiamano una felicità che si stenta a riconoscere come trama presente.

Ci dovrebbe essere una Smemoranda per i figli e le figlie di una comunità che teme di aver perduto memorie e identità. Quanto conterà la memoria tra dieci anni? Nulla. Occorrerà cercarla su Google? E quel numero di telefono sottolineato tre volte, contornato da un cerchio fosforescente, avrà ancora spazio e senso tra gli algoritmi? Ci permetteranno di avere ancora memoria, cioè la possibilità di sfogliare i ricordi, le immagini, l'odore che un'agenda scolastica trattiene nonostante il tempo?

Lo so che mi si dirà che sono romanticherie di un vecchio fuori dal tempo. So che non c'è tanta gente che si commuove passando davanti alla cartoleria dove andava a comprare qualcosa con i soldi contati di mamma e vedendo che adesso c'è una vetrina illuminata con una serie di biancheria intima imperdibile e supersexy. E nemmeno che si sente a disagio se passa davanti a una vecchia edicola che oggi espone santini e cartoline turistiche, ripensando a quei lunedì quando s'adunava il gruppo fisso di tifosi che avrebbero strozzato il portiere o portato in trionfo il centravanti. Lo so che non bisogna farsi vincere dai ricordi quando rischiano di essere patetici, eppure quella collezione di agende rintanata in cima alla libreria in salotto ha un suo proprio, privato senso e ce l'avrebbe anche se fosse stata lasciata nella vecchia casa dei nonni o smarrita in un trasloco.

Ora ci sono strumenti meravigliosi, rapidi come saette, efficienti, sintetici, non vi è dubbio. Ma nulla di ciò che abbiamo conquistato e da cui non riusciamo a separarci può essere paragonabile a quei fogli scarabocchiati, perché lì c'è il sapore di un'onda che ci ha accompagnato, alta o bassa, feroce o dolce, ma vera, autentica.

Non si può pensare che «tanto tutto passa», che si tratta solo di mode effimere, perché non è esattamente così. Ci sono angoli della nostra anima che è bene che non passino affatto, perché si finirebbe a vivere senza punti di riferimento, senza firmamenti emotivi, senza la voracità di un'esistenza che reclama inquietudine come un mare indomito che si infrange sugli scogli.

24

L'invasione dei marziani

Una ragazza a Parigi ha inventato una cosa geniale e semplicissima. Abita in un appartamento al primo piano di un condominio in un bel quartiere centrale, possiede un balcone dal quale si affaccia e sistematicamente fotografa la gente che passa sotto casa. Lo fa sempre, con qualsiasi stagione, col sole e con la pioggia, e poi mette le foto sul suo sito in modo che tutti possano guardarle. È un po' come passare con lei una mezza mattina o una sera al tramonto. Che c'è di interessante in una cosa così apparentemente banale?

Osservarci, vedere chi siamo e cosa siamo diventati. La genialità sta proprio in quello specchio che ritrae più o meno gli stessi personaggi che camminano, corrono sul monopattino, spingono il carrello della spesa. Anonimi che si sfiorano, che vivono. Almeno così sembra. Sono tutti diversi, ma si assomigliano. Inquietante.

A guardare bene tra le foto e i reel che la ragazza parigina pubblica si può però notare che, in quella folla variopinta, ci sono anche dei marziani che, a volte, parlano. Non tra di loro ovviamente, nulla contraddice il quadro che emerge da certe tendenze neosocial, anzi.

Qualcosa mi ha attratto in quella visione metropolitana, una sensazione che mi ha riportato indietro nel tempo.

Quando lavoravo in un manicomio. Mi capitava spesso di incontrare uomini o donne che passeggiavano in un reparto o nel parco. Parlavano da soli. Gli psichiatri le chiamavano, romanticamente, «voci», ma ho sempre creduto che, accanto a un probabile sintomo psicopatologico, si trattasse di qualcos'altro che quel luogo, quella reclusione induceva senza possibilità di fuggirla: era proprio la solitudine a portare quei poveracci a farsi compagnia da sé.

Poi per decenni ho visto altre persone in molte altre città comportarsi allo stesso modo, ma faceva parte di quel paesaggio di sofferenza o di autotutela o di rassegnazione o di sopravvivenza che aiuta molti e molte a non sprofondare. Ho sempre avuto curiosità nei confronti di un mondo apparentemente accessorio, ma che poi è stato parte necessaria della mia esistenza.

Aveva ragione Lou Reed dicendo che bisogna cantare i «margini», ma forse sottovalutava quanto un certo benessere non sofferto, e forse nemmeno meritato fino in fondo, stesse creando. Distanze ancor più incommensurabili di quanto la follia, o meglio la paura della follia, abbia potuto indurre nella società dei «sani». Parlare fra sé e sé non è poi così dissimile da quel sussurro che sentivo in chiesa, al vespro, quando accompagnavo mia nonna: forse erano tutte delle folli liberate, parlavano con Dio, speravano in qualche miracolo o di guadagnarsi il Paradiso snocciolando un rosario. Ma che male facevano? Nessuno le additava, in fondo non c'era differenza tra i personaggi di *Le libere donne di Magliano*, sconsolato affresco della follia istituzionalizzata dipinto da Mario Tobino, psichiatra e scrittore, e quelle vecchie sedute ai banchi di una navata: soltanto che le prime vestivano una sorta di lacera divisa di una galera psichica e le seconde si coprivano il capo con il velo nero.

Organizzare la propria solitudine è sempre stato un modo per sopravvivere alla sofferenza, alla disfatta, alla malattia stessa. E poco conta se lo si faceva imprecando contro il proprio destino e i medici che avevano chiuso quei cancelli o implorando pietà all'Altissimo. L'importante era almeno avercela, questa piccola e breve libertà. C'era tanta gente che cantava i margini senza farsi notare, sottovoce.

Ma pure stavolta la tecnologia ha sovvertito il panorama dell'uomo e delle sue fragilità. L'antico solipsismo si è trasformato in qualche altra cosa, ha lasciato la sua stessa marginalità conquistando anche persone il cui privilegio è evidente.

Un giorno ero fermo alla stazione di Arezzo. Il luogo mi è noto e molto caro perché proprio al di là di quei binari inizia un viale che ho percorso per anni, all'inizio della mia carriera. Conduceva al palazzo della direzione dell'ospedale psichiatrico, oggi non porta a nulla se non a qualche aula universitaria. Attendevo una coincidenza, era primavera e pensavo a quelle in cui entravo o uscivo da quel luogo. Sotto la pensilina accanto alla mia avevo notato un signore alto e robusto, vestito in modo un po' disordinato. Camminava su e giù, ma senza alcuna fretta apparente. Lo fissavo quasi lo conoscessi, biascicava parole incomprensibili. Forse era il frastuono dei treni o forse era straniero o forse ubriaco.

Ho avuto un lampo d'affetto, mi sembrava di ricordare le ombre di ciò che avevo lasciato, tanti anni fa, lungo quel viale. Poi, all'improvviso ho visto meglio, aveva un telefonino infilato nel taschino della giacca e degli auricolari bianchi nelle orecchie. Era solo ma non era solo, era pazzo o forse tremendamente normale. Parlava bisbigliando, poi più forte e alternava frasi a silenzi, forse ascoltava. Ma chi? Dove finiva la voce di quel signore lungo i binari lambiti dal sole tardo, che quasi stava per nascondersi dietro le chiome dei platani sempre fieri di guardare quel luogo così trasformato? In quale mondo approdavano quelle parole smozzicate?

Attraversare una città significa imbattersi in una miriade di solipsisti, gente che ride non si sa con chi, che si arrabbia guardando perfino uno schermo, raccontando una storia al vuoto, pronunciando parole d'amore senza l'innamorato. Tutti e tutte soli e sole vagano ogni tanto sfiorando altri vagabondi indaffarati a rincorrere altro in altri luoghi.

Le città, ma anche i paesi, affollate da marziani sbalorditi dal nulla. Eppure vagano come se fossero davvero sicuri di camminare sul sentiero della modernità e non della demenza. Sembrano fieri della loro stessa ridondanza.

Proprio qualche giorno fa, in un quartiere borghese di Roma, percorrevo in motorino una via affollata di macchine, biciclette a pedalata assistita e poi monopattini forse col motore truccato perché sembravano schegge impazzite. In tutto quel disordine, chiasso, fretta collettiva, vedo pochi metri davanti a me una giovane signora. Non ha guardato né a destra né a sinistra, attraversando era gagliarda e sicura, eppure non c'erano strisce zebrate. Indossava un paio di cuffie ben calate sulla testa a coprire completamente le orecchie, con una mano spingeva un passeggino e con l'altra tirava al guinzaglio un bassotto stanco di quel rumore urbano.

Ho frenato in tempo, lei non se n'è nemmeno accorta tanto era spavalda. L'ho lasciata attraversare davanti a me, era bella ed elegante. Di certo, se non avesse incontrato un vecchietto come me che andava piano con il suo motorino, si sarebbe potuta imbattere in un Suv veloce e potente o in una betoniera lenta e inesorabile. Qualcuno sarebbe perito, forse lei, il bimbo nel suo passeggino o il recalcitrante bassotto, che forse se la sentiva che non era giornata per sfidare il traffico con una padrona così volitiva e distratta.

Una marziana calata tra noi, sprezzante di ciò che la circonda, attenta alla musica sparata nelle sue orecchie, il giusto sound per farsi vedere incuranti e alieni. O forse c'era una telefonata in corso, oppure seguiva i consigli di Google Map.

Alla giovane signora è andata bene, per fortuna, ma la prossima volta chi avrà il coraggio di avvisarla che è in arrivo un camion guidato da qualcuno con le cuffie come lei? Chi le dirà che siamo sul pianeta Terra?

I vecchi pazzi si salvavano parlandosi da soli, i nuovi marziani sfidano la morte, loro e dei loro cari, cani compresi, pur di sintonizzarsi con un altro mondo, quello becero e lontano che farnetica nel ronzio di una cuffia.

Non solo gli extraterrestri di oggi non vedono il pericolo e non conoscono la città, ma non si accorgono del bello che ancora li circonda, di ciò che rimane vivo e impellente.

25

Le ragazze di Helsinki

Un grande palazzetto dello sport gremito di gente, nonostante non sia in corso nessuna gara sportiva vera e propria. Gli spalti affollati di persone che applaudono, ma non ci sono giocatori. Al centro, ragazze che cavalcano un cavallo che non c'è.

La scena surreale accade a Helsinki, in Finlandia. L'esibizione sembra un balletto che si svolge in un silenzio assoluto interrotto solo da qualche applauso breve e compassato. Sembra di assistere a uno spettacolo di mimi, ricorda una *piece* teatrale di Ionesco o la partita di tennis di Michelangelo Antonioni nel suo iconico film *Blow-up*, dove quattro ragazzi simulano una partita di tennis, solo che non ci sono né racchette, né palle, né rete. Ma quelli erano vaticini pronunciati da inascoltati profeti che cantavano l'incomunicabilità come prossima, terribile ventura.

Rimango affascinato da quelle amazzoni che montano cavalli immaginari. Più ancora mi colpisce l'attenzione che mettono in quella specie di farsa che però non ha nulla di ironico. Tutti e tutte si prendono tragicamente sul serio. Non credo ci sia una coreografia da rispettare, probabilmente le giovani immaginano di avere a che fare con un destriero vero, che fa giravolte, piccoli passi indietro e poi avanti, come in una vera gara di dressage. Naturalmente parliamo di un destriero che non va curato, fatto sgambare all'alba, strigliato e asciugato dal sudore: è solo una comoda simbologia del nulla. L'ipotesi di un silenzio sublimato che ha perso il contatto con la realtà.

Cosa stesse accadendo in quel palazzetto non lo so, però ho letto che non si trattava di un episodio singolo, di una messa in scena occasionale da parte di un gruppo di giovani drammaturghi, poeti e poetesse finlandesi, ma che faceva parte di una moda molto diffusa tra i giovani di quel paese scandinavo.

Carl Gustav Jung, di ritorno in nave dal viaggio in America con Sigmund Freud, scrisse una lettera alla moglie nella quale annotava questa frase, poi pubblicata in *Ricordi, sogni, riflessioni*: «Il mare è come la musica: contiene e suscita tutti i sogni dell'anima». E le ragazze di Helsinki quali desideri inseguono che non possono sperare di concretizzare? È solo un gioco? Una critica un po' criptica della società della solitudine e del vuoto? Oppure gli adulti hanno rubato loro il fantastico mondo dell'immaginazione che un tempo era necessaria incubazione per nuove vite, lasciando loro un cascame tristo, ingabbiato in un mondo senza futuro reale?

Sarebbe stato spettacolare che qualche folle avesse invaso quel palazzetto dello sport urlando che non si dovrebbe vivere né per caso, né senza qualche spudorato castello in aria. E che una chimera non è un'illusione e nemmeno un solipsismo.

26
La separazione dovuta

È strategico educare a mancarsi.

Lui è un ragazzo che piace a tanti e a tante, non soltanto ai giovani. È un grande campione di tennis, ha 22 anni ed è bello come lo sono gli eroi anche quando perdono. Si chiama Jannik Sinner e viene da un paese del Sud Tirolo. Quando ha trionfato agli Australian Open, lo hanno intervistato decine di giornalisti da tutto il mondo, per qualcuno era una scoperta, per molti – soprattutto gli intenditori del buon tennis – la consacrazione di un talento straordinario.

Quando poi è rientrato in Italia dopo il grande successo, tra una battuta e l'altra, tra un selfie con il presidente della Repubblica e l'altro con quella del Consiglio, ministri e ministre, al Colosseo o al Quirinale, pur con la difficoltà di chi non è abituato a comunicare in pubblico, Jannik ha parlato del suo sport, delle vittorie e anche del suo – comprensibilissimo, in quanto significa avere senso dei propri limiti e rispetto per i propri doveri professionali – rifiuto a fare passerelle al Festival di Sanremo. Ma soprattutto ha trovato il tempo per ringraziare i propri genitori per averlo aiutato.

Pronunciando quella frase, a un certo punto si è rivolto direttamente a papà e mamma: «Ci siamo persi tante cose...» ha commentato. Non lo ha detto con una sfumatura di rammarico romantico, ma con il tono di chi sa che è anche attraverso il dolore di una separazione che si costruisce il merito e si spinge la propria carriera verso il successo.

Mi sembra bellissimo che un figlio ringrazi i genitori perché si sono persi tante cose. Significa che si è allontanato, ha lasciato precocemente il nido. E per tutti è penoso, ma forse necessario.

Fallire è ovvio, il merito sta nel rinascere. Come nella grande fiaba *Il ragazzo e l'airone* di Hayao Miyazaki, dove il protagonista, un bambino di 12 anni, Mahito, fatica a ritrovarsi in una nuova città dopo aver perso la madre in un terribile incendio, ma viene aiutato da un airone parlante che lo porta in un mondo fantastico dove ritroverà la forza di rinascere.

Per un figlio, lasciare la famiglia è un po' come morire, ma lo è anche per i suoi genitori. E se entrambi capiscono che quel viaggio, l'inseguire l'airone, è il senso stesso della vita, allora ci si riesce e probabilmente si corona il sogno, che è la linfa per ogni viaggio.

Se il giovane Sinner non fosse andato in un luogo lontano dalla sua vallata alpina per imparare a giocare a tennis, che era ed è la sua magnifica passione, non sarebbe diventato un campione. L'importante è non farsi ricattare dai sensi di colpa.

Giuseppe Tornatore in un passaggio memorabile del suo *Nuovo Cinema Paradiso* fa dire al vecchio proiezionista (Alfredo interpretato da Philippe Noiret) quando accompagna il suo giovane allievo alla stazione: «Non ti fare fottere dalla nostalgia...». Ci vuol coraggio a essere maestri, non tutti ci riescono, ma tutti ci dovrebbero provare.

Molti hanno saputo educare ad amare, ma in pochi sanno quanto sia necessaria la giusta distanza. Imparare a lasciarsi: è questo che molti genitori non sono in grado di insegnare ai propri figli. Mancarsi per un po', ovvero amarsi sul serio. Che cosa avrebbero dovuto dire un padre cuoco e una madre cameriera a un figlio che sogna di diventare il numero uno del tennis mondiale? Lascia stare, rimani qui a mangiare canederli e strudel? Magari per ritrovarsi un adulto frustrato per non aver potuto volare, per aver rinunciato preferendo una vita come tante, ma non più di tante.

«Il meglio non è mai troppo per te» avrebbero dovuto dire a un adolescente che scalpitava e che non riusciva più a rimanere fermo. Forse non gliel'hanno detto, o forse sì, anche se con altre parole. Nutrirsi di ambizione, seguire il vento, andare oltre con l'immaginazione e la bellezza di un impeto.

Il dolore di una caduta fa parte di questo viaggio e Sinner lo sa, lo ha ricordato ai suoi ammiratori e anche a se stesso quando è stato eliminato in quella maledetta semifinale del torneo di Wimbledon. È lì che ha imparato, da quegli errori e dai cerotti che si è dovuto mettere. Il viaggio vero è quello che cambia, che ti fa conoscere le imboscate, ma anche quello che alimenta i sogni.

La passione nasce tra le pieghe della notte, non necessariamente in una giornata piena di sole. La notte quando non ti perdoni, quando capisci che avresti dovuto fare meglio e di più. Non si chiama perfezionismo, ma inno alla vita.

Per me questa è la parte più dolorosa dell'esistenza. Non mi perdono mai niente, non riesco a farmi degli sconti. Ogni volta che provo a fare una cosa, vorrei rifarla mille altre volte meglio, se per caso mi rivedo in una trasmissione televisiva o in un reel su un social, mi critico, non mi sopporto. Anche la scrittura, ciò che sto facendo, è una pena, come ogni forma d'amore. La sera, quando torno in albergo dopo un incontro pubblico in un teatro, non faccio che pensare e ripensare a quella cosa che mi sono scordato, a quell'altra che ho detto male, a un tono eccessivo o modesto. Insomma, è una tragedia quotidiana, una sofferenza, ma penso che sia sempre meglio che accettarsi per ciò che si pensa di dover essere o che gli altri credono che tu sia. Capisco la fatica, le voglio bene, la conosco da quando ero bambino, ma non penso che vi siano alternative a un'autodisciplina che ti porta a scavare per trovare dentro qualcosa di migliore.

Non farsi lo sconto non è sinonimo di poca fiducia in se stessi. Ho sempre avuto stima di me fin da quando non avevo ancora fatto niente per meritarmela. Mi stimavo, così a prescindere, ma non lo ammettevo mai a me stesso, non sopportavo l'eco di qualche complimento. Se l'autostima è una costruzione, come io sono convinto che sia, allora che il viaggio sia lungo, come augurava il poeta greco Konstantinos Kavafis nella sua meravigliosa *Itaca*, perché tutti siamo – o dovremmo essere – diretti verso quell'isola, indipendentemente dalle capacità, dal coraggio e dalla fatica che ci vorrà per salpare e segnare su qualche carta nautica quella rotta che porta alla costruzione di sé. Itaca non è un approdo, solo un orizzonte che va inseguito con cocciutaggine, a prescindere dai limiti del proprio talento.

Separarsi dal porto, allontanarsi dal molo sicuro che è stato nostro nido significa mettersi alla prova. In amore, nei legami d'amicizia, nel lavoro. Se c'è una cosa che non concepisco è scambiare l'orizzonte con un tramonto. Sarebbe noioso.

I veri maestri non cercano mai allievi remissivi e troppo disciplinati, tantomeno sempre plaudenti, ma vogliono la loro crescita, la loro indipendenza, la loro autonomia soprattutto quando è imprevista. Tanti anni fa, quando andavo a trovare nel suo studio milanese il professor Cesare Musatti, celebre psicoanalista, e gli chiedevo come si fa a capire quando un nostro paziente sta meglio, lui mi rispondeva: «Quando non ti mandano più i bigliettini di auguri per Natale...». Voleva dirmi che la terapia, specialmente quella psicologica, si basa sulla maturazione e il compimento del distacco. Esattamente come l'amore, compreso quello materno e paterno.

Se la dipendenza affettiva diventa il problema, la ricerca della libertà è la cura. Ognuno di noi ha diritto di trovare adulti di riferimento – siano essi genitori o maestri di vita o amanti effimeri – che insegnano a incamminarsi sulla via dell'esistenza. Non significa rinunciare all'affetto stabilizzante, ma darsi la possibilità di ritrovarsi più avanti, oltre la momentanea necessità.

I naviganti dell'esistenza sanno bene che siamo anche in ciò che abbiamo lasciato, perché non si sottrae mai nulla alla vita se l'abbiamo davvero amata. Altri se ne nutriranno dopo di noi, anche se non ci hanno mai incontrato. A volte basta poco, un granello, ma è speciale come l'ultima goccia della fatica che si fa a vivere. E meno male che ancora è così. Penso con tristezza a una generazione cui sarà detto che l'esistenza è un viaggio con biglietto di andata e ritorno, una scoperta che non eccita, un'alba che non incanta. Invece io credo che non ci siano rese, che chi ha vissuto ha vissuto e che non si possa ridare indietro nemmeno un'onda di quel mare attraversato.

L'oceano non è per i titubanti, e questo te lo insegna il grande maestro che ti saluta da lontano, seduto sulla banchina, quando si issano le vele che sbattono alle prime brezze e poi si riempiono di furore e di libertà.

Non c'è altro palcoscenico se non quel pericoloso impalcato che scricchiola sotto il peso dell'avventura e domina cigolando come sartie tese e spudorate. Tutto si regge, se c'è l'ardore del vivere e dell'amare, anche l'ombra di noi stessi che si allontana e si affloscia al nuovo sole dell'alba.

La vita è urtare contro se stessi ogni giorno per poi sorridere oltre quella notte.

27

Un tassista per chiacchierare

Il filmato ha circolato per un po' sui social media. È girato in California e ritrae un giovane che indossa un visore digitale mentre sta guidando. In questo caso il rischio per l'incolumità pubblica sembra essere minore rispetto alla signora che attraversava con le cuffie, in quanto l'auto è di quelle che non necessitano di autista. Si chiamano «autonome», anche se in realtà si tratta di un falso perché dipendono da un software.

Il giovane è al volante, ma ovviamente non guida. È un algoritmo a farlo, mentre lui gesticola come fosse un batterista, canta, insomma si diverte un sacco.

Poi arriva la polizia – è tutto registrato nel filmato, nulla lasciato alla fantasia –, che ferma, dopo un breve inseguimento, il veicolo e inizia a interrogare il giovanotto che ancora non si è tolto il visore, anzi sembra voler illustrare alle forze dell'ordine la straordinaria automobile che sta conducendo e ciò che sta contemporaneamente guardando: un concerto, uno spezzone di una partita di basket ma anche i messaggi ricevuti su WhatsApp.

Il video si interrompe qui, non conosco la reazione dei poliziotti, non so se il giovane sia stato multato e per quale infrazione, ma quel breve filmato, se mai fosse stato girato a scopi pubblicitari, ha suscitato, credo non soltanto in me, una reazione a metà tra il divertito e l'orripilato.

Peccato che il futuro preveda auto senza conducenti. Ho imparato moltissimo dagli autisti di corriere o dai tassisti. Basta non distrarli troppo, ma vi ridaranno uno spaccato di quella città, di quel lavoro, degli incontri casuali e sorprendenti avvenuti sul loro mezzo di trasporto.

Perché sostituire un *taxi driver* con il nulla, perché pensare che si possa fare a meno della sua esperienza, vita, morale?

Un conducente reale ne sa sempre più di voi di quella città, della sua gente, delle sue lunghe notti, dei pericoli che puoi correre, delle scoperte che puoi fare. E poi ti parla dei politici che sono tutti uguali, del traffico che è peggiorato, della criminalità che forse è aumentata e di qualche coppia che ha fatto l'amore sul sedile posteriore pensando di non essere vista.

L'autista, Caronte in disuso. Che tristezza.

Ripenso ai racconti di Fran Lebowitz sulla sua esperienza di tassista a New York. Esilarante, intelligente, tragicomica. Se si volesse capire il mito di quell'immensa metropoli, bisognerebbe cominciare dalle scene tratteggiate da una giovane scrittrice che, per riuscire a campare in una città carissima, si era messa a portare chiunque su una macchina gialla. Ritratti di giovani che volevano pagare la corsa con uno spinello, della tavola calda dove si riunivano tutti i tassisti newyorkesi davanti a una birra enorme appoggiata su un tavolino di formica, soubrette di Broadway, coppie scoppiate, persone di ogni orientamento sessuale, ex attori, artistoidi, qualche genio incompreso.

Chi vuole perdere questo mondo? Eliminando il conducente si eliminano anche i suoi passeggeri. Tutto diventa improvvisamente piatto, perché certa gente merita di essere raccontata, finire in un libro o in film, anche se non lo saprà mai.

28

In fuga dentro di sé

In un'epoca in cui sembra sia virtuoso essere tutti visibili anche se non si ha nulla da dire, credo che a molti possa sfuggire un talento raro, ma non per questo insulso: l'invisibilità.

Di fatto, oggi non è difficile associare il nome di una persona a una faccia, a un corpo e non necessariamente a un'idea: la forza di un influencer è basata proprio su questo.

Ci sono banche dati che custodiscono ogni informazione di chi entra in un paese, attraversa una dogana, compra qualcosa in un negozio, percorre un'autostrada, dorme in un albergo o pranza in un ristorante, viaggia in treno o in aereo. Ogni minuto dell'esistenza è seguito, pedinato virtualmente da un immenso cervellone al servizio di aziende, governi, partiti, servizi segreti, eserciti, banche, mercati.

L'anonimato fa paura e soprattutto non aiuta il marketing, per questo molti pensano che debba essere bandito anche culturalmente.

Eppure non è sempre andata così. Per secoli e secoli i piccoli paesi in cui l'umanità viveva erano un concentrato di controllo sociale: tutti dovevano sapere tutto di chiunque, se cambiava vestito, se frequentava Tizio o Caio, se si arricchiva con gli affari, se tradiva la moglie. I paesi fondavano la propria forza e coesione proprio su questa rete fitta e spesso omertosa. Poi, si capisce, ogni tanto qualcuno o qualcuna scappava, si allontanava, sceglieva il viaggio, il vagabondaggio o l'emigrazione per disperazione o per spirito di rivalsa, ma anche per sottrarsi al controllo, per fuggire da quella tagliola asfissiante.

Diventare anonimi, non essere riconosciuti, seguiti, ricattabili. Ben pochi avevano scelto di traferirsi in una grande città per questo motivo, ma inconsapevolmente milioni di persone si sono dati la possibilità di vivere come anime perse in un luogo denso di gente. A volte, ciò ha significato rischiare l'abbandono, l'isolamento, lo sfruttamento, perché l'antica vita di paese era soffocante ma anche solidale, rassicurante. La città che poi diventa metropoli è assembramento di anonimi, a volte persino ostili l'uno all'altro.

Poi, certo, c'erano i quartieri, quelli etnici dove si compravano i cibi della patria lontana, dove s'intrecciava l'aiuto reciproco quando si poteva, il dialetto come àncora fonetica al passato, radice e appartenenza. Ma le metropoli erano più forti dei legami familiari o di religione, etnia, cultura: contenevano una seduzione, quella della scomposizione tra immagine, corpo, mente. La metropoli aiutava chi voleva sparire, scappare da se stesso. Offriva una libertà che il mondo antico fatto di occhiate e di riconoscimenti non poteva concedere.

E infine, oltre l'anomia delle città, è arrivata la tecnologia digitale, che ha ridato a ognuno un volto, quello indelebile e senza oblio contenuto e addensato nei big data. Ogni strada possiede una, dieci, cento telecamere. I quartieri tendono ad assomigliare sempre di più a bunker sorvegliati. Un'immensa sala di controllo in cui si conosce anche il colore dei calzini di un signore o si sa se la tal ragazza ha cambiato boyfriend.

Un'ispezione continua ma anche rassicurante: qualcuno afferma che è un modo efficace per controllare, quindi potenzialmente prevenire, il crimine o gli incidenti stradali. Insomma, ci sentiamo più protetti perché videosorvegliati, un po' come capitava ai nostri avi quando andavano al mercato o alla fiera stagionale, o semplicemente qualcuno si metteva alla finestra a osservare cosa succedeva nella via.

Dal controllo sociale alla ricerca della libertà per poi tornare a un nuovo e più efficace controllo individuale: così si potrebbe riassumere ciò che è accaduto per secoli fino all'altro ieri, sta accadendo oggi e, probabilmente, accadrà ancor di più in un prossimo futuro. Un cortocircuito perfido, ma vissuto come il baratto necessario per ottenere sicurezza e accesso al mercato sociale.

Se un tempo ci voleva coraggio o disperazione per partire verso un nuovo continente o per attraversare un oceano, per lasciare il piccolo rione di paese e avventurarsi in una megalopoli chiassosa e sporca pur di conoscere un piccolo grado di libertà, pur di non dover giustificare le proprie scelte a chicchessia, ora occorre altrettanto coraggio, e forse di più, per scegliere di non volersi sottomettere al giogo del controllo digitale.

Sarebbe interessante se qualcuno decidesse di scomparire virtualmente. Ci sono state persone, anche note sui social media, che hanno deciso di «uscire dai riflettori», ma si tratta di rarità. Si sa piuttosto di influencer molto noti che sono andati nel panico al solo sospetto che qualche meccanismo della loro presenza pervasiva potesse essersi guastato.

D'altra parte, oggi non è facile eclissarsi e sembra che le nuove tecnologie stiano aggiornando sempre di più le loro capacità attrattive facilitando in tutti i modi possibili la quotidianità. Ma questa è la trappola: se vuoi vivere in questa comunità, devi permetterci di avere tutti i tuoi dati.

Che cosa significa cantare fuori dal coro se non questa ricerca di uscire dalla luce dei riflettori? Sono sempre stato affascinato da chi fugge da se stesso, anche se non sempre sono riuscito a seguire questo esempio.

Però Fernando Pessoa lo ha fatto per una vita intera. Ogni suo scritto portava la firma di un personaggio diverso in cui, di volta in volta, si identificava. Perfino nelle lettere alla sua amata, Ophélia, utilizzò talvolta uno dei suoi eteronimi. L'esatto opposto dell'ostentazione in voga oggi.

La differenza non è estetica, ma sostanziale. L'essere continuativamente riconosciuti e digitalmente identificabili non propone alcuna reazione emotiva, mentre la fuga da sé lo è per definizione. Una foto segnaletica rappresenta un viso e un profilo che corrispondono all'annullamento.

Non si deve cercare necessariamente l'anonimato per disperazione, ma spesso si rintraccia in esso un'identità altrimenti vilipesa. C'è bisogno di mistero per capire un'emozione, non di pacchiana evidenza. Anche la rimozione dell'ovvio e dello scontato necessita coraggio.

Essere in fuga da sé non implica rassegnazione e nemmeno pavidità, ma improvvisa scoperta di un mondo che altri vorrebbero invadere, comprare, alienare. Possiamo essere tutti Luca Cupiello – il «Lucariello» di Eduardo De Filippo – senza vergognarcene, temere i giudizi altrui, ma coltivando un'intima voglia di scavare dentro un mondo mentale che rappresenta una – a volte falsa – esteriorità.

In un mondo dove tutto è classificato, ciò che non ha nome è fondamentale e non come monumento del passato, come rovina coperta di sterpi. Ancora oggi, per indicare una sofferenza spesso utilizziamo un aggettivo: «indicibile», ovvero che non trova parole per essere descritta e rappresentata.

Se non si scappa dentro di sé, come si potrà capire che

cos'è il dolore quando esso è sordo, cupo, alieno anche alla propria vita? Come si potrà conoscere l'esistenza se non si sa quali sono i suoi limiti, la sua fine?

L'elogio della fuga contiene le parole inespresse della nostra fragilità emotiva. Occorre averne cura, se non si vuole correre il rischio di sciogliere ciò che resta del nostro mondo interiore.

29

Il signor Nessuno

L'ultimo film di Wim Wenders s'intitola *Perfect Days*. Parla di Mr. Nobody, un «signor Nessuno», e si basa su una storia straordinaria proprio perché assolutamente impersonale, perfino ripetitiva. La vicenda dell'ultimo tra gli ultimi, uno spazzino in una grande città, Tokyo. Una formica silenziosa e perfetta, di cui nessuno si accorge, apparentemente senza amici, né famiglia, né amori. Ha un lavoro, quello di pulire i gabinetti in un quartiere della città. Anonimo nell'anonimato. I suoi rituali si ripetono identici, sobri, perfino tranquilli. La sveglia, le ore di lavoro con un panino per pranzo, il rientro a casa, una cena frugale, un libro da leggere alla luce di una piccola lampada. I primi quaranta minuti di questo film geniale riescono a trattenere, incredibilmente, lo spettatore a osservare un uomo che pulisce i bagni pubblici. Lo fa con un'attenzione maniacale, gesti sempre uguali, perfetti, dettagli di un lavoro che non pretende nulla, se non una dedizione, perfino passionale, per ciò che minuziosamente esegue. L'uomo vive in una routine che è comunque proiezione di sé, ma anche segno di rispetto per la propria vita e per quella di altri sconosciuti come lui.

Un'esistenza sospesa, impermeabile alla quotidianità confusa e rumorosa di un formicaio di persone che lo sfiorano senza accorgersi di lui, del bene che fa rimanendo nella sua quotidianità semplificata fino quasi al silenzio monacale.

Mr. Nobody, personaggio a metà tra Kafka e Gaber, surreale e impalpabile, granello di polvere in una comunità che prefigura un futuro dove forse tutti diventeranno, o rischiano di diventare, monadi involontarie, segmenti di meccanismi di cui nessuno conoscerà padroni e alleati. C'è una guerra per la sopravvivenza laggiù in città e il «signor Nessuno» l'ha capito senza averne coscienza, non vuole decifrare, ma difendersi, trovare una strategia capace di salvaguardare quel poco o quel tanto che possiede. Lui non sa che conduce il metodo più efficace: contro l'anomia morale, la strada che persegue quasi religiosamente è lastricata da regole semplici, rinnovabili all'infinito, ma autenticamente dignitose.

Non vuole essere esempio, non ambisce a questo, gli basta quel rituale sacro fatto da un letto da cui si alza e dove si corica, non ci sono tecnologie che accompagnano questo ciclo, solo un libro che legge la notte.

Forse, il signor Nessuno invece che vittima è precursore di un mondo nuovo, totalmente opposto a quello che molti temono e vivono. Anziché il clamore, lo strepitio delle parole e dei gesti inconsulti, preferisce il silenzio di una piccola lampada che illumina una lettura. Non c'è lo scalpore che altre esistenze cercano, ma nemmeno la rassegnazione che altri hanno introiettato. Né l'ostentazione di una ricerca di innovazione. Non è il finale di un film di fantascienza o horror, non è una puntata di *Ai confini della realtà* dove un signore si ritrova a essere l'unico sopravvissuto dopo una catastrofe nucleare e, camminando tra le macerie, inavvertitamente schiaccia i propri occhiali rimanendo a vagare sconsolato in un mondo di ombre, senza luce vera, senza riconoscibile, impellente e oggettiva realtà.

Il signor Nessuno non si sta dirigendo a un passo dal dirupo, non vede nemmeno le rovine della città, si è saldato con se stesso costruendo un mondo interno salvifico. Per farlo, ha azzerato uno dei mantra che ha guidato l'umanità nel suo cammino di civiltà: l'ambizione accecante e incongrua. Almeno questa è una delle idolatrie che la cultura in cui è nato e cresciuto il signor Nessuno, quel mondo brulicante di termiti senza meta, si è data.

Semplicemente il signor Nessuno non crede in nulla che non sia il continuo rammendo della propria esistenza. La tela di un ragno caparbio, cocciuto e deciso a non morire tra i molti che laggiù nella grande città inseguono i simulacri della perfezione tecnologica, le influenze degli influencer, il rumore assordante del successo in cui ci si specchia vanesi, la banalità dell'asservimento, il torpore inattivo. Lui è capace di catturare il momento e se lo fa bastare.

Il signor Nessuno afferma con gentilezza qualcosa che suona come definitivo e, nel suo piccolo, rivoluzionario: l'unico modo per non chinare la testa a un mondo cui non si vuole partecipare né appartenere, l'unica possibilità per non adeguarsi è uccidere l'ambizione, rinunciarvi totalmente, tagliarla alla radice. Questo sembrano suggerire la vita, le scelte, la quotidianità del signor Nessuno.

Lo fa per non soffrire, per non spaventarsi, per continuare a vivere alla sua maniera. Anzi, lo fa e basta.

Azzardo? Provocazione? Non credo. Il signor Nessuno non vuole dimostrare nulla se non una cosa a se stesso: che ci sono una lampada e un libro vicino al suo tatami alla fine di una giornata esattamente uguale alle altre passate e future, e che alla stessa ora di una notte o di un'alba si sveglierà e compirà i medesimi gesti precisi e scanditi.

Il signor Nessuno si deve la sopravvivenza e l'unico modo per concedersela è non partecipare al grande circo della vanità che ha invaso la metropoli. Basta essere disconnessi fino ad arrivare a non scommettere sul futuro, ma eleggendo il quotidiano, l'agire ora dopo ora come argine, forse anche come una personalissima morale.

Se il prezzo per non annegare e per rimanere a galla deve essere cancellare l'ambizione più accecante, allora significa che il signor Nessuno ci sta indicando una boa che il battello dell'umanità (non tutta, però) deve riconoscere per invertire la rotta che per millenni ha percorso.

Una mia amica che da tempo vive in una vallata del Sud Tirolo mi scrive raccontandomi cosa vede nei giovani di quei luoghi. Leggendo mi sembra di immaginare tanti signori e signore Nessuno. Mi parla, con curiosità e ammirazione, di una generazione almeno parzialmente distolta, che non vuole più vivere inseguendo obiettivi che richiedono investimenti economici e morali. Come se avessero ascoltato la lezione del grande maestro Wim Wenders, accettano di togliere il superfluo, vogliono fare piccoli lavori per pagarsi da vivere in modo semplice, studiare per sapere, conoscere, essere nutriti, non per ambire a chissà quale carriera esagerata. Vogliono ritornare alla natura che li circonda, che ha creato le generazioni prima di loro. Essere altro dagli altri.

Distogliersi da una falsificazione che imbastisce una vita che li lascia soli, che li seduce e li abbandona. Non si fidano più del futuro, mi racconta la mia vecchia amica. Proprio come il signor Nessuno di Wim Wenders cui bastava l'idea ristoratrice di poter tornare alle sue pagine nella sua cuccia silenziosa illuminata da una piccola lampada. Può esserci così poco in un mondo che pretende così tanto e lo illumina come il neon sull'ingresso di un grande cinema hollywoodiano; può esserci così tanto in così poco. È lontano dai clamori della città che crescono e si formano quei liberi ragazzi della vallata di montagna, un po' come fa ogni giorno il signor Nessuno.

Non so se quei giovani abbiano davvero voluto sacrificare gli idoli, abbiano spento i riflettori accanto ai mantra contemporanei, quelli che accecano milioni di loro coetanei in giro per il mondo. Di sicuro non seguono la televisione, usano le tecnologie digitali quasi solo per informarsi, e per comunicare si incontrano e si guardano.

Non so nemmeno se abbiano reciso la pianta dell'ambizione o se l'abbiano sostituita con qualcos'altro, un piccolo bonsai da curare al mattino prima di uscire.

Soprattutto mi piacerebbe poter chiedere al signor Nessuno di Tokyo così come ai ragazzi e alle ragazze sudtirolesi (sarebbe molto interessante che si potesse organizzare una visione del meraviglioso film di Wim Wenders in una delle località vicine a quella in cui abita la mia amica, riempiendo la sala cinematografica di giovani e ascoltando i loro commenti e reazioni) se sono felici, se quella è una strada che porta a una vita interiore serena e pacificata.

So bene quanto sia difficile definire una vita migliore di un'altra, ma so anche che non è una sfida cui si può rinunciare.

Soprattutto, però, mi farebbe una grande tristezza pensare che il prezzo da pagare per vivere diversamente debba essere uccidere ogni forma di determinata ambizione. Anche perché temo sia incompatibile con l'essere umano. Ho conosciuto persone che, pur frenate da un doloroso impedimento fisico, non si sono arrese, hanno continuato a contare il tempo della loro sopravvivenza con la dignità dell'incoscienza, sono state capaci di liberarsi della propria crisalide.

Semplicemente temo che la versione di Mr. Nobody possa essere crudele soprattutto per chi avrebbe voluto assumere il rischio del volo e non ci è riuscito, non per chi si affanna a planare lontano da ciò che non ha saputo cambiare. Ma questi sono discorsi per chi sta principiando l'arte dell'esistere. Capisco quanto possa essere giusto per un giovane separarsi da ciò che offriamo di banale e prevedibile, che ha sempre a che vedere con un certo conformismo, ma non credo che le ambizioni debbano essere temute. L'essenziale è il rispetto sia di chi si rassegna sia di chi s'innamora di un sogno.

Il signor Nessuno insegna che si può vivere di un minimo che in realtà è enorme, perché riesce a far fare pace con se stessi, e questo in un mondo di frustrati, di angosciati dall'ansia di prestazione è già un regalo prezioso che quel film e quel magnifico regista ci fanno. Ma non penso sia questa la traccia finale, il limite invalicabile. C'è altro e non ci si deve sentire in colpa solo a pensarlo.

Alla fine, non credo sia ancora tempo di arrendersi, soprattutto se si è giovani. Bisogna rovesciare l'evidenza, sciogliere gli spasimi delle visioni più egoistiche, preparare le valigie per il viaggio verso le idee più impronunciabili. Non c'è differenza e non c'è giudizio. Possiamo essere strabici e contenere due visioni opposte e compatibili. Lo sguardo ambizioso deve coesistere con il talento di saper scolpire la propria esistenza togliendo la materia in eccesso, quella che sovrasta la sobrietà.

Nella vita c'è spazio per tante vite, l'importante è evitare la gioia di contraddirsi che ha rimbecillito molti senza che se ne accorgessero. Il bello è riuscire a essere imprevedibili anche nella prevedibilità.

Wim Wenders ci insegna a puntare lo sguardo dove nessuno ha il coraggio di farlo, sulla bellezza nell'anonimato, sulla rinuncia a ciò che altri impongono. Questa è una piccola, privata, rivoluzione, ma è soltanto una faccia della luna. L'altra è il viaggio, l'azzardo, il coraggio di scombinare le cose del mondo.

La voglia di invertire il senso troppo poco sensibile è interessante. È inutile uccidere il metronomo, stracciare il calendario, bruciare il tempo che scorre.

«La bellezza è come l'ombra sulla meridiana che furtiva avanza senza mostrarne il passo» scriveva William Shakespeare.

Sognare è il primo dovere che un uomo e una donna gentili dovrebbero imparare a declinare, e a difendere.

30

Fate più sesso, per piacere

L'implorazione, la raccomandazione è apparsa in un articolo del «New York Times» pubblicato nel febbraio 2023 a firma dell'esperta di relazioni Magdalene J. Taylor.

Giovanna Gallo, su «Cosmopolitan» di qualche giorno dopo, parla del clamore che ha suscitato e scrive che «l'autrice americana ha analizzato dei dati a supporto della teoria che gli americani fanno sempre meno sesso, vittime di un'"epidemia della solitudine" sempre più dilagante. ... L'invito, quasi una preghiera, è a sfruttare le relazioni sessuali per quello che sono, ovvero un antidolorifico, generatore di benessere e di sollievo per molti mali del corpo e della mente, oltre che un balsamo sociale di autostima e fonte di piacere e soddisfazione fisica».

L'autrice – sempre a quanto riporta Giovanna Gallo – ha fornito alcuni dati preoccupanti provenienti da studi svolti negli Stati Uniti, ma che possono essere facilmente universalizzati. Nel 2021, secondo un'indagine sociologica, meno di un quarto degli americani ha avuto almeno un rapporto sessuale nel corso dell'anno: «Se nel 1990 si faceva sesso almeno una volta a settimana, ora quella percentuale è scesa al 40 per cento. I motivi sono sia fisiologici che sociali: meno sesso significa meno interazioni col prossimo e anche più malanni. D'altronde, la letteratura scientifica in merito ai benefici della sessualità la dice lunga su quanto un orgasmo o un rapporto possano influire positivamente non solo sull'umore ma anche, tra le altre cose, sui valori di stress e sull'abbassamento della pressione sanguigna. Meno si fa sesso, meno si ha voglia di farlo: è un baratro, secondo l'autrice, che peggiora sempre di più».

Il problema, secondo la ricercatrice, non si limita alla sessualità, ma coinvolge anche il resto della vita sociale. «Non solo facciamo meno sesso di una volta, suggerisce inoltre Taylor, ma abbiamo anche meno amici. La ricerca "The State of American Friendship: Change, Challenges, and Loss", pubblicata nel 2021, aveva già confermato che le persone, a seguito dello scoppio del Covid, tendono a fare meno nuove amicizie, con numeri (in negativo) quadruplicati dal 1990; in media, rispetto agli stessi dati raccolti nel 2013, si trascorre il 58 per cento del tempo in meno con le persone a cui si vuole bene.»

Conclude Giovanna Gallo citando sempre Taylor: «Fare più sesso è un imperativo politico, oltre che individuale: più le persone si connettono tra di loro, più questi network diventano forze economiche e di crescita collettiva. Fare più sesso, insomma, sarebbe collante sociale e generatore di benessere su più livelli, non solo quello che si cristallizza tra le lenzuola».

Ultimamente molti ricercatori e commentatori, scienziati e sociologi, tendono a dare la colpa di qualsiasi evento sociale alla pandemia e al distanziamento sociale, ma anche ai social network e alle app di incontri, che stanno cambiando lentamente dinamiche e meccanismi relazionali. La Gallo ci fa notare che la parola dell'anno 2023, secondo l'*Oxford Dictionary*, è stata *goblin mode*, un neologismo per descrivere uno stile di vita libero da tutte le regole imposte dalla società, che da un lato è sintomo della necessità di presentarsi per quello che si è, senza sovrastrutture e filtri, dall'altro identifica anche una sorta di lassismo sociale che non ci spinge verso gli altri, ma a restare a casa, sul divano. Da soli.

Si tratta quindi dell'incontro di diversi fattori che hanno prodotto un cambiamento epocale nel modo di vivere le relazioni affettive e che riguarda in particolar modo il mondo giovanile.

Analisi recenti svolte in Italia confermano i dati internazionali: sembra infatti che perfino gli ardori della tarda adolescenza e dell'inizio dell'età adulta si stiano riducendo a flebile fiammella.

La Società Italiana di Andrologia (SIA) ha svolto un'analisi sulla sessualità da cui si evince che la proverbiale «tempesta ormonale» che caratterizza la Generazione Z sembra scontrarsi contro blocchi culturali, insicurezza e fragilità. Tutto questo si potrebbe riflettere ancora più drammaticamente sul boom di impotenza tra i giovani. È quanto emerge dall'indagine promossa dalla SIA nell'ambito della campagna di sensibilizzazione e prevenzione andrologica, su un campione di 500 giovani maschi e i loro partner. Il professor Alessandro Palmieri, presidente della SIA e urologo presso l'università di Napoli, illustra così la ricerca: «L'obiettivo è esplorare i cambiamenti delle abitudini sessuali dopo la pandemia, la virtualizzazione dei rapporti di coppia. I risultati preliminari dell'indagine mostrano che il rapporto della Generazione Z con il sesso è complicato e contraddittorio. La sessualità tra i giovani appare sempre più sganciata dalla componente relazionale e riproduttiva, e questo si riflette sulla scarsa soddisfazione nei rapporti reali, 50 per cento del campione, e sul ricorso al sesso solo virtuale per un giovane su tre». Questa tendenza, secondo Palmieri, non fa che alimentare la diffusione di una sessualità mediata dai social e da Internet, in cui si registra l'assoluta assenza del contatto fisico. Ma questo ha ricadute anche sui disturbi della sfera sessuale. Infatti, già da anni assistiamo a un incremento di problematiche

che interessano i giovani, che la pandemia ha contribuito a esacerbare a causa dell'isolamento. «Moltissimi ragazzi» sottolinea Palmieri «lamentano disfunzione erettile ascrivibile alla virtualizzazione del rapporto, all'eccesso di pornografia e di autoerotismo. Così un ragazzo che si approccia alla sessualità può essere intimidito o intimorito, sentendosi inadeguato.» A preoccupare, per esempio, è il fatto che l'11 per cento dei giovani abbia dichiarato di usare quasi esclusivamente il mondo online per trovare partner sessuali e che il 30 per cento utilizzi ogni giorno chat erotiche e siti pornografici.

Questa difficoltà fa sì che i giovani, prima di rivolgersi allo specialista, cerchino informazioni online sui loro problemi. A ciò si aggiunge che la passione lascia il posto non solo al sesso virtuale, al porno e all'autoerotismo, ma anche alla «pace dei sensi», così che l'astinenza sessuale diventa un comportamento sempre più diffuso fra i giovani. Si stima infatti che siano oltre 1,6 milioni i giovani tra i 18 e i 35 anni che non hanno mai fatto sesso e circa 220.000 le coppie stabili nello stesso intervallo d'età che hanno rinunciato o quasi alle relazioni sessuali. «In un contesto caratterizzato da alterazioni della sessualità, che vanno dal ricorso frequente ai rapporti intimi virtuali all'astinenza vera e propria, diventa davvero difficile immaginare o prevedere miglioramenti sulla natalità futura in Italia, già oggi ai minimi storici» conclude Palmieri.

In un mondo che nell'ultimo mezzo secolo ha conosciuto l'invasione della libera sessualità, l'ossessione erotica, sembra paradossale, oltre che drammatico, che si debba registrare, soprattutto fra i più giovani, un'inversione di tendenza. La pandemia ha rappresentato l'apice della crisi, ma sarebbe sbagliato attribuire a un solo evento, pur così devastante e planetario, la causa di un fenomeno culturale tanto complesso. Si confonde troppo spesso la sessualità con la genitalità, il generale con lo specifico, il contesto con un ingrediente.

La crisi, è ormai evidente, viene da lontano, dall'affievolimento delle relazioni emotive. Per questo credo che l'appello di Magdalene Taylor rischierà di cadere nel vuoto: forse dovremo capire che, per tornare a fare sesso, dovremo prima riprendere a volerci bene e a essere curiosi gli uni degli altri.

31
Si fa presto a dire amicizia

Forse qualcuno, pronunciando questa parola, si sente in colpa perché percepisce che è stata neutralizzata. Accade sempre così: basta reiterare un concetto e subito perde senso e consistenza. Un po' come è successo con l'amore. Parole sacre che dovrebbero essere protette, non trasformate dal più cinico dei marketing in un passe-partout insapore e indolore. Il sospetto è che lo si faccia perché si teme il valore di quella sacralità, il significato rivoluzionario che tutto metterebbe in discussione: politica, economia, socialità, relazioni. Meglio annacquarle, quelle parole, diluirle con caparbietà.

Eppure ogni tanto, testardamente, ritornano evidenti come sugheri sulla spiaggia spinti da una mareggiata. Uno sberleffo della memoria. Basta un ricordo, anche se un po' velato. Anzi un volto. Un ragazzo sorridente, una storia di giovani in una città dove tutto può accadere, perfino sognare. Parlo di *Friends* e di chi se n'è andato, qualche mese fa, dentro una vasca da bagno colma di solitudine e disperazione. Lui che aveva regalato a un pezzo di mondo il lusso della relazione trasgressiva in un tempo che iniziava a crederci davvero, in quei giovani.

Matthew Perry ha chiuso il sipario di un immaginario non solo generazionale. Molti che gli sono cresciuti accanto sanno che con la sua morte non è finita per sempre solo una sitcom leggendaria ma molto di più: un modo di vivere la vita, quella dei giovani postideologici e postpaninari. Quelli che finalmente si erano ripresi l'amore senza moralismo, scoprendo che nascondeva, proprio dentro quella parola, una pietra ancora più rara e solida: l'amicizia.

Le relazioni amicali all'epoca della realtà vera, fatta di scherzi, giochi, tradimenti, gelosie e complicità. Quella vita che noi di provincia vedevamo ancora come un miraggio anche se ce la saremmo già potuti permettere. L'idea di andare a vivere assieme in due stanze rigorosamente separate tra maschi e femmine sapendo bene che bastava un drink per mischiare sesso e confessioni, ironia e desideri segreti.

Era ancora una vita senza troppe difese, descrizioni, reciproche diffidenze. Ma è durata poco, davvero un attimo. Duecentotrentasei puntate, un battito di ciglia e già tutto era cambiato. Non più corteggiarsi invitandosi a uscire, non più un festino organizzato all'ultimo momento, non più l'ultimo cd ascoltato in sala seduti sul divano, uno vicino all'altra, troppo vicino. *Friends* arriva dopo una stagione strepitosa che pure era iniziata con un film drammatico, *Il grande freddo* del 1983, dove l'amicizia fra un gruppo di ragazzi, riuniti dalla morte di uno di loro, diventa occasione per racconti corali di virtù e private debolezze. Un modo pensato per non parlare più di ribellioni pubbliche, ma per scoprire lo scrigno delle nostre relazioni emotive.

Con l'epilogo della mitica serie americana è arrivato, forse inaspettato, un cambio di scena e di copione, qualcosa che ha reso quelle puntate improvvisamente scontate, ovvie, superate. Meglio non provare il «senso dei veri sensi», meglio allontanarsi e declinarsi su uno schermo che pacifica emozioni e previene dal rischio del compromesso fisico. Meglio un po' più lontani, in un luogo dove anche la trasgressione e i suoi diritti si smarriscono per lasciare spazio a solide distanze, arcigne virtualità.

E *Friends* diventa altro, più accomodante, meno valutabile. «Amici» deve significare l'anonimo, ci si può firmare «orsetta 48» o «fragolone 12», ci si può imbrogliare nella rete perché è il suo bello: non esserci mai davvero. Tutto accade per finta, come dichiarare di avere 629 amici quando invece sei solo e non hai nessuno quando stai male. È singolare quanto sia diventato facile scrivere «ti amo» su un telefonino a uno sconosciuto o a una sconosciuta piuttosto che dichiararlo alla persona con cui si dorme.

Matthew doveva solo aprire una porta, attraversare un pianerottolo per incontrare un pezzo di allegria. Oggi ci si mette anche meno, basta un polpastrello premuto su qualche tasto anche se si sa che non ci sarà magari la gioia, la voglia di vedersi per guardarsi negli occhi e sentire che sapore hai, ma chi se ne importa… non c'è più bisogno di imbrattarsi con le parole dette a pochi centimetri di distanza, di asciugare una lacrima di felicità, né di sentire la tenerezza delle labbra. Tutto appare improvvisamente parte di un Novecento decadente, tempo prolisso e colmo di inutili attese. Ora c'è subito tutto quello che si vuole, un catalogo enorme che non occorre nemmeno sfogliare, un menu della propria evanescenza. Non dobbiamo giocare più all'amicizia, ci sono influencer e blogger, nuovi pupari della storia emotiva di ognuno. Relazioni obbligate per seguire chi non occorre nemmeno conoscere, ma che fa parte di un'identità fantasmatica che rassicura.

Due appartamenti a un certo piano di un certo blocco di New York, luoghi che abbiamo amato e in parte replicato che non esistono più. Non è andato via soltanto Matthew, il mal predestinato. Un vento nuovo ha voltato le pagine di fiabe forse perfino ingenue, ha sgualcito i fumetti e le canzoni. Adesso ci sono le cover e i reel. Perché perdere tempo a sognare di baciare il migliore amico?

32

Se l'amore è un lucchetto

Dietro ogni femminicidio c'è una cultura che prima di essere disegno di morte è idea di possesso che diventa ossessione.

Un giovane nella notte spara e uccide la madre e la sorella della sua ex fidanzata. Vedete? Ho sbagliato: ho scritto «sua» e avrei potuto fare di peggio, dicendo «propria». Un errore che viene da un modo di pensare antico come la storia dell'umanità. In realtà, quel giovane uomo ha sparato alla sorella e alla madre di una ragazza che non era di nessuno, nemmeno quando era fidanzata con lui.

L'amore è spesso raccontato con parole duali, incongruenti fra loro, che portano a fraintendimenti. Si usa dire «mio» o «mia», è parte di un lessico declinato senza pensare a cosa implichi quel sentimento, che in realtà è mutuato dalla voglia/necessità di avere una cosa, possedere un oggetto. Poi si è passati a trasferire quella voglia/necessità su una persona, come se questo passaggio fosse naturale, ovvio, scontato.

Anni fa, non tantissimi, dilagò la moda, seguita da giovanissimi ma non soltanto da loro, di incontrarsi in un determinato posto della città – solitamente un ponte, che è sempre metaforico – e, se si dichiarava o si rinnovava il reciproco amore, di chiudere un lucchetto a una catena o a un corrimano a futura memoria. Così si sono creati dei veri e propri ammassi di ferraglia, che ovviamente si arrugginivano, ma che per molti rappresentavano un idilliaco monumento ai sacri principi dell'amore: la promessa. Non ricordo se questo rito pagano avesse preso spunto da una fortunata serie di romanzi e relativi film o se fosse avvenuto il contrario, sta di fatto che qualche amministrazione comunale è stata poi costretta a inviare pattuglie di fabbri per eliminare quegli oggetti e ripristinare l'antico splendore dei luoghi. Eppure, molti avevano elogiato l'iniziativa di amorosi sensi non troppo metaforicamente uniti, ci sono stati sociologi, psicologi, intellettuali di vario tipo che vi hanno trovato del tenero, non certo del vandalico. Un romanticismo sotto forma di lacciuolo, vincolo.

Forse qualche genitore si sarà pure sentito rinfrancato nel sapere che il proprio pargolo si era congiunto al suo spasimante, che la promessa era avvenuta con un «click», magari pomposamente consacrato gettando le chiavi nelle acque sottostanti di modo che non ci fosse ripensamento possibile.

In pochi, diciamo pure pochissimi, hanno trovato il coraggio dissacrante di eccepire a quella sceneggiata. L'amore è un dardo non un lucchetto, l'amore ferisce e libera, non acceca e ingabbia. Ma siccome era già il tempo delle passioni tristi, non abbiamo voluto infierire su quegli oggetti da fabbro ferraio e tantomeno sul loro orrendo significato.

Non si trattava di una moda nel senso stretto del termine, ma di qualcosa di diverso. Una sottolineatura materiale di ciò che la nostra cultura più atavica dettava: amore come principio di schiavitù, possesso.

Un dato statistico è illuminante. Da una recente indagine compiuta su un campione di adolescenti italiani – con età compresa tra i 14 e 18 anni – è emerso che il 65 per cento si sente spiato, controllato dal proprio partner. Ovviamente, lo strumento utilizzato è lo smartphone.

Non ci vuole molto: si possono usare metodi all'antica, facendo le «poste» oppure costringendo il proprio ragazzo o ragazza ad assecondare richieste ossessive, chiedendo di inviare messaggi, postare foto o qualsiasi altra prova per dimostrare di aver detto la verità su dove e con chi si è a quella certa ora, oppure si può utilizzare la formula ancor più subdola e tecnologica di geolocalizzare lo strumento all'insaputa del partner. Anche la futuribile tecnologia digitale può essere al servizio di un retaggio medievale.

Sembra strano, ma è diventato difficile per un adolescente di oggi opporsi alla richiesta di controllo, come del resto lo era per la nonna che assecondava senza troppo fiatare il partner despota. Non credo che dipenda solo dalla diffusione dello strumento tecnologico digitale, ma da una cultura che non sembra essere mai davvero cambiata.

Perché l'idea che la gelosia sia una sorta di «indicatore» dell'intensità dell'amore è ancora così prevalente, nonostante un secolo di battaglie delle donne e la conquista di libertà sessuali cresciute in maniera esponenziale negli ultimi decenni? Perché sono cambiate così poco le parole e le modalità di rispetto?

È evidente che l'idea del possesso è ancora oggi centrale nell'educazione sessuale e affettiva, e che essa resiste a ogni tentativo di cambiamento delle relazioni. Tuttavia trovo stupefacente che una madre o un padre che oggi hanno quarant'anni e hanno figli teenager li educhino a trattare l'altro/a come un oggetto nonostante appartengano a una generazione che in nulla dovrebbe assomigliare a quelle dei loro genitori e nonni.

Sono genitori, questi, che ritengono sia politicamente corretto dal punto di vista educativo che una o un tredicenne possano uscire alle undici di sera e rientrare all'alba, ma poi li istruiscono a comportarsi come se si vivesse ai primi del Novecento.

Il controllo ossessivo fra adolescenti altro non è che il

prolungamento di quello che gli adulti effettuano e sopportano da anni. Se si possiede uno smartphone, è logico, secondo loro, utilizzarlo come strumento di ricatto affettivo. È un modo per provare a non fare i conti con la propria insicurezza, che è spesso l'anticamera delle violenze più irrefrenabili.

Anche il mitico Leonard Cohen è incappato in questo trabocchetto semantico quando ha scritto e cantato la sua, peraltro favolosa, *I'm Your Man*. Naturalmente, il poeta non voleva parlare di un possesso, non si riferiva a nessuna sorta di sultanato affettivo, ma tant'è, all'epoca non se accorse nessuno.

Forse è più forte di noi (mi riferisco prioritariamente ai maschi), abbiamo posseduto tutto per poterci dire umani. Una terra, una bandiera per cui fare una guerra, una divisa, una casa, anche una moglie e i suoi figli e figlie. E forse anche qualche donna ha pensato che «avere un uomo» rappresentasse un obiettivo lecito e condivisibile. Avere qualcuno, possederlo anche, non necessariamente amarlo, visto che l'amore è e dovrebbe essere un sentimento radicato nel rispetto.

Perché ci sia amore, ci è stato insegnato che ci deve essere qualcosa che abbia a che vedere con il dominio (anche qui... termine che deriva da *dominus*, ovvero «signore, padrone»), acquisizione di identità attraverso il potere sull'altro e sulle cose. Amore come continua forma di sudditanza, lontano dall'espressione di libertà. Un enorme fraintendimento nato dalla paura di perdere non il sentimento, ma colui o colei che si possiede come reliquia di sé. Amore, termine religioso, fideistico, che troppo spesso si contrappone alla ragione dei sentimenti. Amore come liturgia della sottomissione, quindi della perdita di sé.

Il lucchetto, metafora di un'incompresa miseria emotiva, nasconde, come il muschio fa con le cortecce esposte alle intemperie, i limiti della nostra infinita debolezza, che abbiamo trasmesso senza forse accorgercene alle generazioni più giovani, che non hanno mutato i parametri dei sentimenti. Evidentemente non abbiamo saputo costruire nessuna nuova generazione forte di sé, prevalgono ancora insicurezza mista a noia, che tracimano nella violenza vissuta come risarcimento. La violenza sulle donne racconta anche di questo.

Gelosia, controllo e possesso sono tre stadi della stessa malintesa necessità di amare, sintomi di un'evidente labilità sentimentale. Eppure c'è chi è orgoglioso sia di provare gelosia che di esserne vittima.

L'amore che non passa attraverso questi segnali insidiosi non sembra, nemmeno nel 2024, essere civilmente esaltato. La gelosia e il possesso sono materia di canzoni, di poesie, di film, di romanzi, ma anche citazioni in un lessico fin troppo familiare. Poi si passa all'ossessione che porta alla minaccia che conduce alla violenza verbale, fino a quella terribile fisica.

Tagliate lucchetti e catene, spegnete quel furore che entra nelle viscere e le accende come fuoco distruttivo. Chi dice che se si facesse così non rimarrebbe nulla dell'amore è un perfetto impotente e non conosce nulla di quel sentimento.

33
Condannare l'attesa

L'immediatezza ha vinto, avremmo dovuto immaginarlo. Ce lo dovevamo aspettare, era troppo attraente, volete mettere con la lentezza? Che poi, in realtà, non è scomparsa del tutto, anzi viviamo una curiosa antinomia.

Si è infatti creata, in questi ultimi anni, una strana «contraddizione interna», come si usava dire un tempo, dal momento che la ricerca spasmodica di qualsiasi soluzione rapida, istantanea finisce per indurre, come ovvio effetto collaterale, proprio la stessa lentezza che si vorrebbe abrogare. Non penso a un regalo involontario dei social network, né a un elogio postumo della lentezza di cui parlò Luis Sepúlveda – che prevedeva un tempo di «fruizione» non sincopato, ma nemmeno flemmatico – quanto piuttosto alla sua declinazione più decadente: lentezza come sinonimo di resa, di passività, di immobilismo e, alla fine, di disinteresse.

Se le tecnologie digitali ci aiutano ad abbreviare i tempi di realizzazione di qualsiasi cosa abbiamo in mente di fare, è ovvio che la conseguenza sia che il pensiero residuo e il corpo, che dovrebbe realizzare il progetto, rallentino in attesa che l'evento sia compiuto dall'app scelta. Se scompare la manualità, l'organismo stesso attenua i suoi tempi di esecuzione per la semplice ragione che non siamo più noi a dover eseguire, ma la macchina cui sono stati delegati quel gesto o quel pensiero o, peggio, quell'idealità. Infatti, non si tratta solo di un'azione fisica che cala nella sua intensità, ma anche del pensiero, dell'ideazione, per quanto semplice possa apparire. Il trattore faceva affaticare di meno il contadino, ma non lo rendeva privo di iniziative, anzi, la sua mente doveva adeguarsi a condurre il nuovo marchingegno.

Se non c'è più intervallo tra ciò che si pensa e ciò che si fa – quando si avvera l'immediatezza dell'agito – inevitabilmente muore una parte consistente della creatività umana. L'attesa è fruttifera in quanto non solo induce riflessione, ma insinua anche il dubbio fecondo, l'inevitabile scarto temporale, il salvifico ripensamento. Attendere produce sfumature sorprendenti, compresa una certa declinazione dell'erotismo, come diceva Giacomo Casanova quando affermava che «l'eros è salir le scale»: il piacere sta nell'immaginazione, non nell'immediata fruizione di un desiderio. Lo spasmo, dovremmo saperlo, non è poi così interessante, parla di un'istintualità animalesca piuttosto che di una «riserva» emotiva. «Salire le scale» significa far attendere il pensiero, permettere che possa cuocere a fuoco lento, così a lungo da lasciare spazio alle sue declinazioni, anche quelle incoerenti e indicibili. Il grande seduttore pensava alla donna che, forse, avrebbe incontrato. E si chiedeva: «Come sarà? Che vestito indosserà? Che profumo avrà scelto?». Non era certo che tutto questo potesse accadere realmente, c'era lo spazio per il dubbio che avrebbe orientato i suoi comportamenti senza perdere gentilezza, ironia, invocazione alla bellezza. Se Casanova avesse avuto una tastiera e uno schermo, avrebbe scelto tra le tante damigelle virtuali quella che nell'immediato gli sarebbe garbata di più. Avrebbe accorciato i tempi del corteggiamento fino a eliminarli. Ma così avrebbe ucciso l'eros, dunque parte della sua stessa identità di avventuriero e libertino.

L'attesa è fatalmente intelligente perché allena lo spirito conducendolo all'estasi. Il multitasking è una delle allegorie dell'agire contemporaneo, ma è rischioso e perfino supponente in quanto presume di arrivare a conseguire tutto ciò che si desidera senza affrontare alcuna difficoltà, senza versare una goccia di sudore, ovvero incenerendo il talento.

Offre l'illusione di poter avere e fare ogni cosa allo stesso tempo, come se non si dovesse affrontare la fatica di traslocare da un progetto a un altro, di soppesare le scelte, di immaginare i nessi. A ogni sforzo corrisponde un tasto e tutto finisce lì. Si propaganda l'immediatezza, che invece si dilata nel vuoto dell'incapacità di immaginare, di sentire, di provare piacere. Perché l'istante non contiene né gioia, né felicità, né beatitudine, ma solo momentaneo, irreale appagamento. Un tempo si consigliava, soprattutto ai giovani, «cogli l'attimo», ma nessuno poteva immaginare che cosa succede quando il lampo diventa l'unico cronometro dell'umanità.

Non ho mai creduto nella forza di un baleno, ciò che scrivo è già passato, non sopporto l'idea che vivere debba essere contenuto in un'abbreviazione, che l'esistenza venga fatalmente trasformata in un acronimo. La vita si spalma in un'immensa, meravigliosa, umana presunzione: quella di concedersi la possibilità di non sapere davvero dove andare, cosa evitare, cosa pretendere da se stessi e dagli altri. Una buona vita si traduce nella necessità di attenderla, non di compierla in una miriade di atti sincopati.

E per fare questo occorre la stessa magia che possiedono i ceramisti e i vetrai: creare senza sapere che cosa accadrà della loro opera, dipingere un colore, soffiare in una pasta vitrea per poi vedere che il miracolo si compie solo parzialmente, perché il risultato finale avrà sempre il potere di meravigliare quell'artista con colori e sfumature sbalorditive. Quegli artisti e artigiani sono consapevoli di quanto il loro talento sia contenuto nell'apprensione per ciò che si compie oltre ogni immaginazione e capacità.

Estirpare il tempo, renderlo istante, rischia di vanificare il senso salvifico dell'esistenza. La ricerca dell'immediatezza non scandisce solo la nostra quotidianità fatta di gesti trasformati in movimenti automatici, ma anche il pensiero e la coscienza, assecondando lo stesso, omologo, metronomo. E se il tempo dell'attesa si assottiglia per diventare frenetico, scompare l'emozione che se ne può trarre e che frenerebbe l'atto fatale.

Basta guardarsi attorno per vedere persone rallentate, in perenne attesa che qualcosa possa risolvere i loro problemi, attuare i loro propositi. Viviamo in un mondo in perenne deroga e delega delle nostre stesse facoltà. Paradossalmente, è proprio eliminando l'attesa che si rischia di far perire la rapidità del pensiero-azione che è alla base della progettazione di vita, della sfida di riuscire a fare bene il nostro compito. Le nostre capacità dipendono dai nostri sforzi, non dalle nostre agevolazioni.

34
Il cantiere invisibile

A volte le coincidenze sono davvero straordinarie, parlo di quelle che il tempo ci propone disordinatamente. Sono appuntamenti invisibili capaci di sorprendere, rappresentano la versione laica dell'idea di destino. Non si devono né si possono attendere, perché arrivano da sole, quando meno ce le si aspetta.

Accade infatti che un signore, che aveva assistito a una mia serata in un teatro di Lecce, mi scriva una mail facendo un'osservazione sensata e provocatoria. Dice di conoscere i miei scritti, di avermi seguito sui media e anche in qualche mia conferenza come quella a teatro. Sostiene anche di nutrire una certa stima nei miei confronti e di condividere buona parte delle mie idee, però, aggiunge… c'è un però. Questo signore mi muove una critica assolutamente condivisibile.

L'articolazione del suo pensiero non fa una grinza. Parte da alcune mie considerazioni su Renzo Piano e sulla sua magnifica, indefessa attività. L'architetto ha un'idea che poi diventa progetto, che infine prende corpo in un cantiere che trasforma l'idea in realtà, edificio. E quella «cosa» parla di per sé, agli altri, a tutti.

A quel punto mi chiede che cosa faccio invece io, a parte pensare, studiare, scrivere, parlare in pubblico. Aggiunge: «Se la sua opera fosse sufficiente per come la propone lei, le cose dovrebbero essere, almeno in parte, cambiate, visto il gran pubblico che la segue». Invece no, secondo il signore di Lecce non è così. Dopo tanti anni di lavoro, io non sono riuscito a mutare nulla o quasi.

Insomma, l'edificio di Renzo Piano cambia il paesaggio, diventa servizio, abbellisce. C'è un prima e un dopo quel cantiere e la gente deve fare i conti, anche criticando, con quella nascita, con quella, per dirla in maniera più pomposa, «reificazione di un'idea». Quindi la domanda che il signore mi pone è semplice e diretta: «Dove è il suo cantiere? In che modo pensa di contribuire al cambiamento del corso delle cose se non si vedono gru, operai, scavatrici, betoniere, ponteggi?».

Me lo sono chiesto anch'io. Effettivamente non sono un teorico, almeno questa non è mai stata la figura professionale in cui mi sono immaginato, non sono un filosofo, tantomeno un architetto, un costruttore. Forse mi manca proprio quel passaggio, così come capita, immagino, a molti miei colleghi e colleghe.

Ma è davvero così? Se lo fosse, sarebbe un *vulnus* quasi definitivo o quanto meno una pecca vistosa, e io dovrei sentirmi una contraddizione evidente.

Forse un cantiere c'è, ma è invisibile come le città di Italo Calvino. E non per questo ne limita il significato, l'apporto alla crescita individuale e civile. Ognuno ha un proprio cantiere in cui lavora, anche quando non se ne accorge. Ma deve crederci, altrimenti tutto sarebbe vano, innanzitutto il pensiero. Il cantiere non costruisce necessariamente e soltanto cose materiali, non si limita a edificare, a elevare strutture, ma agisce operando anche attraverso il pensiero, allevando speranze, mobilitando desideri, criticando e indignandosi.

Non voglio difendere il mio operato, anzi, ringrazio il signore di Lecce per avermi provocato, perché a volte da soli non si riesce ad arrivare a capire ciò che altri dall'esterno riescono a cogliere: un po' quel che fanno gli *umarell*, come chiamano a Bologna quei personaggi, solitamente anziani, che passano il loro tempo a osservare, da dietro le recinzioni, l'avanzamento di un cantiere nella loro città. Anche l'*umarell* è parte della costruzione. L'impegno nel costruire l'edificio sociale riguarda sia chi attivamente erige l'oggetto-idea, sia chi guarda, commenta, controlla, critica, ascolta. Il progetto, l'arsenale, produce domande e l'*umarell* risposte, e viceversa. Senza l'uno non potrebbe esistere l'altro. Parlare e ascoltare sono la stessa cosa, interfaccia necessaria.

C'è un preciso istante in cui mi accorgo che ciò che sto scrivendo non è illusione, ma probabilità. È quando finisco le mie parole sul palco, spengo l'abat-jour che è accanto alla mia sedia sul palcoscenico, mi alzo in piedi, saluto e ringrazio il pubblico che mi ha accompagnato. Quasi sempre, in quell'attimo preciso, accade una piccola magia: pochissimi si alzano, come per non interrompere quell'aura che si è creata. Lo trovo un privilegio, significa sentire, fisicamente, l'affetto che circonda lo sforzo di dire e di ascoltare.

Altra coincidenza, altro appuntamento imprevisto. Questa volta mi scrive un'insegnante di un liceo di una città del Nord presentandomi una diversa visuale del problema:

> Le scrivo per dirle che finalmente le sue parole si sono tradotte in comportamenti concreti nella mia pratica quotidiana facendomi comportare nella maniera più giusta in classe nei confronti di alcuni studenti. Dico «finalmente» perché la seguo da anni e pur condividendo le sue riflessioni sulla necessità di dire dei no agli studenti, di assumere il ruolo di «capitano» nelle situazioni, non trovavo mai il coraggio di fare la cosa giusta. Un po' per pigrizia e un po' perché tutto il sistema scolastico ci ha portati a essere comprensivi fino all'inverosimile, a giustificare tanti comportamenti sbagliati, a essere ossessivamente inclusivi e politicamente

corretti. Ovviamente constato ogni giorno di più le conseguenze devastanti dei nostri comportamenti e temo che siamo davanti a un punto di non ritorno. Oltretutto reagendo da persona «sana di mente» mi sono anche resa conto che nessuno mi ha dato addosso ma addirittura, dal personale scolastico, ai colleghi alla Preside, mi hanno dato ragione. È come se tutti aspettassero (adulti e studenti) che noi docenti o comunque adulti in generale riprendessimo a fare sul serio: a bocciare quando è necessario, a mettere 4 se non hanno studiato, a reagire duramente quando mancano di rispetto, insomma a ricominciare a vederli veramente. Qualche genitore è arrivato addirittura a chiedermi di bocciare il figlio. Ascoltare le sue parole mi ha veramente scossa al punto tale da darmi la spinta per seguire la giusta direzione. La stimo molto per la sua decisione di dedicare questo periodo della sua vita a scuotere le coscienze di tutti noi attraverso i suoi libri, la sua presenza nei teatri italiani e in televisione. Perciò la ringrazio con tutto il cuore, sta facendo la cosa più giusta che una persona come lei possa fare e cioè la torpedine di mare… come Platone definì il suo amato maestro Socrate.

Critiche, esortazioni, dubbi. Come è giusto che sia. Mai cercato il consenso, non bisogna suonare per la gente, come diceva David Bowie.

C'è chi mi chiede che cosa possiamo dirci oggi. E la risposta magari è la più sconsolata: niente. Mi spiace solo per chi pensa che io continui a parlare invano. Così è bruttissimo, anche perché non mi piace essere pensato come predicatore, per di più nel deserto.

Una mail di Giovanni da Trieste rincara la dose:

Lei è formidabile, nessun dubbio, infatti tutti la conoscono, tutti la leggono, tutti ricordano le sue massime! Ma quando finisce un suo intervento, tutti tornano a casa come sono venuti perché il Paolo non lo devi andare ad ascoltare, devi sfruttarlo, devi organizzare il tuo impegno. Come se uno porta un candelotto di ottima dinamite per buttarlo su una cisterna piena di acqua. Non serve a niente! Perdoni il paragone bellico, ma serve a rendere l'idea. Siamo in un paese di amebe. Contenti loro... a me non piace e mi godo la vita alzandomi presto, dormendo poco, cercando sempre qualcosa di nuovo che mi soddisfi e ogni tanto butto un pezzetto di legno dentro il camino, guai se si spegnesse. Ancora tanti auguri Paolo, anche se non mi sopporta, le sono affezionato.

Io davvero non so quanti genitori, dopo avermi sentito parlare, preparano ancora lo zainetto ai propri figli adolescenti. Spero solo di essermi spiegato, ma la mattina dopo ognuno deve sentirsi libero di fare ciò che crede, ci mancherebbe. L'essenziale è non venire a lamentarsi ancora se le cose non vanno come si vorrebbe.

Teatro Filarmonico, Verona, luogo meraviglioso, quasi mistico. Alla fine di una serata emozionante una signora elegante mi chiede di dedicare il libro a sua figlia, spiegando che è una mia fan, ma poi aggiunge: «Lei la pensa così, mentre io la detesto», e se ne va, senz'altro aggiungere, con la copia firmata. Sinceramente non ci sono rimasto male, anzi ho pensato che fosse una donna sincera, non ipocrita. Non credo che gli applausi sottolineino un accordo, solo che chi non lo è solitamente si nasconde dietro a un'acclamazione. Sarebbe interessante che il dissenso non si manifestasse al ritorno a casa, ma anche in pubblico.

Non mi illudo e non do mai niente per scontato, figuriamoci una trasformazione così complessa come quella che necessita la manutenzione delle nostre emozioni.

Ciò che cerco di fare è una prova d'orchestra. Penso a un cantiere di musicisti che cerca un'armonia, una nuova armonia. E che vorrebbe un capitano, un maestro, senza che abbia necessariamente una bacchetta in mano. Io non ce l'ho, né ho mai avuto la presunzione di averla. Ognuno deve cercare la propria. Altrimenti sarebbe troppo facile andare in un teatro, ascoltare, prendere appunti per poi dare tutte le responsabilità al conduttore se qualcosa non funziona. Non ho un'idea così autoritaria, tantomeno militaresca. Credo e ho fiducia nella gente, non solo in chi mi ascolta, ovviamente.

Il cantiere è un'orchestra di opinioni, sforzi, illusioni, ricerche. All'inizio è tutto confuso, poi la foschia lascia l'arsenale e forse prende corpo un'idea, una convinzione che inizia dalla consapevolezza di aver sbagliato strada, e si ricomincia da qualche altra parte.

35

Le profezie di Bill Gates e degli scienziati

Ci sono miliardari e miliardari: chi fa soldi e se ne sta zitto, mimetizzato nell'ambiente economico della realtà in cui vive quasi sommessamente, e altri che fanno dello sfoggio e della comunicazione il Dna del loro business trilionario. Ne ho conosciuti molti che non ostentano, anzi, è come se fossero felici di non mettersi in mostra, veri re o regine dell'*understatement*. Altri che devono apparire, che godono nel sapere che la gente li adora o li detesta ma comunque parla di loro.

Bill Gates è certamente fra quelli che si sono spinti anche oltre: da decenni è una sorta di guru e coltiva una particolare forma di narcisismo che lo porta a pensare di essere indispensabile alla storia dell'umanità. Questa volta ha voluto fare una profezia. Sostiene con assoluta certezza che in un prossimo futuro, molto prossimo, si lavorerà tre giorni alla settimana, il resto lo faranno i robot e l'intelligenza artificiale.

Recentemente ho incontrato alcuni scienziati che mi hanno fatto un'altra previsione: gli uomini e le donne potranno vivere fino a 150 anni (pare che questo possa considerarsi una sorta di *deadline* cellulare).

Non so se si tratti di qualche forma di anatema biblico o di un sincero augurio per le sorti dell'umanità, fatto è che io non so davvero se essere felice di questi presagi.

Qualche giorno fa un giovane mi parlava dell'importanza dell'intelligenza artificiale e di quanto si augurasse di poterne presto godere gli effetti nella sua quotidianità. Quando gli ho chiesto di spiegarmi tanto entusiasmo, mi ha risposto: «Perché così almeno avrò qualcuno con cui parlare, qualcuno di cui fidarmi e che mi conosce alla perfezione».

Forse non avrei dovuto sorprendermi ascoltando quella frase. Forse c'è qualcosa di positivo in questa prospettiva, in questa aspettativa messianica. Del resto la solitudine c'è sempre stata, anche se temo che sia aumentata e non soltanto tra i più giovani. Parlo, come sempre ho parlato, della solitudine emotiva, il «sentirsi soli», non certo l'esserlo, che a volte è una vera salvezza. Ci sono migliaia di lavori e di vite che hanno avuto bisogno della solitudine: non si pota la vigna se non da soli, così come non si compone musica o si scrivono poesie in compagnia di chissà chi.

Il problema sorge quando ci si sente incompresi, invisibili, senza ascolto, «un vetro trasparente» agli occhi degli altri, come si descriveva una mia paziente. Probabilmente le tecnologie digitali hanno aiutato queste persone a non sentirsi così, i social media devono gran parte della loro immensa popolarità a questo supporto, falso o vero che sia.

Un dubbio, però, credo sia lecito averlo. E se non fosse andata così, ma piuttosto al contrario? Se fossero stati proprio questi strumenti di comunicazione ad accrescere la solitudine, a forgiarne di nuova propagandando un «fai da te» che ha convinto molti e molte a rinunciare a un'esistenza diversa e più impegnativa?

Si lavorerà di meno, dicono i profeti, lo vediamo già tra migliaia di lavoratori che si licenziano da impieghi stabili optando per contratti estemporanei, tra altri che chiedono di poter scegliere una settimana corta a parità di salario anche se questo implica un ovvio aumento delle ore di occupazione giornaliere. Le parole di Bill Gates tratteggiano un miraggio che molti inseguono, un nuovo mondo, un *new deal* capace di riscrivere non soltanto le nostre economie, ma anche e soprattutto la vita personale. Per secoli, la borghesia industriale e il terziario hanno sognato di poter delegare quote sempre più grandi di fatiche e incombenze alle macchine, che sono diventate, proprio grazie a queste nuove responsabilità, maggiormente in grado di ridurre il lavoro a una sempre più piccola e insignificante parte della quotidianità. Se questa prospettiva potrà annullare o quanto meno assottigliare la schiavitù, ne saremo tutti felici, anche se credo che non sarà così semplice dal momento che nel nostro immenso pianeta ci sono continenti interi in cui ciò di cui parla Bill Gates è pura visione, se non assoluta utopia.

Ciò però su cui mi preme riflettere è quale possa essere il modello di vita che si prospetta, dove la fatica, lo sforzo possono e devono essere archiviati a favore di un'esistenza gaudente in quanto sgravata da qualsiasi esercizio produttivo. Uno schema in cui tutto o la gran parte di ciò che necessita all'umanità, dal cibo agli indumenti, dovrebbe essere assicurato dalle macchine e dagli algoritmi. Il punto è che ci si ritroverebbe davanti a un'evidente contraddizione. Ci sarà una sorta di guerra «civile» tra chi potrà lavorare poco e chi no. Se un numero sempre maggiore di persone potrà avere quattro giorni pieni di non lavoro ogni settimana, cercherà ristoranti, locali, alberghi, case vacanza, consumerà di più con lo shopping online. Una bella prospettiva per chi se lo potrà permettere, ma anche accresciute aspettative nei confronti di chi dovrebbe fornire servizi e prestazioni a quanti hanno deciso di lavorare di meno e di godersela di più.

Una battaglia interna, una nuova forma di lotta di classe, non come un tempo tra signori e disgraziati, ma tra chi può permettersi di lavorare di meno e chi deve continuare a farlo di più, tra chi acquista online e chi deve (in altri paesi dove la manodopera costa di meno) fornire quei prodotti: come accade con le T-shirt fabbricate in Cina in aziende che pagano gli operai 1 dollaro l'ora per 11 ore lavorate al giorno con una domenica al mese di riposo. Insomma, i capitalisti e i «padroni delle ferriere» non sono più i soliti cattivi delle vecchie economie della porta accanto, ma anche i moderni, e perfino giovani, democratici egocentrici della *new*, ma non certo *green*, *economy*.

Se poi Bill Gates e gli scienziati avessero ragione e i robot con intelligenza artificiale sostituissero buona parte del lavoro (sempre in questa parte del mondo) e la prospettiva di vita si allungasse di molti decenni rispetto a oggi, si comporrebbe un mondo in cui si sarebbe produttivi per un tempo infinitamente più breve di quello a disposizione, ma questo aprirebbe nuove domande inquietanti su chi ha diritto di essere servito e riverito per molto più di cent'anni. Nuovi conflitti senza eserciti all'orizzonte. Spesso chi critica il lavoro tende a sfruttare chi lo fa.

«E poi basta lavorare... non se ne può più», sento dire da molte persone. Il lavoro è diventato per qualcuno del tutto privo di una componente affettiva, un dovere non scelto, riducibile, che non produce passione, ma solo un salario. La vita è da un'altra parte, va bene, ma dove?

Se davvero sapessimo cosa fare per goderci la vita lontano dal lavoro, vivremmo in un mondo meno aggressivo, invece le violenze si verificano molto più in casa che in un ufficio o in un negozio (a parte l'orrenda piaga degli incidenti sul lavoro). Forse dovremmo ragionare sul fatto che molti dei sempre più numerosi femminicidi avvengono in contesti in cui il lavoro manca o comunque in ambienti familiari al di fuori di quell'orario dettato da un cartellino.

L'idea anaffettiva del lavoro ci fa scordare delle sue potenzialità in termini di sostegno, di solidarietà, di complicità che non sempre sono riscontrabili tra quattro mura domestiche.

Il lavoro disforico, odiato ma preteso, erogatore di denaro da spendere nella vita parallela. Peccato, perché la macchinetta del caffè all'ufficio non era male, con le sue confidenze, chiacchiere, segreti, illusioni, disperazioni. C'era un mondo affettivo anche in un lavoro ripetitivo e non sempre appassionante.

Penso ai profeti di un futuro assolutamente probabile. Uomini e donne occidentali, padroni di magnifici ed efficienti robot che sostituiranno tutte le nostre fatiche. Uomini e donne che non invecchieranno mai, perennemente a dieta, sportivissimi, aggressivi, con pochissimi figli (giusto per sapere a chi lasciare l'eredità) e diversi animali domestici da accudire. Un'umanità asserragliata dentro il proprio privilegio che esige che, da qualche altra parte del pianeta, si faccia ancor più di ciò che si è fatto anche in Occidente per secoli. Si pretenderà, altrove, una produzione che qui si detesta, mentre si allungherà l'esistenza senza poi sapere che cosa farne perché il tempo libero ha un senso se ci libera e ci avvicina a un'idea di felicità.

Forse, un giorno, saremo stanchi di non lavorare.

36
Sostiene Marco

Come ho già avuto modo di raccontare, mi arrivano molte mail, alcune disperate, altre superficiali, altre ancora che paiono stilettate, colpi di rasoio, altre infine confortanti e lucide. Una di queste ultime mi giunge dall'estero, da un signore che immagino di mezz'età, di buona cultura, sobrio, ma anche sommessamente arguto. Almeno così me lo immagino scorrendo le molte righe della sua missiva.

Sostiene Marco – un italiano trasferitosi a Barcellona per lavorare presso una grande azienda informatica americana –, avendo la possibilità di girare continuamente tra Europa e Stati Uniti, di aver osservato quello che, secondo lui, potrà accadere da noi tra un lustro, visto che oltreoceano sono un bel po' avanti rispetto a noi almeno dal punto di vista tecnologico.

Sostiene Marco che i «piccoli Buddha», che io ho descritto in molti miei libri di cui si lui è «nutrito» in questo tempo da emigrato, si stanno materializzando come parte consistente della nuova classe dirigente americana. Il quadro che dipinge è allucinante. Alcolizzati, spesso drogati (molto di più e meno visibilmente dei loro padri), formati sulla base di un nozionismo superficiale (ovvero il *googling*, ciò che io chiamo il «surfing mentale»), del tutto privi di umiltà, incompetenti, con chiari problemi cognitivi (scarsa memoria, diminuita capacità di attenzione e altro ancora), frustrati seriali quindi iracondi per futilissimi motivi, arroganti, rintanati nelle loro piccole e proterve certezze, come i nostri antenati nelle grotte al riparo da bestie feroci e dai loro simili.

Sostiene ancora Marco che le aziende basano i budget soltanto su un controllo spasmodico e paranoico dei propri dipendenti attraverso chat e canali social cui tutti sono assoggettati: una specie di strategia del terrore che insegue chiunque tenti di uscire dal dettato, rigido, della cultura aziendale totalmente aliena e alienante, dove simpatia e antipatia diventano termini irriconoscibili, tratti di un'umanità schiacciata dalla stessa storia che ha contribuito a scrivere.

Leggendo la lettera di Marco capisco meglio chi se ne vuole scappare da questo mondo, magari andando a fare il pastore di capre d'alpeggio: il problema è che non possiamo trasferirci tutti in una malga in montagna perché rimane aperta la domanda di chi produrrebbe il necessario per la sopravvivenza se tutti scappassero da questo nuovo manicomio.

Se Marco ha ragione, le profezie di Bill Gates e degli scienziati potrebbero apparire confortanti. Ma non credo affatto che sia così.

La questione non è sapere come e quanto lavorare e a quali condizioni, ma come vivere e a quali condizioni. Non si può reagire come un bambino che fa i capricci davanti a una vetrina di giocattoli pretendendo che il suo desiderio sia esaudito, è necessario un passaggio di responsabilità per cambiare ciò che abbiamo contribuito a creare.

Rimango ancora in ambito economico per spiegarmi. Ho ascoltato spesso in tempi recenti alcuni economisti parlare della bizzarra teoria del «rischio zero». Se n'è cominciato a parlare soprattutto durante la pandemia a proposito dei vaccini e del loro uso in ambito pediatrico.

Anche molti manager e non poche aziende hanno perseguito spesso la chimera dell'assenza di rischio, come se lo sviluppo economico potesse coesistere con l'assenza di azzardo.

L'elisir del «rischio zero» non fa parte di alcuna impresa né commerciale né scientifica né personale. Eppure in tempi recenti si è trasformata da fantasticheria a pretesa. Quando si faticava per ottenere qualcosa, probabilmente in molti sognavano un'esistenza nella quale tutto era garantito, ma invece che una chimera è apparso un incubo. Un imprenditore che non è intraprenditore ha sbagliato mestiere.

Anche in campo educativo si è assistito a questa strana mutazione. Se un tempo allevare i propri figli significava non poter prescindere dalla consapevolezza che con la crescita essi avrebbero dovuto affrontare una percentuale inalienabile di incognite sul loro futuro, ora sembra che i genitori ambiscano a fare per i loro ragazzi un'assicurazione sulla vita.

Se le previsioni di Marco sono attendibili, abbiamo tutto il tempo per evitare l'apocalisse esistenziale. Ci vuole coraggio a cambiare, ma ce ne vuole ancora di più a evitare di farlo.

Fallire è ovvio, omettere i rischi è fallimentare.

37

I sonnambuli camminano verso il baratro

L'ultimo rapporto proposto dal Censis, il 57°, contiene una visione che, per una volta tanto, dal momento che l'istituto di ricerca si è sempre distinto per capacità di sintesi e prospettiva positiva, assomiglia a un orizzonte sinistro. «Siamo un paese di sonnambuli: apparentemente rigidi, ma ciechi di fronte ai presagi. Ci sono dei processi sociali ed economici che sono largamente prevedibili nei loro effetti, ma rispetto ai quali non si prendono decisioni utili ed efficaci. Il caso emblematico è la radicale e profonda transizione demografica che stiamo vivendo. Eppure questa questione è stata a lungo rimossa oppure affrontata con un certo fatalismo, con la scusa che riguardi tutte le società occidentali opulente. E invece non è così» ha detto il direttore del Censis Massimiliano Valerii presentando l'annuale rapporto sullo stato dell'economia e del benessere sociale del nostro paese nel 2023.

In gran parte, questo paesaggio è riferito alla classe dirigente incapace, a dire dei ricercatori, di costruire un sentiero opposto a quello che porta all'autodistruzione. Il rapporto si sofferma sulle paure degli italiani, da quella che nasce dall'emergenza climatica a quella energetica, da quella legata all'inconsistenza della protezione pensionistica al disfacimento del servizio sanitario nazionale. E analizza anche ciò che questi timori producono, come il già citato, vistoso calo demografico che porterà, nel breve volgere di qualche anno, a un saldo negativo di circa quattro milioni di cittadini. Eppure, c'è chi ha criticato questo lungo *cahier de doléances* del prestigioso istituto di ricerca arrivando ad affermare che ritirarsi nel privato – pensando che tutto ciò che è al di fuori di quella sfera possa essere pericoloso o, se va bene, insulso – faccia parte di un comportamento meritorio, quasi evoluzionistico.

Secondo qualcuno, hanno fatto così i nostri antenati quando si sono chiusi nelle loro grotte, senza pensare però che l'hanno potuto fare perché c'era stato chi tra loro aveva inventato il fuoco e la ruota, e che sono sopravvissuti alle catastrofi epocali generando molti figli, quindi credendo in qualche modo nel futuro. L'esatto contrario di ciò che sembra contraddistinguere le scelte attuali di una parte considerevole di cittadini.

Liquidare la metafora del sonnambulismo con una battuta di sufficienza mi sembra un po' superficiale, anzi è come ammettere involontariamente che confusione e smarrimento rappresentino davvero una caratteristica sociale con cui siamo, volenti o nolenti, costretti a fare i conti.

Una signora di Como mi scrive da Tenerife, dove è andata in vacanza con la sua famiglia. Esperienza molto istruttiva.

Mi descrive una scena apocalittica con bambini col pannolone lasciati per ore davanti a uno schermo, giovani coppie che spingono lungo la spiaggia passeggini da cui spuntano cani infiocchettati invece di pupi sorridenti.

È una forma di ritiro sociale (certo non soltanto italiano)? A me sembra un affresco dell'assurdo come quelli che raffiguravano la decadenza dell'impero romano con l'imperatore e i suoi dignitari distesi sui triclini e tante giovani schiave che li nutrono posando sulle loro labbra grappoli d'uva. Mentre i «barbari» erano già alle porte. O come le tavole allegoriche dipinte da Hieronymus Bosch dove il disfacimento di una cultura sospesa tra miseria e follia mostra il suo lato più grottesco.

Siamo come su un *Titanic* dove, mentre affonda, c'è chi chiede ancora a un cameriere di portare una tazza di tè in prima classe? Forse sono immagini eccessive o forse predittive.

La questione non è o si accetta tutto o si scappa dal mondo in preda al panico, o ci si lascia sbranare dalla tecnologia o ci si rifugia su una montagna sacra solitaria. Forse c'è di più, la responsabilità che parte dall'onestà di guardare la realtà, non dal chiudersi in casa mettendo i sacchi di sabbia alle finestre, come cantava Lucio Dalla. La critica è parte della soluzione e non un ostacolo. Criticare la critica significa solo far avanzare più velocemente le tenebre.

I sonnambuli, per definizione, vagano nel buio senza sapere cosa accade, quindi bisogna accendere una luce. Chi lo deve fare? Non esiste, per fortuna, una classe dirigente deputata a modificare un futuro sgradevole. Il compito è per tutti, cominciando dagli adulti che hanno creato questo mondo dove dovranno vivere i più giovani. La luce è ricerca, ma anche provocazione, critica.

Il Censis parla di sonnambuli, qualcun altro di zombie, ma il quadro non cambia molto, si tratta pur sempre di sfumature. Non è una tragedia, ma un'allerta. Se si reagisce coprendosi occhi, orecchie e bocca, prevarrà l'egocentrismo e il rischio sarà perire sbattendo contro qualche parete o mobile.

La prospettiva di una comunità non si migliora schiacciando il grillo parlante, ma ascoltandolo: forse qualcosa di giusto lo sta dicendo.

38
Intelligenza artigianale

Credo che dovremmo fidarci di quelli bravi, e il professor Maurizio Corbetta, ordinario di neuroscienze all'Università di Padova e membro dell'Accademia dei Lincei, i cui lavori scientifici sono tra i più citati al mondo, certamente lo è. In un'intervista su «Repubblica» del febbraio 2024, ha affermato: «L'intelligenza artificiale svuota il nostro cervello». Il che non significa pensare che questa nuova e straripante tecnologia non possa produrre effetti straordinari sulla nostra vita quotidiana, ma semplicemente che l'esortazione è pretendere di continuare a ragionare con la propria testa e non con gli algoritmi degli altri.

Sono nato per avere opinioni e non vedo perché dovrei farne a meno proprio sul più bello, ovvero rinunciando a vivere pienamente questo momento di cambiamenti epocali.

Del resto le parole del professor Corbetta non sono una battuta a effetto, ma una traccia che riporta le conclusioni di lunghe ricerche svolte in Europa e negli Stati Uniti.

Il tema si ripete. Se uso un traduttore iperveloce – ogni giorno se ne inventano di incredibili –, ottengo un risultato altrimenti insperabile: posso utilizzare lingue che conosco superficialmente o affatto e ottenere un lavoro impeccabile in un battibaleno. La questione, tuttavia, non è misurare il risultato nell'immediato, ma sul medio e lungo periodo.

Quindi la domanda è: come sarà l'uomo fra qualche anno, quando quasi tutte le sue attività mentali saranno supportate o sostituite da una tecnologia digitale e dall'intelligenza artificiale generativa? E poi, se il cervello progressivamente si svuota, come e chi provvederà a ridargli nuove funzioni? Chi inventerà l'innovazione?

In altre parole: ciò che ci si guadagna è chiaro, ma non altrettanto ciò che si perde. E non mi si dica che ragionare in questo modo significa essere contro l'innovazione o conservatori.

Era previsto, ampiamente annunciato. Un'apparizione quasi divina. Presentato in pompa magna a giugno 2023 a Cupertino, California, ora è finalmente in vendita, prima negli Stati Uniti e da poche settimane anche da noi. Parlo del visore della Apple, in gergo commerciale «Vision Pro».

Il costo non è per tutti (circa 1700 euro), ma c'è da credere che a breve si abbasserà ed entrerà in una prossima offerta commerciale imperdibile. La pubblicità imperversa infatti già nelle televisioni e sui social media. È il nuovo software coniugato con un nuovo hardware. Una sorta di grande maschera da sub che si deve posizionare sopra il naso e fissare dietro la nuca, e che, collegata con una rete wi-fi, permetterà a chiunque la possiederà di accedere al grande lunapark della rete. Per ora ha un piccolo limite, la scarsa autonomia delle batterie, ma quando questo dettaglio sarà superato si potrà indossare il visore ovunque, persino in mezzo a un prato. Il paesaggio sarà presto popolato da persone che indosseranno la nuova tecnologia a 4K, stereospaziale. Anche le scuole si adegueranno: una classe di ragazzi e ragazze che si godono una lezione impartita da un professore che magari siede a 6000 chilometri di distanza o un tutorial per imparare l'algebra.

L'uso delle mani gradualmente scomparirà a vantaggio di un apparato neurologico centrale in grado solo di far funzionare un umanoide che farà ciò che non saremo più in grado di fare. L'episodio del bambino che impara a riparare un proprio giocattolo, ricordato da Fresco, semplicemente non avrà più senso.

E il viaggio? Che senso avrà fare la fatica di intraprenderlo? Perché mai bisognerebbe andare alla ricerca di una spiaggia nel nordest del Brasile? Basta stare seduti su una poltrona, indossare il «Vision Pro» e godersi il panorama prodotto dai falsari del web.

Un giovane imprenditore di un'azienda che sviluppa IA generativa sostiene che questo progresso è «inarrestabile»: mi è sembrata quasi una minaccia. Credo che la storia dell'umanità sia piena zeppa di tentativi e di errori, e che tutto dovrebbe essere progettabile e correggibile, non dato per acquisito. Anche le macchine totalmente elettriche, che rappresentavano solo qualche anno fa un mantra, adesso stanno attraversando un periodo di «riflessione».

È giusto guardare a un progresso che non si fermerà qui, ci vuole massimo rispetto per il futuro.

Ho letto dei nuovi prodotti confezionati dal magico mondo delle tecnologie digitali. Si chiamano «Humane» o «Rabbit». Osservo il filmato che illustra le capacità del primo device. È una sorta di spilla che comunica con il suo possessore, invia messaggi leggibili sul palmo della mano, rimanda suoni, consigli avvertimenti. Humane sa tutto del suo proprietario e anche di più. Nel filmato pubblicitario a un certo punto la ragazza che lo indossa si reca in un bellissimo mercato di frutta e verdura, i prodotti sono invitanti, esotici, colorati. Lei ne fissa uno: è un frutto bitorzoluto, color rosa intenso. Lo prende in mano e chiede a Humane quanto zucchero contiene. Immediata la risposta e il successivo suggerimento di evitare di comprarlo per questioni di dieta. Perché Humane sa bene quante calorie devi assumere al giorno e, conseguentemente, ti consiglia o ti sconsiglia il da farsi.

Mi chiedo cosa sarebbe successo se invece di un frutto la ragazza avesse trovato un ragazzo che magari era in contrasto con alcune caratteristiche che l'IA della giovane aveva immagazzinato per lei (avendole desunte da milioni di informazioni pervenute da telefonate, mail, acquisti...). Certamente Humane l'avrebbe dissuasa da quell'approccio esattamente come aveva fatto con il frutto esotico. E quella ragazza a quel punto che cosa avrebbe fatto? Avrebbe seguito i consigli dell'IA oppure avrebbe avuto il coraggio di derogare alle magiche regole algoritmiche?

Il problema non riguarda solo e soltanto il depauperamento delle nostre capacità cognitive e manuali, ma delle libere scelte. In altre parole la nostra capacità di non essere prevedibili, ovvero di seguire il libero arbitrio, rischia di andare in fumo. Che fine faranno la provocazione e il senso stesso della sfida, se il rischio è di diventare degli esecutori mentali?

L'artigianalità sarà sostituita da una serie di scelte obbligate all'interno di un inventario preparato da un cervellone con miliardi di miliardi d'informazioni? Come se un pittore, non essendo più in grado di tenere in mano un pennello, dovesse chiedere a Humane che cosa potrebbe inventarsi di dipingere e in meno di un secondo pretendesse di ricevere la risposta. Sarebbe così entusiasta di quell'opera?

Non vorrei invocare una nuova, stucchevole gara agonistica tra intelligenza artificiale e artigianale, ma nemmeno vivere senza sapere chi potrebbe incorniciare a modo il prossimo quadro che acquisterò.

39
Vite artificiali

2034, in una città qualsiasi, a un piano qualsiasi di un condominio qualsiasi. È sera, si avvicina l'ora della cena. Un signore entra in cucina dove su una mensola è appoggiata una stampante alimentare 3D. Prende dal congelatore un sacchetto contenente una polvere del colore di un'arancia. La versa nel contenitore e imposta tutto con il suo smartphone, poi raggiunge la moglie sul divano. Guardano una serie televisiva, aspettano di sentire il segnale di una suoneria (è stata impostata come «musica hawaiana», che dona pur sempre un tono esotico, oltre a far fare un gran figurone). Lui scatta in piedi e a passo lesto torna in cucina perché sul display è comparsa la scritta che entrambi aspettavano. La cena è pronta, basta estrarre dal frigo (anche quello connesso con lo smartphone e dotato di telecamerina che inquadra i prodotti che ci sono all'interno e avvisa di eventuali mancanze, a loro volta segnalate da un programma di IA che costantemente tiene a bada i valori ematici dei proprietari) una bottiglia di liquido arancio (in tono con il prodotto appena «stampato») assolutamente insapore, ma contenente tutte le vitamine, i minerali e le proteine possibili e immaginabili. Quelli «giusti», opportunamente emulsionati.

Non si chiama carne, nel senso che non è una fettina di vitello o di pollo, tutta roba antica, del secolo passato. Ora, nel 2034, anche per evitare di mangiare animali (non tutti per la verità, perché gli insetti potrebbero rientrare nella lista del cibo consentito), si consumerà una poltiglia di eco-carne o eco-pesce o eco-cavallette, scolpita e cucinata perfettamente da una stampante 3D, morbida, di giusta consistenza per essere tagliata con una forchetta (il coltello è anch'esso un brutto retaggio del passato) e inghiottita con l'aiuto del bibitone appena stappato.

Non ci sono né tavola imbandita, né bicchieri, né piatti di ceramica. Si mangia sdraiati sul divano appoggiando il cibo su una finta porcellana (è di cartone riciclato, però è una riproduzione del corredo degli avi con tanto di ghirigori blu). Tutto deve assomigliare ma essere differente. Una vita facsimile, uno scherzetto del progresso e dell'innovazione. Tutto corretto, soprattutto politicamente corretto, compresa la dieta personalizzata. Ma con un piccolo difetto, minimo.

Cenare, mangiare significherà soltanto nutrirsi, ma per farlo in maniera perfetta occorrerà che dall'atto di cibarsi sia stata asportata qualsiasi emozione. Non è un caso che già oggi non vi siano più osterie, ma solo enoteche raffinatine e linde, e pure identiche l'una all'altra perché progettate dallo stesso studio di design.

L'osteria – il magnifico «bacaro» della mia giovinezza – è un luogo «lordo» per eccellenza, non nel senso di sporco ma di arricchito di una tara emotiva, perché usato dagli avventori, riempito dai loro racconti, bicchierate, sogni irrealizzabili, amori finiti, risate a crepapelle. Se quella serranda chiude, significa che forse se ne apre un'altra, ma non necessariamente piena del vecchio significato emotivo e consolatorio. Forno a microonde di ultima generazione e stampante 3D saranno al posto di una ricetta inventata di sana pianta o, meglio, di quella geniale strategia culinaria basata sul riuso, ovvero la cucina degli avanzi. Ricordo il retrobottega dell'antica salumeria Giusti a Modena, dove la moglie del proprietario mi cucinò un piatto strepitoso: polpette di pasta e fagioli «vecchia» di due giorni (quindi rassodata al punto giusto) annaffiate da un Lambrusco speciale e tanti aneddoti di quella città e quella gente gaudente. Indimenticabili la cuoca, il mitico salumiere, l'invenzione prosperosa («qui non si butta via niente»), quell'ambiente che sapeva di sorpresa per pochi amici, per cui tanti facevano a gara per prenotare quattro sedie di paglia.

Si suole dire che ognuno di noi è ciò che mangia. E questo rischia di essere un bel problema per il prossimo futuro. Io vorrei essere un risotto e penso, almeno in parte, di esserlo, visto che rappresenta non tanto un piatto ma una terra, una radice, una provenienza: orgogliosamente la mia. In alternativa potrei essere anche dei bigoli in salsa, per i chili che ne ho mangiati con i miei amici storici, in quella trattoria «giusta» dove il proprietario teneva sempre un tavolo per noi.

E se il politicamente corretto culinario dovesse riempire le mense di cibo artificiale, che ne sarà di quelle chiacchiere, di quei commenti, di quelle battute che accompagnavano una pentola dove era appena stato mantecato un risottino comprato da un coltivatore magistrale di Vercelli o della bassa veronese? Non rischieranno di essere falsificate anche loro come quella cultura secolare e magistrale?

La vita artificiale sa di inganno, anche quando non si parla di cibo. Io preferisco l'autentico, magari un po' sbagliato, forse perfino un po' scotto.

40
Elogio di un salumiere e di un portico

Ci sono dati economici che, pur essendo almeno in parte negativi, disegnano un futuro non necessariamente sgradevole. Ho letto che negli ultimi tempi la grande distribuzione è entrata, almeno in parte, in un ciclo di crisi (non ignoro che il processo è lento e che ancora assistiamo a inaugurazioni faraoniche in qualche periferia metropolitana, però si tratta comunque di progetti che hanno subito un lungo iter burocratico per cui i piani iniziali si sono dovuti confrontare con le nuove e diverse esigenze di mercato).

Sono dati che mettono in risalto una piccola, ma interessante tendenza: forse è iniziato il declino delle aree commerciali più imponenti, forse, e sottolineo forse, proprio quelle che esercitavano, già dalla loro comparsa alla fine degli anni Cinquanta, un'attrazione fatale sulle masse, tanto da decretare la fine dei negozi di vicinanza e, con essi, di una piccola – non certo nel senso macroeconomico – comunità che viveva tra casa, ufficio o fabbrica, negozi, bar e qualche altro servizio a portata di passeggiata.

Non vi è dubbio, però, che da quando i negozi sono diventati un unico, enorme luogo dove si trova di tutto o quasi, le città sono molto cambiate anche perché, soprattutto nei centri storici, sono abitate sempre meno da residenti e sempre più da turisti da B&B che cercano non certo il negozietto sotto casa ma locali dove si vende pizza al taglio e baretti per gli aperitivi.

In quei lontani anni era nato un nuovo rito pagano oltre allo stadio o alla bocciofila o alle arene cinematografiche estive: il supermercato trasformato poi in centro commerciale, in cittadella del consumismo che includeva qualsiasi altro esercizio, abbastanza anonimo anche se efficiente. Non era comodo solo per la spesa, ma anche per fare un conveniente pieno di benzina alla macchina, per mangiare una pizza e bere una birra, per vedere l'ultima novità in fatto di utensili e di elettrodomestici. Per decenni il fine settimana è stato il tempo della «scampagnata all'ipermercato» con tanto di nonna, figli e nipoti. Tutto a portata di mano, a miglior prezzo, pronto da caricare in auto, e i sabati o le domeniche in famiglia erano già finiti.

Se poi sotto casa non c'era più nemmeno un posto per comprare un bottone o un litro di latte, pazienza, ne guadagnava l'economia di scala.

Il prezzo pagato a vantaggio dello sconto sul bancone del supermercato era ovvio, ma per molti trascurabile.

Ricordo bene i negozi di alimentari della mia infanzia e adolescenza. Ogni trasloco ha imposto un cambiamento di quei luoghi. Il primo vicino alla linea di un tram a Torino, il secondo in una piazza piena di nebbia a Padova e poi il terzo sotto un portico. L'ultimo salumiere me lo rammento più nitidamente, portava la matita sopra l'orecchio e la usava per annotare la spesa che avrebbe consegnato a mia madre. Era simpatico, si diceva che non avesse moglie né figli, ma ciò che contava per me era una magnifica motocicletta Laverda con cui faceva grandi viaggi in estate quando abbassava per un paio di settimane la saracinesca. Così almeno mi raccontava.

Mi piaceva accompagnarci mia madre la sera, dopo i

compiti. Mi attraeva quel luogo con tanti prosciutti appesi e altri insaccati che non conoscevo ma che profumavano quell'ambiente di muffa e grasso. Un odore familiare che mi assaliva non appena si spalancava la porta a vetri della salumeria. E poi la distesa di formaggi sotto una vetrina bombata illuminata da neon da officina.

«Buonasera signora, il solito?» era l'esordio del breve tempo degli acquisti serali. «Non vuole assaggiare anche un pezzo di Asiago? A suo marito piacerebbe, una volta l'ha preso...» aggiungeva morbido, con quella cantilena veneta un po' da imbonitore che sa come trattare le signore prima di cena. Alla fine mia madre allungava la lista e ringraziava pure. Non eravamo quasi mai soli in quella bottega, capitava di incontrare signori e signore imbacuccati per il freddo o sudati per l'afa. Quasi sempre si conoscevano tra loro e parlavano o facevano domande a mia madre o a me dicendo che ero cresciuto, che mi ero fatto grande... tutte cose che naturalmente mi davano un grandissimo fastidio, ma che non riuscivano a rendere quel locale meno curioso ed eccitante; e poi, comunque, c'era sempre la motocicletta parcheggiata sotto il portico ad aspettare il suo cavaliere che sapeva di prosciutto e formaggio e che l'avrebbe portata chissà dove, forse al Polo Nord.

Ogni salumeria aveva la sua storia, la sua ospitalità romantica, inzuppata di forme e luci e chiacchiere e saluti e complimenti alle creature che crescono sempre come i fiori.

Ci saranno state tante ragioni per far abolire quelle affabulazioni caserecce e abbassare quelle serrande simpatiche, ci avrà anche guadagnato il mercato, i prezzi saranno stati calmierati. Forse le persone non si saranno dispiaciute troppo di rinunciare a qualche etto di prosciutto che aveva un nome, quello della provenienza, del colore e della quantità di grasso, quello di chi lo tagliava con le magnifiche affettatrici rosse come le Ferrari, ma che giravano lente e smaglianti come spade arrotate di eroi rinascimentali. E un paio di giri in più non mancavano mai e neppure quel «buonasera, signora, omaggi a suo marito...» aggiunto alla fine, un po' melenso, prima di rientrare di fretta a casa perché papà sarebbe arrivato da un momento all'altro.

E se ora che, per strane questioni economiche, qualche immensa area commerciale – con le sue offerte imperdibili annunciate tra divisori affollati di gente che non si saluta ma alla peggio si scontra con il carrello – si restringe un po', qualche bottega dovesse riaprire e qualche abile salumiere tornasse a proporre formaggi e ricotte, burro e tonno nel vaso grande di vetro, che male ci sarebbe? Forse aprirebbe di nuovo anche qualche edicola o una latteria dove fanno il cappuccino senza cialde di alluminio.

Sarebbe bello rieducare i giovani a rispondere alle domande del salumiere, a tornare a salutare quando si entra o si esce da un luogo finalmente odoroso, e sarebbe perfino allegro, li farebbe forse ricominciare a sorridere a una persona.

In un grande magazzino, non si saluta quando si entra e tantomeno quando si esce, con quelle buste enormi di plastica che devi solo sperare che reggano fino al bagagliaio della macchina. E i bambini non vengono importunati da nessuno che dice che sono cresciuti e che stanno diventando grandi. Chissà, forse va bene così. O forse no e certe crisi, a vederle da dentro, non sono poi così negative. Ci indicano che il prezzo di un non saluto e di un formaggio che nessuno ti ha consigliato è troppo alto per gli umani.

Nei miei ricordi ci sono ancora quei luoghi che aspettavo alla sera. Ci sarà stato anche qualcuno che entrava e guardava sotto la vetrina bombata il formaggio che costava di meno, qualcuno o qualcuna che diceva «basta, basta, va bene così... grazie» dopo appena due o tre giri di quell'affettatrice luccicante come una macchina da corsa.

Certo che ci saranno stati e anche loro avevano bisogno di essere salutati magari per nome, senza omettere «il solito, signora?», ovviamente.

Troppo romantico? Forse, ma sempre meglio di essere cinico.

Quando torno nella città dove ho trascorso la mia infanzia e giovinezza non vedo l'ora di passeggiare sotto un portico. Invenzione urbanistica geniale. Permette di non prendere la pioggia, di non soffrire troppo né il freddo umido né l'afa, di riuscire a sgranare la nebbia, di creare posti per innamorati e per bambini che possono fare una corsa senza il pericolo di essere investiti da una macchina. Ma se sotto quei portici non ci sono vetrine, colori, gente che entra e che esce con qualche busta in mano, che senso hanno, a chi servono? Se non c'è più una Laverda bianca messa sul cavalletto e nemmeno due morosi che si baciano sperando di non essere visti, perché li hanno costruiti?

Non molto lontano da quella moto c'era un carretto con frutta e verdura. Lo spingeva un signore molto basso di statura che, dopo averlo parcheggiato sotto un occhio di portico, si sedeva su uno sgabello ad aspettare un avventore. Era burbero e di poche parole, ma mi faceva lo sconto se compravo più di una patata americana bollita. Erano fredde e livide, ma straordinarie mangiate con un filo di marmellata. Le metteva in un sacchetto di carta che portavo subito a casa sperando che quella cena potesse finire con una fetta del tubero grigiastro. Era la gioia di una corsa sotto le abitazioni di gente che aspettava la sera.

Storie di portici e di qualche vivente, personaggi di un'esistenza che stava crescendo in quell'ombra, tra quelle parole in dialetto, raccomandazioni e divieti. Stratificazione di una memoria meravigliosa.

41

Scusate se non sono razzista

L'ex presidente degli Stati Uniti d'America, Barack Obama, in un intervento televisivo di straordinaria efficacia e lucidità riguardo all'attuale guerra tra israeliani e palestinesi, ha detto che tutti vogliono avere la ragione e pensano che la verità sia sempre dalla loro parte, ma si sbagliano: mai come ora abbiamo bisogno di tutte le verità e non di una soltanto.

Dopo millenni di storia, l'umanità ha forse compreso che la verità non è e non può essere una sola, e che la possibilità di mantenere questo pianeta lontano dalla sua stessa distruzione dipenderà dalla nostra capacità di ascoltare le verità senza idolatrarne nemmeno una.

Michel Foucault, tra i più illuminati interpreti della storia del pensiero umano, nell'ultimo periodo della sua vita ha inseguito un'ossessione: la parresia. Aveva dedicato a questo tema le sue famose lezioni americane tenute all'università californiana di Berkeley. Si chiedeva quanto la necessità di poter attingere a una verità fosse cambiata nei secoli e cosa ci saremmo dovuti aspettare nella contemporaneità.

La storia dimostra che la verità è sempre stata appannaggio di un Dio, di un sacerdote, di un messia, di un tiranno, di un despota, di un profeta, di un leader politico o sindacale, di un guru. La si declinava davanti a folle di credenti, invasati, timorosi di Dio. Ogni luogo della terra ha ascoltato parole di certezza, grondanti sicumera. Tutte le epoche hanno conosciuto pulpiti, altari, piazze, deserti ove volavano speranze e manipolazioni. Per secoli era la voce a trasmetterla, poi i microfoni e le radio, quindi le televisioni e i satelliti, infine la magica rete digitale.

Fino agli anni in cui Foucault incantava gli studenti californiani ed europei – parlo degli anni Ottanta – la parresia era un concetto tutto sommato limitato, quindi controllabile. Ma poi la verità, all'epoca della sua riproducibilità tecnica, si è moltiplicata, permettendo a una grande parte della popolazione di credere in uno, mille, milioni di punti di vista che, a loro volta, influiscono sul pensiero di altri, modificandolo. Così, invece della speranza si è fatto avanti un diverso sentimento: lo sconcerto, la disillusione.

I social media sono costruiti pretendendo, ognuno per sé, di rappresentare la parresia del momento. La verità che da sempre era diffusa come imperitura oggi ammette di essere caduca, una specie di fast food per l'affamato o l'affamata che però non ne limita la potenza espansiva, manipolandola costantemente.

L'intelligenza artificiale, paradossalmente, rende questa ricerca di senso ancora più complicata e autoreferenziale. Ogni verità si costituisce oggi come inevitabile bisogno di autodifendersi, quindi deve trovare parole forti, slogan seduttivi.

Tuttavia ci si scorda che quando la verità diventa ideologia inganna se stessa.

È, infatti, curioso dover realizzare che proprio all'indomani della diffusione di strumenti di comunicazione di massa, mai così sofisticati, la cultura tende, invece di essere inclusiva, a diventare sempre più intransigente, rasentando quasi nuove forme di intolleranza.

Parlo della *cancel culture*, basata sull'idea, o pretesa, di cancellare chi non la pensa come il famigerato *mainstream*. Parlo della *woke culture*, che letteralmente significa «sveglia». Una nuova cultura che si sta diffondendo soprattutto negli Usa, in diverse università tra le quali la Columbia di New York, ma anche moltissimo in Europa, Italia compresa, naturalmente.

Federico Rampini sul «Corriere della Sera» del 2 marzo 2024 ha intervistato una giovane donna italiana, trasferitasi nella Grande Mela da alcuni anni, che ha dovuto patire difficoltà di ogni genere per continuare i suoi studi e la scuola di perfezionamento per diventare assistente sociale. Il motivo? È bianca. E nulla conta della sua biografia, nemmeno l'impegno, già dal tempo della pandemia, ad aiutare senzatetto, tossicodipendenti, emarginati della metropoli. Secondo le nuove culture emergenti, è come se dovesse pagare un «dazio» per il solo fatto di essere bianca, quindi possibilmente discendente di quella disgraziata cultura razzista e discriminatoria che ha infestato il Nord America negli ultimi secoli così come il Vecchio Continente.

Eppure, nonostante l'evidenza di una responsabilità storica che peraltro non dovrebbe opprimere chi è venuto da un altro tempo e da altri mondi e ha cercato, con fatica, altre radici culturali rescindendo le proprie, mi chiedo da dove arrivi questa visione sadica che impone a una ragazza impegnata da anni con i diseredati della metropoli di sentirsi in colpa per il fatto di essere «ariana»; il suo curriculum perde incomprensibilmente valore, secondo queste nuove teorie neoclassiste che le impediscono uno sviluppo di carriera in quanto marchiata dall'appartenenza alla «genetica bianca», termine di per sé orrendo. Come se a battersi per i diritti dei dannati della terra dovessero essere, peculiarmente, solo altri dannati della terra: una forma di accettazione per esclusione.

Insomma, la famigerata apartheid sembra rovesciata.

Non importa ciò che fai coerentemente con il tuo pensiero, perché il difetto è alla radice, dunque imprescindibile. Naturalmente non parlo solo del colore della pelle, ma anche di opinioni religiose o politiche. Sul dannato conflitto tra Israele e Palestina, se si volesse oggi organizzare un dibattito all'università, si dovrebbero obbligatoriamente invitare rappresentanti filopalestinesi e israeliani filopalestinesi e poi qualcuno che incarni il pensiero di Hamas, così ci ricorda Federico Rampini. Francamente non so cosa ci sia di attraente in un dibattito che non mette a confronto scuole di pensiero diverse, ma considera un unico punto di vista. Non discuto delle singole posizioni, che potrei ritenere terribili per la mia sensibilità e visione, ma lotterei perché fosse rappresentato il contrasto, non la sua negazione ideologica.

Questo porta, e porterà in un vicino futuro, a una sorta di autocensura: chi non è credibile per etnia o posizione politica, se vuole lavorare, scrivere, parlare in televisione o sui social media, deve «castrare» preventivamente il proprio pensiero. Altrimenti il rischio è l'allontanamento, l'isolamento. Ciò sta già pesando su molte università, dibattiti pubblici, festival letterari, trasmissioni televisive anche in Italia, dove tira un'aria di omologazione e di schieramento dicotomico più che di libero raffronto, anche in ambienti dove ci si aspetterebbe ben altro approccio, libertario, per esempio.

Quel che si fa fatica a comprendere è che siamo, in qualche modo, tutti razzisti, soltanto che nessuno vuole ammetterlo. Questo è il tempo in cui trionfa l'egocentrismo, ognuno tende a conservare il proprio orto e ad alzare sempre più la siepe pur di non vedere e non sapere. Si fa sempre più fatica ad ascoltare l'altro, a proporre il proprio pensiero senza aggressione e con gentilezza. Il metodo del confronto è sempre più contradditorio: si parla della violenza attraverso atti di violenza. Se le culture diventano staccionate dietro le quali ci sentiamo più sicuri perché le nostre relazioni avvengono solo e soltanto tra omologhi, la democrazia rischia di diventare un ricordo e le future generazioni dovranno e potranno scegliere solo fra una tirannia del pensiero e un'altra.

Che peccato! Avevamo fatto così fatica a pensare alla libertà e a declinarla nella nostra quotidianità, e ce l'hanno subito confiscata con il politicamente corretto, con la cultura della cancellazione.

Il mestiere di psicoterapeuta mi ha insegnato a temere il tratto di personalità rigido in quanto antesignano di intolleranza, di violenza, di indisponibilità al cambiamento. Si tratta di una strategia di difesa, non certo di un talento innovativo. Ciò porta a una cecità paranoica in cui trionfa il conformismo. Per pretendere di «smuovere» qualcosa nei luoghi della nostra esistenza, occorre essere «mossi» dentro, ovvero ciò che molti temono perché significherebbe essere capaci di uscire da una «staccionata» interiore per correre liberi.

L'università, nella sua interpretazione più metaforica, è accoglienza, scambio, abbattimento di divisioni, curiosità reciproca. Nasce dal verbo, molto francescano, «accompagnare» che significa «mangiare pane assieme». Ma il santo pensava a persone diverse sedute al tavolo, non voleva parlare soltanto a se stesso.

Gli stereotipi sono stati il bersaglio di un cambiamento per cui faticosamente generazioni di giovani si sono battute, non sempre coerentemente. Berkeley era il campus di «fragole e sangue», di una generazione che ha messo l'amore, la libertà e l'uguaglianza nelle proprie poesie, nelle proprie canzoni, nelle proprie esistenze.

Nessuno pensava che, a cominciare proprio da quelle terre, un bianco non potesse ripudiare – uso volutamente un verbo che appartiene alla nostra Carta costituzionale – i colonizzatori, i padroni dei campi di cotone, i nazisti e i fascisti di mezzo mondo. C'era speranza in quell'empatia collettiva. Sarebbe un problema se non ci si volesse più nutrire di quelle utopie.

Mi sembrerebbe molto triste dovermi scusare se, nonostante il colore della mia pelle e i miei remoti retaggi storici, non sono voluto crescere ariano e razzista.

42

Lottare contro il nazismo non vaccina contro l'orrore

Ogni tanto, per fortuna, ci sono scrittori che riescono ancora a provocare, cioè a fare compiutamente e onestamente il proprio mestiere. Una pagina scritta che non promuova e non rifletta indignazione non ha molto senso.

Masha Gessen è certamente tra questi, da sempre. Intellettuale «non binaria» per autodefinizione, cresciuta in Russia e successivamente negli Sati Uniti d'America, attivista LGBT, detestata da Vladimir Putin e da Donald Trump, collaboratrice delle più note riviste liberal statunitensi dal «New Yorker» all'«Harper's Bazaar Magazine», sembra voler scegliere le parole e il tempo esatto per mettere in subbuglio l'anima di chi vuole pensare solo al proprio stato in quiete. Il suo scopo dichiarato è scuotere.

Stava per vincere un amatissimo premio tedesco, quello intitolato ad Hannah Arendt, quando la macchina organizzativa si è improvvisamente fermata. Motivo? Ha affermato sul «New Yorker», a proposito della guerra tra Israele e Palestina, che «Gaza è come un ghetto».

Tutte le idee sono opinabili, ma le parole di un intellettuale «devono» essere «sporche», nel senso di vere, coraggiose, scomode, non compiaciute e compiacenti: altrimenti, a che cosa servono gli intellettuali? E non mi sembra che a Masha Gessen manchi coraggio. La polemica in Germania è datata dicembre 2023, quindi la cifra dei morti nella Striscia non aveva ancora raggiunto i quasi 35.000 del momento in cui sto scrivendo. Parlo di bambini, donne, anziani, malati ricoverati in ospedali, oltre che miliziani. Perché una donna così coriacea, coerente nei suoi scritti, nelle sue limpide e premiate battaglie ideali, deve essere punita? Da quale profondo senso di colpa viene una tale azione censoria?

Non parlo della sola Germania odierna, che pure ha tentato di curare le sue enormi colpe e complicità con il proprio passato nazista, bensì del più vasto mondo cosiddetto «occidentale». Culture polarizzate, antitetiche ma anche sorde. Popoli che non trovano un tavolo cui sedersi, come ucraini e russi. Non credo che la parola pace significhi equidistanza: vorrebbe dire stare anche dalla parte di un invasore, di un tagliatore di teste, di chi decide di bombardare un ospedale, una casa, una folla di affamati.

Le generazioni che hanno lottato contro il nazismo prima, durante e dopo la seconda guerra mondiale forse si sono illuse di aver costruito un vaccino contro l'efferatezza, l'odio, l'incapacità di provare pietà, l'assoluta indifferenza. Invece non è stato così, credo che chi possiede un briciolo di onestà intellettuale debba riconoscerlo. E se qualcuno ha il coraggio di segnalare questa sconfitta culturale, credo che non debba essere emarginato, ma letto e ascoltato con rispetto.

Fosse davvero bastato un processo ai gerarchi fanatici e assassini a Norimberga, oggi non conosceremmo tutto il rancore che si respira in ogni dove e l'indifferenza sarebbe materia di studio nelle scuole.

Non è andata così, ma da lì occorre tornare a ragionare. Forse non abbiamo sbagliato, ma probabilmente ci siamo macchiati di un delitto altrettanto grave: quello di omissione. Forse la nostra cultura, in particolare quella italiana, si è sempre fondata su posizioni antitetiche, dicotomiche, un po' adolescenziali. In questo modo ci si illude che, se la propria parrocchia vince «contro» quella nemica, il processo di civilizzazione maturi automaticamente la propria evoluzione. Invece così non si prepara mai l'elaborazione necessaria, che è sempre più complessa di quella che vive di semplicistiche contrapposizioni. Il bianco e il nero consolano quanto l'appartenenza a una consorteria, le sfumature invece caricano di dubbi intollerabili e per questo vengono scartate dal senso comune.

È scorrendo anche le parole che irritano che si trova speranza, censurandole la si fa evaporare. Sarebbe strategico per la nostra civiltà arrivare ad ammettere che la verità non ce l'ha nessuno e ce l'hanno tutti. Per capire le radici non si deve avere paura della paura, non si può tornare a dividere le opinioni uccidendo le emozioni, altrimenti si scivola indietro.

Nessuna poetessa dovrebbe temere di essere linciata dalla morale che critica, altrimenti finiremo per strozzare la gola degli aedi.

43

Far finta di essere normali

Ho ascoltato proclamare da tanta gente che bisogna inseguire la normalità. C'è chi vi anela, chi l'ha eletta ad ambizione assoluta, metro di valutazione per capire che cosa è giusto e che cosa è sbagliato. Molti hanno talmente paura della follia, della diversità o dell'imprevedibilità che hanno scoperto di preferirle una consuetudine neutralizzata.

Non ho mai capito che cosa ci sia di così strepitoso nella normalità. Se qualcuno si innamora di una persona, agli amici che gli o le chiedono com'è questa persona non risponde «normale». Non avrebbe senso. Ci si innamora ed è un evento pazzesco, non si dorme la notte, si smette di mangiare, il cuore va a mille, non si pensa ad altro... Come fa questo trambusto a essere normale?

Vale anche per un risotto che è piaciuto, per un viaggio indimenticabile, per una lettura che ci ha sconvolti: che cosa c'entra la normalità con tutto questo? Niente, assolutamente niente.

Ricordo un racconto illuminante di Edgar Allan Poe, di cui cerco di riassumere qui il significato metaforico, andando un po' a memoria.

Parlava di due vecchi amici parigini che si incontrano a una festa. Uno è un nobile di grande successo, anche con le donne, l'altro un borghese. Il primo è nel pieno di una crisi amorosa e ha perso il suo smalto proverbiale.

All'uscita da quella casa si incamminano verso le rispettive abitazioni e il borghese, avendo notato il travaglio che sta attraversando l'amico, gli consiglia un rimedio prodigioso. «Facciamo un viaggio io e te, andiamo da quei nostri conoscenti che hanno un castello alle falde dei Pirenei… vedrai che riuscirai a scordarti il tuo dolore e sono sicuro che ci divertiremo molto e la malinconia passerà.»

«Il castello del conte di… certo che me lo ricordo, è un bel posto, forse hai ragione.» E partono l'indomani stesso.

Arrivati alla meta, proprio davanti alla grande porta d'ingresso incontrano il proprietario, che è felice di vederli anche perché ha un problema che non riesce a risolvere.

«Meno male che siete arrivati, ho proprio bisogno di voi… È successa una cosa strana. Qualche giorno fa c'è stata una scossa di terremoto, da noi non ci sono stati danni, ma giù al paese le antiche mura del manicomio sono crollate e tutti i folli sono fuggiti. Ora, questa sera avevo organizzato una bella cena, invitato degli amici per accoglielrvi adeguatamente, ma ho il dubbio che qualche folle possa confondersi nel gruppo degli ospiti. Quindi vi chiederei di osservare attentamente durante la cena e, quando tutti se ne saranno andati, di dirmi chi è il folle e chi il normale…»

Intuizione meravigliosa. Poe con ironia ci mette di fronte al dilemma paradossale: che cosa è follia e che cosa è normalità? Esiste una linea di separazione così chiara?

E chi mi sta leggendo, se fosse invitato a una cena in quelle stesse condizioni, sarebbe in grado di rispondere con certezza al nobiluomo dei Pirenei?

Probabilmente abbiamo sperato che il processo di civiltà che abbiamo voluto e inseguito ci aiutasse non tanto a risolvere quel dubbio, ma a capire di non avere bisogno di schemi rassicuranti dove una consuetudine forzata diventa non solo un porto salvifico, ma addirittura una cura. La ricerca della normalità è uno dei sintomi della mancanza di visione che ha colto buona parte di noi, anche quando intuiamo che la normalità porta all'idea di neutralizzazione della nostra unicità. Il pericolo è dietro l'angolo.

Far finta di essere normali rappresenta un antico vezzo per evitare di impegnarsi a essere se stessi: troppo faticoso, troppo compromettente. La normalità è la *comfort zone*. Meglio non raccontare chi siamo, se siamo felici o se abbiamo perso il filo. La normalità è lo strumento giusto per omettere la propria pavidità, per occultare la propria identità in un numero mediano, che non sa di nulla ma che non espone ad alcuna valutazione di sé.

La normalità, esistenza da sei meno meno.

44
Il neutralizzatore

Se qualcuno o qualcuna volesse condividere con me che le nuvole scure della neutralizzazione del nostro pensiero e della nostra azione non rappresentano una visione paranoica, ma una realtà preoccupante, potrebbe leggere volentieri queste storie accadute molti anni fa; la prima inizia in Portogallo e si compie negli Stati Uniti, la seconda, più breve, a Berlino.

Doverosa premessa alla prima. Buona parte dei riferimenti storici che sono qui riportati provengono da un libro dello psicologo americano Elliot Valenstein, *Cure disperate*, tradotto in italiano nel 1993. Si tratta di una meticolosa ricostruzione della vita professionale e personale di un uomo che rimarrà nella parte più penosa della storia della psichiatria mondiale, ma anche di un momento drammatico della nostra civiltà. Leggendola oggi se ne può facilmente cogliere il valore profetico che, in questo nostro tempo, è diventato tragicamente attuale.

Ciò che racconto è una mia libera interpretazione dell'opera di Elliot Valenstein. È la storia di un'ossessione che ci riguarda.

La vicenda prende spunto dalla prima Conferenza Internazionale di Psicochirurgia che si svolse nell'agosto 1948 a Lisbona. Il luogo non era stato scelto a caso: era un riconoscimento planetario alla città dove viveva Antonio Egas Moniz, celebre neurologo che solo pochi mesi più tardi sarà insignito del premio Nobel per la scoperta che cambierà non solo il mondo della neurochirurgia e la storia della psichiatria, ma i destini di milioni di persone affette da disturbi psichici o semplicemente diverse: per molti nel 1935, anno del primo intervento compiuto da Moniz, nacque un nuovo modo per curare le malattie mentali. Eppure quel giorno al congresso Moniz non era l'unica celebrità e nemmeno il più noto neurologo. In sala, al centro dell'attenzione scientifica e mediatica, c'era il professor Walter Freeman. Nipote (il nonno paterno è stato il primo neurochirurgo americano) e figlio di medici, nato a Filadelfia, era già, e diventerà ancor più in seguito, il più noto diffusore della tecnica della «leucotomia prefrontale», nota come «lobotomia», il cui pioniere fu, appunto, Egas Moniz, figlio ribelle di un nobile casato portoghese.

Nel 1946 Freeman aveva operato la sua prima paziente e da quel giorno eseguirà quasi 3000 interventi. Perfezionò la sua tecnica fino a trasformarla in un intervento breve, che non richiedeva alcuna anestesia.

1938. Walter, medico brillante nato e cresciuto in una famiglia benestante di Filadelfia, è nel suo studio e sta leggendo una rivista scientifica che parla di una scoperta del professor Egas Moniz. Un nuovo modo per curare i malati di mente, un'incisione suborbitale della parte frontale del cervello. Freeman è un giovane uomo ossessionato dall'ordine. Nonostante i continui litigi familiari, tiene la famiglia formalmente unita, a lui bastano le apparenze, è figlio e nipote di persone rigide che gli hanno insegnato l'amore per le scoperte della medicina, non per le persone. Walter si è laureato a Yale, ma non ha seguito le orme del padre professore di ortopedia, bensì quelle del nonno. Guarda alla neurologia come materia di certezze, eredita il distacco nei confronti di qualsiasi forma di personalità che possa interferire con un mondo diverso da quello cui lui ostinatamente vuole appartenere. Cresce il figlio con disciplina, solo la chiamata alle armi lo costringe a separarsi da lui. Al fronte, come ufficiale medico, si dedica all'osservazione degli effetti delle ferite al cranio. Sembra non accorgersi del dolore, opera di giorno e di notte con accanimento e disperazione, trascinato dalla convinzione che quella condizione di emergenza possa offrirgli l'opportunità di effettuare esperimenti che da tempo sogna. Osserva gli effetti delle ferite, prende nota, si cimenta in ciò che nessun altro chirurgo pensa di poter fare.

Torna in patria con un'idea fissa: mettere in pratica ciò che ha visto e imparato negli ospedali da campo. Intuisce che la malattia mentale è l'ambito perfetto per sperimentare, ogni cognizione in quella materia è soggettiva. Il mistero della follia, la necessità di curare normalizzando chiunque possa, con il proprio comportamento, disgregare i valori in cui è cresciuto: questo è il compito che lo guida. Studia l'invenzione di Moniz, ma ambisce a molto di più. Perfezionare un metodo che possa essere efficace, facile, poco impegnativo per una clinica, accessibile economicamente per molte famiglie.

È affascinato dall'idea che, incidendo chirurgicamente parte dei lobi frontali, si possano modificare le emozioni. Frequentando una clinica psichiatrica, convince alcuni colleghi ad affidarsi a lui per arginare le crisi violente di M.B. – 42 anni, sposata con un ricco commerciante –, cosa che nessuna cura farmacologica era stata capace di fare. È la sua prima operazione. Avviene in maniera incruenta, rapida, indolore. Walter non ha richiesto anestesia, ma due scosse di elettroshock. M.B. si sveglia dal torpore, apparentemente calma, quasi serena, il marito non riesce a credere ai suoi occhi. Walter ogni mattina all'alba va nel reparto per controllare lo stato di salute della paziente. Lei gli sorride, lui la osserva. Solo una settimana dopo la trova legata al letto: ha tirato una sedia addosso a un'infermiera.

Abbandonare o proseguire? Il marito è smarrito, prega il dottore di non lasciarlo solo. Walter sa che ha una sola strada, quella stessa ma ancor più invasiva, lo scalpello da ghiaccio utilizzato come bisturi deve entrare di più, recidere di più per placare di più.

La Conferenza di Psicochirurgia del 1948 a Lisbona lo vede accanto a Moniz, il grande maestro, il precursore del metodo. Sente di essere già conosciuto, le voci corrono, avverte di essere legittimato a continuare a sperimentare. Non è una speranza, ma una vocazione ossessiva.

Appena rientrato dall'Europa riceve nuovi inviti a operare, lui si getta con foga. Torna da M.B. e questa volta incide con più forza: il corpo della donna non cede, le emozioni scompaiono. È finalmente mansueta.

Walter capisce che deve andare negli ospedali a cercare nuovi pazienti, girare da una clinica all'altra per convincere i medici, gli psichiatri, i familiari. In dieci minuti si può cambiare una personalità, limarne gli eccessi, ridurne la volontà. Si può vivere senza commozione, turbamento, fondamentale è sopire i sintomi della follia, della devianza, di ciò che è moralmente e socialmente insopportabile. Walter è sicuro che il suo metodo sarà la cura per molti casi «disperati». Moltiplica gli interventi, diventano anche dieci in un solo giorno. Persuade un allievo ad accompagnarlo di città in città, senza sosta, non ha null'altro da fare che migliorare la sua tecnica e trovare pazienti che non devono avere nessuna diagnosi particolarmente grave, sono sufficienti un abisso malinconico, degli ostinati eccessi alimentari, comportamenti indecorosi e incongrui, qualche visione scandalosa. Per essere ovunque a disposizione di chiunque, Walter decide di comprare un camper, lucido come argenteria, convince il suo assistente a trasformarlo nella loro clinica mobile. E vanno, da Est a Ovest, dai confini del Messico alle Montagne Rocciose.

Migliaia di lobotomie, di famiglie persuase a perseguire una nuova normalità silenziosa. Città e campagne, borghesi ossessionati da troppi cambiamenti sociali, ansiosi di non essere più discriminati per ciò che combinano un figlio o una figlia troppo vivaci. Walter è la soluzione, lui porta una norma accettabile tra la gente. Non ha bisogno di nulla, solo 25 dollari e un po' di pubblicità. Il giovane allievo alla guida, a Walter non interessa molto riposare. Ha fretta, cerca spasmodicamente nuovi casi, deve annichilire la follia, sotto qualsiasi forma si esprima, anche come eccesso di emozioni.

Lungo il cammino professionale del professor Freeman si perde il conto dei pazienti normalizzati. Ragazze e ragazzi, uomini e donne colpevoli di essere diversi. Da chi? Da cosa?

Sono gli anni del grande turbamento della borghesia americana e non solo. L'euforia del dopoguerra porta a nuove minacce: libertà, sesso, droghe, fuga dalla famiglia, contestazione di padri e del potere.

Il camper del neutralizzatore correrà ancora tra un ranch e una clinica a portare la «buona pratica», a placare le ansie create da ciò che non rientra in uno schema.

Il professor Walter Freeman trova per decenni un consenso inaspettato tra molti suoi colleghi, ma soprattutto tra la gente comune, che pensa che esista un uomo che in sette minuti e con 25 dollari riesce a cancellare il dramma di una famiglia, quasi come Mr. Wolf, il risolutore di problemi in *Pulp Fiction* di Quentin Tarantino. Solo che queste non sono scene di un film geniale, ma solo storie disperate.

Non mi interessa discutere una tecnica neurochirurgica – non ho le competenze –, ma un'ossessione durata ben di più del mezzo secolo che ci separa dalla morte di Walter Freeman, avvenuta a San Francisco nel 1972.

Sì, lo so, sono cambiate molte cose da quando un camper attraversava gli Stati Uniti per anestetizzare i più fragili, ma so anche bene che i lobotomizzati sono sparsi in tutto il mondo giacché non fu certo soltanto Freeman ad attuare quell'incisione frontale. E so pure che il consenso è venuto anche da chi vedeva in quell'operazione non arbitrio, ma una forma di messianica giustizia.

Nel frattempo, però, era emersa una nuova presa di coscienza che ha creato nuove consapevolezze e generato speranze diverse. Milioni di persone hanno visto Jack Nicholson volare sul nido del cuculo e non hanno avuto paura di urlare il diritto alla libertà di essere se stessi: non solo i familiari che non potevano arrendersi a vedere i loro cari diventare persone incapaci di provare emozioni, ma anche qualche psichiatra audace e controcorrente. Era nata un'idea di rispetto della diversità che ha trovato mille altri campi di battaglia e di successo. Franco Basaglia con il suo coraggio ha tracciato una strada di rispetto e di dignità. Così è sembrato a molti, me compreso.

Eppure temo che forse non sia andata proprio così. Ciò che ha armato la mano del professor Freeman con il suo scalpello, a pensarci bene, non poteva sparire per sempre dagli incubi dell'umanità, quella ossessionata dal controllo, che adora la normalità e che desidera che qualcuno faccia il lavoro sporco della neutralizzazione. Oggi temo che la stessa impellenza di allora sia travestita con la chimica di un farmaco, con leggi repressive, culture liberticide che rinascono dall'indifferenza generale come male piante da una rovina. C'è qualcosa che va oltre, che genera incubi, soprattutto oggi.

Un mio vecchio amico e collega, Otto, mi raccontava una storia della sua infanzia a Berlino. Era ancora piccolo quando suo padre, ebreo, era dovuto fuggire dalla città e dalla Germania nazista prima dello scoppio della guerra per non essere perseguitato. Lui e sua madre, cattolica, erano invece rimasti.

Bombardamenti, massacri, poi una flebile speranza sul viso di quella donna. La guerra era finita e la città finalmente liberata. Madre e figlio abitavano nella parte di Berlino in cui era entrata l'Armata Rossa.

Una mattina presto suonano alla porta di casa. Lei si affaccia e vede un drappello di soldati sovietici capeggiati da un ufficiale. Apre, teme, trema. L'ufficiale chiede con gentilezza di entrare, Otto stringe la mano della mamma, ha imparato a diffidare di chiunque.

Il soldato si sofferma nella sala, si guarda attorno, vede una vetrinetta, chiede alla donna le chiavi e una cesoia. Dentro, la collezione di soldatini di piombo del padre. Il militare apre l'anta della vetrina, poi prende un soldatino alla volta e con la forbice gli taglia la testa. Tutti, fino all'ultimo. Infine richiude il mobile e consegna le cesoie al bambino, che guarda le teste tagliate rotolate sul pavimento.

«Adesso siamo tutti uguali» dice l'ufficiale in un tedesco elementare a Otto, e se ne va seguito dai suoi commilitoni.

La vocazione alla normalizzazione porta, come conseguenza inevitabile, alla neutralizzazione emotiva, prodromo della sconfitta dei diritti. L'ufficiale aveva compiuto un atto metaforico che cambierà per sempre il piccolo Otto. Senza testa siamo effettivamente tutti uguali. Non viene a mancare soltanto la capacità di pensare, ma anche e soprattutto la ricchezza che contraddistingue la nostra unicità, che si basa sulla possibilità di esprimere le nostre passioni, le commozioni, i turbamenti.

Non c'è bisogno di una lama che incida l'encefalo, basta molto meno. Il neutralizzatore è ovunque si vogliano limitare la personalità, la diversità di pensiero, l'espressione di sé che non sia replica dell'accettazione passiva di una cultura imperante. Il neutralizzatore è a Teheran, a Mosca, a

Pechino, a Giacarta, in qualsiasi conflitto, nella mente di despoti e di politici intolleranti, quindi anche nelle nostre democrazie, vicino, molto vicino, a casa.

Si aggira in buona parte del mondo, compreso l'adorato Occidente, un'idea di democrazia declinata in senso autoritario, che vede nella normalità l'unico criterio per giudicare idee di uomini e donne, e il loro comportamento. Il neutralizzatore fa il suo mestiere di tagliatore di teste balorde e inclini al tradimento ideale. Forse qualcuno vuole proprio questo e lo chiama «mondo di eguali», pensa che così sia meglio, e anche il mercato si giova di questa omologazione emotiva.

Meglio essere tutti uguali, normali, neutralizzati, meglio tagliare la testa all'inquietudine.

45

Ho un gran mal di chip

Stazione Termini, Roma, 1938. Un uomo dell'apparente età di 30 anni vaga nella grande sala dalla quale si accede ai binari. Non è trasandato, parla tra sé e sé, forse delira, ma non sta facendo del male a nessuno. Qualcuno telefona alla «Neuro». Era la notizia che due medici del reparto attendevano. Il paziente perfetto.

Mandano un'autoambulanza a prelevare di forza il vagabondo. Ad attenderlo ci sono Ugo Cerletti e Lucio Bini. E quel signore che non si ricorda nemmeno come si chiama sarà il primo paziente al mondo sul quale sarà sperimentato l'elettroshock. Le cronache riportano che quel signore tornò in breve tempo a uno stato di «normalità». Franco Basaglia diceva che fare un elettroshock è come dare una botta a una radio quando non prende una stazione.

Stato della California, 2023. Anche in questo caso nessuno conosce il suo vero nome, ma stavolta è la privacy a preservare l'anonimato. Di lui si sa solo che ha meno di 40 anni e che è paralizzato dalle spalle in giù. Rientra, per età e patologia, nel ristretto gruppo di volontari disposti a farsi impiantare un chip nel cervello. L'azienda neurotecnologica che ha promosso questa sperimentazione si chiama Neuralink, ha sede a Fremont, California, ed è di proprietà di Elon Musk. A fine 2023 ha ottenuto il permesso di operare dalla Food and Drug Administration, la massima autorità americana che disciplina la possibilità di applicare tecnologie o sperimentare farmaci sull'uomo, e quel signore tetraplegico è il suo primo «caso».

Pare che l'operazione, di per sé invasiva, abbia avuto un esito positivo anche se è presto per sapere se il paziente se ne gioverà, se le sue condizioni cliniche possano migliorare in maniera permanente e se ci saranno effetti collaterali da valutare. A qualche mese dall'impianto non si hanno notizie in merito, se non che è riuscito a giocare una partita a scacchi attraverso l'uso di un computer, ovviamente utilizzando soltanto lo sguardo.

Quando e se tutto andrà bene, l'operazione costerà circa 40.000 euro e potrà essere replicata. Secondo i dirigenti scientifici dell'azienda, l'impianto del chip, grosso quanto cinque monetine da un centesimo impilate, opportunamente modificato, potrà essere indicato per curare malattie degenerative come la Sla, il Parkinson, ma anche effetti di traumi sul midollo spinale, cecità e perfino, stando agli ideatori di questa tecnologia, alcune patologie psichiche come la depressione. E non solo, probabilmente.

Parlo senza alcun pregiudizio, ovvio che la sola idea di riuscire a sollevare parte dell'umanità dal terribile destino di essere relegata in un letto d'ospedale o annebbiata da una progressiva perdita di coscienza è emozionante di per sé e qualsiasi sforzo innovativo della tecnologia applicata alla medicina deve essere incoraggiato dalla politica, dall'economia e dalla cultura senza reticenze e incertezze. Però qualche dubbio sui reali obiettivi credo sia lecito.

Non ho messo i casi dell'elettroshock e del chip cerebrale in relazione fra loro per creare un effetto polemico: entrambi i tentativi terapeutici erano e sono alimentati da uno spirito caritatevole. Ma non credo sia improprio ritenere che l'impulso che ha portato a queste scoperte della scienza sia rappresentato dall'idea di controllo, oltre che di un ausilio clinico.

Il signore della stazione Termini aveva un comportamento «strano», potenzialmente inquietante per chi passava in quel luogo, quindi lo strumento sperimentato aveva l'obiettivo di sorvegliare un individuo: così, infatti, per molti decenni da allora l'elettroshock è stato utilizzato per ridurre il «pericolo sociale» e non solo per dare sollievo alla sofferenza dei singoli individui. Decine di migliaia di persone sono state sottoposte a quelle scariche elettriche in quanto depresse o agitate, ma in realtà è stata un'emotività non condivisa ad azionare quegli elettrodi.

Il caso del chip impiantato nell'encefalo ha premesse molto diverse, quanto meno per lo scopo iniziale per cui si è agito: aiutare chi è affetto da una paralisi totale senza speranza di remissione. Ma è nel fine secondario, annunciato nello stesso comunicato, che si individua un obiettivo ben diverso, quando dalla natura strettamente neurologica del caso clinico si passa a una patologia psichiatrica, ovvero i sintomi su cui si intende intervenire passano da quelli da sezione del midollo a quelli di disturbi dell'umore.

Il primo indizio di questo secondo caso viene dal nome stesso del chip impiantato: Telepathy. È certamente incoraggiante e generosa l'idea che un'azienda, finanziata per alcune centinaia di milioni di dollari da privati o contributi pubblici, si sia buttata su un mercato, per ora privo o quasi di concorrenza, perorando la causa dell'empatia. Al momento, ripeto, l'obiettivo è stimolare dei neuroni conferendo forza e sensibilità agli arti superiori e inferiori. Ma se tutto fosse limitato a questa tipologia di casi, il numero di soggetti su cui intervenire sarebbe, tutto sommato, limitato. Già sarebbe ben altro business se questo esperimento potesse riguardare pazienti affetti da patologie neurologiche croniche e ingravescenti, come potrebbero essere il

Parkinson o la Sla. E il mercato si allargherebbe enormemente se si sconfinasse nei disturbi dell'umore. Anche il dato diagnostico sarebbe più complicato: un conto è la sezione del midollo spinale, ben altro una diagnosi di depressione. Una cosa è certa: in quest'ultimo caso i possibili utilizzatori di un chip encefalico sarebbero potenzialmente miliardi.

Il chip, una volta impiantato, dovrebbe decodificare i segnali del cervello del paziente e inviarli a un'app che gli consentirebbe così di interagire con un computer, ma chi gestirebbe quell'app e quel computer, e per quali scopi se l'applicazione non si limita a ricostruire un circuito neuronale sezionato o interrotto, ma si spinge a modificare l'umore? Condizionare le emozioni altrui sarebbe un sogno per qualcuno.

Se così dovesse andare, il nostro cervello potrebbe davvero diventare come un televisore dotato di un telecomando dato a qualcuno che non siamo noi. E se questa tecnologia finisse in mano a un dittatore paranoico che volesse comandare a distanza parte della leadership che gli si oppone per condizionarne opinioni politiche, atteggiamenti culturali, comportamenti soggettivi? Se così si potessero influenzare gli influencer, quindi creare una catena di comando invisibile e straordinariamente efficace, cosa accadrebbe della nostra convivenza democratica?

Non vorrei sembrarvi orwelliano, ma con i tempi che corrono forse è meglio capire chi controlla il controllore prima che le nostre democrazie diventino parte di una gigantesca PlayStation.

46
La punturina della felicità

Negli anni Settanta fu immessa sul mercato farmaceutico una sostanza chimica che prometteva meraviglie: fu chiamata, un po' pomposamente, «pillola della felicità», commercialmente nota come Prozac.

Il principio farmacologico è la fluoxetina, una molecola nata per combattere la depressione, ma che divenne in breve tempo una sorta di panacea per tanti altri disturbi mentali, dall'ansia agli attacchi di panico, dalla disforia alla bulimia, alle condotte suicidarie.

Ebbe un successo commerciale enorme e la casa farmaceutica che lo produceva ne ricavò profitti immensi. L'idea di marketing era stata geniale: poter conseguire il proprio totale appagamento psichico assumendo una capsula era il miraggio di molti e il Prozac lo interpretò perfettamente, tutto a distanza di un blister.

Per molti anni, per milioni di cittadini del mondo poter solo immaginare che vi fosse una via breve per conquistare il magnifico benessere interiore, una «pillola che dava felicità», fu, ed è ancor oggi, assolutamente seduttivo.

Finalmente era possibile abbandonare un faticoso percorso psicoterapeutico che poteva sembrare lungo e costoso: per una parte dell'umanità si stava concretizzando una via chimica alla felicità che per di più, almeno nel nostro paese, poteva essere pagata dal Servizio sanitario nazionale. La comodità di andare in farmacia, mostrare una ricetta e risolvere in un minuto parte dei propri problemi psicologici: questa l'idea di commercializzazione del benessere.

Naturalmente si è trattato in molti casi di un'illusione, che però indicava un approccio culturale per certi versi inedito. Con il passare degli anni, gli effetti collaterali e i limiti clinici sono apparsi in tutta la loro evidenza, altri farmaci hanno fatto concorrenza alla fluoxetina, ma è stato soprattutto il suo uso spropositato, anche da parte dei giovani, a creare imbarazzi e disorientamento. E il mito della «pillola della felicità» ha gradualmente perso la brillantezza degli esordi.

Eppure un forte segnale «culturale» lo ha lasciato: l'idea che per preservare la salute e per combattere le patologie dovesse e potesse bastare il minimo sforzo. La cura, medica e non solo, dalla «pillola della felicità» in avanti viene disgiunta dalla fatica, dalla responsabilizzazione. La terapia sempre più delegata ad altri: un prodotto chimico, un prescrittore, al massimo una chat che imbonisce. Non si vuole pensare che una cura sia un percorso che non può essere demandato e deve essere compiuto assieme, individuo e terapeuta, anche quando attinge alla farmacologia. Perché anche la biochimica va rispettata, ma non utilizzata come uscisse da un distributore automatico.

Il cambiamento, però, quello ancor più pregnante, non consisteva soltanto nella facilità di erogazione delle cure; dietro a questa nuova esigenza culturale si è fatto strada qualcosa di ancor più inquietante. Non tutti, infatti, si erano accorti della grande trasformazione iniziata già in quegli anni lontani e che non poteva che progredire con sempre maggior sicurezza. Il Prozac aveva già messo in luce un aspetto in particolare: il rapporto tra corpo – soprattutto quello giovanile –, identità e soluzioni per la gestione di questo conflitto. Avremmo dovuto prestare maggiore attenzione alle migliaia di adolescenti bulimiche e anoressiche (non solo femmine, per la verità) che erano venute prepotentemente alla ribalta mediatica con i loro disturbi, il disagio di stare in un corpo che non piace a sé e tantomeno agli altri, ma non lo abbiamo fatto. Anzi, abbiamo moltiplicato gli strumenti per scrutare dall'esterno le più evidenti fragilità, ciò che potremmo chiamare «estetica psicopatologica».

L'immagine esteriore era più che mai diventata l'essenza di un'identità che altrove – nell'anima, per esempio – stentava a trovare spazio e credibilità. I social media hanno reso questo palcoscenico ancor più drammatico, totalmente ostile, e la richiesta inconscia nei confronti di qualche altra biochimica si è fatta enorme, una seduzione irrefrenabile.

E accade che un laboratorio danese, proprio negli anni del massimo splendore del Prozac, inventasse e producesse un farmaco che, inizialmente, avrebbe dovuto curare (e in qualche modo anche prevenire) il diabete di tipo 2, ovvero una delle patologie croniche più pericolose per l'essere umano.

Scoperta straordinaria – il lavoro del professor Jens Juul Holst dell'università di Copenaghen era iniziato negli anni Ottanta –, che potenzialmente ha già aiutato e aiuterà l'intera popolazione mondiale (sono in corso di produzione altri prodotti simili in Russia e in Cina) ad avere una vita media più lunga e a non dover arginare l'avanzamento della patologia con ricoveri ospedalieri, ma con un non trascurabile corollario: molti hanno iniziato a usare il farmaco per contrastare non solo l'obesità ma anche un leggero sovrappeso.

Il successo di mercato è stato strabiliante soprattutto negli ultimi cinque anni e l'azienda che produce il farmaco, l'Ozempic – una dose da iniettare intramuscolo una volta alla settimana –, è arrivata addirittura a superare in Borsa colossi come l'industria automobilistica Tesla.

Perché accostare due farmaci così diversi, il Prozac e l'Ozempic? Perché, accanto a effetti clinici importanti, rispondono indirettamente a un'esigenza diventata impellente: l'idea che non solo l'aspetto fisico sia la parte più importante e strategica di una persona, ma che la sua difesa non debba comportare alcuno sforzo. Una sorta di «terapia cosmetica».

Accadeva già al tempo dell'uso della «pillola della felicità» perché non era tanto lo stato dell'umore a essere considerato fondamentale per molte di quelle prescrizioni, quanto l'idea corporea di sé. La bulimia, infatti, era metaforicamente il sintomo che i giovani e le giovani manifestavano nei confronti di un mondo che andava ancora più veloce del secolo che stava finendo e, nella sua corsa, creava un rischio di abbassamento drastico dell'autostima. Bisognava possedere tutto, nutrirsi di tutto anche se, contemporaneamente, nasceva la consapevolezza che le relazioni emotive si stavano sgretolando (l'«anoressia sociale» di cui ho parlato molte volte) e che, con esse, veniva meno la cura sentimentale: l'aumento ponderale, o il suo drastico calo, diventato il simbolo di una sconfitta generazionale, l'emozione più triste.

Per questo motivo il Prozac aveva vinto. La sua molecola era la soluzione quasi perfetta per non occuparsi davvero dei problemi degli adolescenti (e nemmeno dei nostri). Se il corpo piange, la mente si rattrista e se c'è una capsula che aiuta a non aumentare di peso, anche l'umore ne risentirà, almeno all'inizio.

Infatti, anche se il successo salvifico dell'antidepressivo aveva incominciato a incontrare un graduale calo, nonostante l'enorme sforzo pubblicitario, era rimasta intatta la necessità che curare se stessi non dovesse comportare aggravio, pena, soprattutto per ciò che riguardava il proprio aspetto fisico, visto che la mente era già considerata un elemento secondario.

Un insperato aiuto a concretizzare questa cultura e trasformarla in chimica è venuto dall'avvento di un altro tsunami globale: le tecnologie digitali. Se è il corpo a essere al centro dell'identità, deve essere perfetto e i social sono la vetrina ideale per alimentare timori e sollievi momentanei.

Non ci si dovrebbe quindi stupire che, dopo qualche decennio, un farmaco nato per curare innovativamente il diabete (inibendo anche lo stimolo della fame) venga utilizzato per far dimagrire rapidamente non solo chi è obeso/a – cosa di per sé meritevole –, ma anche chi ha soltanto qualche chilo in più e non vuole fare la fatica di praticare un po' di attività fisica o di seguire una dieta scrupolosa. Ed è ovvio che siano i più giovani a dimostrare questo interesse, visto che sono gli stessi che utilizzano massicciamente i social.

Siccome si è ciò che si appare e si appare per ciò che si è, una «punturina» settimanale che evita complicate regole alimentari, gravosi impegni sportivi, complessi percorsi psicoterapeutici non può che diventare il nuovo mantra.

L'essere umano, ovvero rigorosamente il suo aspetto fisico, semplificato al punto giusto per essere moltiplicato attraverso un video o un selfie. Anche qui il dolore, nel senso di fatica, diventa sinonimo di stupida perdita di tempo, di intoppo.

L'aspetto è identità.

Così si arriva a pensare che sia meglio essere esteticamente accettabili che intelligenti, anche perché allenare la mente richiede tempo, metodo, curiosità, disciplina, implica saper affrontare i rischi di una caduta. La nuova religione prescrive che sia meglio essere magri che felici, preferire questioni semplici a quelle complesse. Se si usassero strumenti di valutazione delle capacità intellettuali invece che una bilancia, il mondo di oggi entrerebbe in un immenso cortocircuito.

La ricerca della felicità riposa nello stereotipo di un corpo che esige perfezione, un corpo inerte, però, arreso ai parametri che qualche *mental coach* dispenserà e che milioni di giovani, e non solo, seguiranno, temendo altrimenti di non poter rientrare in quella parte del mondo che viene accettata e messa al centro di qualche attenzione.

Non più il *mens sana in corpore sano* degli antichi, ma *corpus*. Punto.

47
Effetto Fentanyl

Non era mai successo che un farmaco riuscisse a prendersi il posto in prima fila a un evento globale, in cima all'agenda di un summit fondamentale per il destino del pianeta.

Invece è accaduto a San Francisco il 15 novembre 2023. In pochi sanno di cosa si tratta, eppure il suo nome era nella lista degli argomenti da discutere nell'incontro tra i due uomini più potenti della terra, il presidente degli Stati Uniti d'America, Joe Biden, e quello della Repubblica Popolare Cinese, Xi Jinping. I due leader non si incontravano da molto tempo, c'era quindi un'enorme attesa anche per i conflitti in corso, per l'allargamento planetario che potrebbero comportare, e per gli scenari della crisi economica e sociale. Eppure tra le prime urgenze, invece di questi punti caldi, c'è stata quella che reca il nome di un farmaco potentissimo.

Il motivo per cui è stato messo in cima all'agenda di un summit così importante e strategico è drammatico: centotrentamila decessi imputabili a questa molecola solo nel territorio degli Usa nel 2022, con un aumento del 100 per cento tra il 2015 e il 2021.

Parlo di un oppioide assemblato in laboratori clandestini messicani con materie prime importate dalla Cina. Il tutto contrabbandato oltre i confini del Messico verso le metropoli statunitensi. Si chiama Fentanyl e rappresenta la seconda causa di morte negli Usa tra chi ha dai 18 ai 40 anni.

Qualcuno potrebbe obiettare che la storia contemporanea è lastricata di droghe di sintesi fabbricate in migliaia di laboratori, assemblate in altri e spedite là dove c'è una richiesta di mercato più alta. Tutte le mafie del mondo vi hanno lucrato e continueranno a farlo.

Se però i potenti della terra ne hanno parlato con tanta preoccupazione, un motivo ci deve pur essere. Ciò che dovrebbe essere indagato, semmai, è come mai il grande circo dei media è sembrato non accorgersene: forse ha semplicemente rimosso quella molecola ritenendola un dettaglio, un aspetto folkloristico in mezzo a tante altre cose serie. D'altra parte, c'è da capire quanto i social media siano implicati più o meno direttamente in questo mercato. Le droghe sintetiche si vendono in rete, i social network forniscono generose informazioni su dove comprarle, sui prezzi e gli effetti.

Credo però che il motivo della drammatica urgenza vada ben al di là dell'aspetto biochimico, sociale e finanziario: ha un significato metaforico di cui tutti dovrebbero venire a conoscenza.

Che una parte non irrilevante della nostra gioventù e degli adulti voglia, desideri, brami anestetizzarsi e cerchi il più potente degli antidolorifici per uscire dalla vita reale è di per sé preoccupante. Ma è ancor più disarmante che giornali, televisioni, social abbiano voluto trascurare la notizia. Meglio non parlarne, meglio non dare fastidio a chi gestisce questo mercato (che peraltro è fortemente intrecciato con le più attuali questioni politiche, visto che i proventi miliardari vanno poi ad armare eserciti e terrorismo internazionale, e che i soldati sono utilizzatori di massa del farmaco), ma, soprattutto, meglio evitare di ragionare.

Il Fentanyl è stato sviluppato oltre sessant'anni fa da un biochimico belga, il dottor Paul Janssen. È un oppioide, dunque una molecola che si usa per ridurre il dolore prodotto da patologie tumorali o gravi traumi. La sua azione è misurata in circa cento volte quella della morfina e ben trenta volte quella dell'eroina (ma alcuni prodotti simili sono arrivati a essere fino a diecimila volte più potenti). Dal 1960 il Fentanyl ha subito molti cambiamenti sia nella formula chimica sia nei metodi di somministrazione a pazienti con patologie terminali, fino ad arrivare a una formula spray sublinguale o a un cerotto transdermico. Oggi è considerato il farmaco oppiaceo più utilizzato in clinica, ma la sua molecola non ha attratto soltanto la medicina, le corsie ospedaliere e i reparti oncologici, non ha solo sollevato, anche temporaneamente, milioni di cittadini dai dolori più lancinanti e cronici. Il mercato si è rivolto altrove, alle periferie delle grandi città come ai salotti della buona borghesia.

Un effetto da decenni ricercato ben oltre la pratica farmaceutica. Basterebbe ricordarsi una scena di uno dei capolavori cinematografici di tutti i tempi. Sono le sequenze finali di *C'era una volta in America* di Sergio Leone. Robert De Niro sdraiato su una panca in un teatro cinese trasformato in una fumeria d'oppio, la nuvola di fumo lo sovrasta, la pipa allungata tenuta a stento da una mano quasi priva di forze. Le palpebre scendono lente a lasciare una fessura residua, lo sguardo perso, il sorriso quasi sardonico, inebetito in uno sforzo di beatitudine coatta. Lì inizia l'oblio, lo smarrimento finale. È quello che si cerca anche nel 2024? Almeno in parte sembra essere così, solo che i numeri, questa volta, sono enormi.

Oggi l'effetto desiderato da centinaia di migliaia di teenager, giovani e adulti è almeno quantitativamente diverso. Non si tratta più di individui che inseguono un'apocalisse personale, come i dannati clienti di altre droghe che il mercato ha sempre fornito con generosità e cinismo.

I dati sulla diffusione di Fentanyl parlano di una generazione sommersa e indistinta, non così minoritaria come qualcuno potrebbe pensare. La cima di un iceberg che affronta e distrugge il transatlantico della storia che ci illudevamo di aver creato.

Qualcuno penserà che si tratti di un problema che interessa il nostro paese fino a un certo punto, le solite eccezioni di mala periferia. E invece... Da un'indagine compiuta in Lombardia dall'università di Pavia tra il 2022 e il 2023 su un campione di 20.000 giovani tra i 14 e i 19 anni emerge che oltre sette su dieci di loro ammettono di consumare droga, che il 2 per cento ha utilizzato cocaina e che l'abuso di alcol è più frequente tra le ragazze che tra i ragazzi. Non metto uno spinello sullo stesso piano di un oppioide. Ma sarebbe ingenuo non comprendere che il terreno di coltura per il grande mercato della droga è più fertile che mai, anche se lo scetticismo dei soliti benpensanti fa barriera e solleva un polverone che impedisce una visuale.

Qualcun altro, altrettanto scettico e cinico, potrà obiettare che la droga c'è sempre stata e che nemmeno il Fentanyl può essere considerato una novità. Naturalmente si tratta di opinioni basate sull'ignoranza dei dati, in quanto, stando alla relazione parlamentare del giugno 2023, la crescita del consumo degli oppiacei è stata del 180 per cento in un anno. Per non parlare del crack – ricavato dalla cocaina –, che ha comportato, già dagli anni Ottanta, una vera epidemia diffusa in particolare tra persone giovanissime, che, una volta diventate dipendenti, pur di ottenerne dosi sono disposte a tutto, come ha dichiarato una studentessa caduta nella trappola della prostituzione giovanile e come raccontano le cronache in tutte le città. Me ne parlò preoccupato il sindaco di Palermo in un incontro pubblico, denunciando che molte piazze si erano trasformate in un mercato fiorente di questa terrificante sostanza, che esalta in un primo momento e deprime immediatamente dopo. Un emporio tanto ricco quanto quasi incontrastato, visto che la risposta dello Stato sembra essere impotente.

La metafora è chiara. Se una componente così vasta della popolazione, e soprattutto giovane, chiede al mercato delle mafie sostanze classificabili come oppiacei di sintesi, significa che una parte consistente del futuro cerca di anestetizzarsi. È questo il punto drammatico che forse non si vuol vedere e con cui non si vuole fare i conti.

Eppure basterebbe ragionare su quanto la stragrande maggioranza delle sostanze che fanno parte di quel gigantesco mercato gestito dalle organizzazioni della malavita internazionale sia costituita da chimica che serve a combattere il dolore: dall'eroina alla cocaina, agli oppiacei di sintesi.

Il problema che mi pongo, tuttavia, non è legato soltanto alla crescita statistica del consumo di queste sostanze, ma soprattutto alla loro «qualità intrinseca», che indica una determinazione specifica a evitare qualsiasi emozione, a cancellare ogni «dolore esistenziale».

Se si sceglie un analgesico diecimila volte più potente della morfina, significa che l'effetto voluto è intorpidire, fino all'eliminazione completa di qualsiasi condizione/reazione emotiva. Si cerca, questa volta per una parte consistente di una generazione, la nuvola di De Niro, la palpebra abbassata, il sorriso lontano e vacuo. Si vuole diventare inerti a qualsiasi evento: costruzione di un mondo popolato da schiavi avviliti e ignavi. Le mafie pescano in questo smisurato mercato, ma le complicità culturali vanno individuate anche altrove.

Si vuole una sostanza capace di immunizzare dal bagliore emotivo.

Il sintomo cercato anche dai più giovani consumatori è il blocco reattivo, l'asimmetria fra progetto e partecipazione. L'anestesia aiuta a fare questo: eliminare la parte corale dei cambiamenti, ridurli a eccessi episodici, urla momentanee. Forse solo inconsciamente parte di quei giovani vuol essere al di fuori della mutazione antropologica insita in qualsiasi cambiamento innovativo. La si vuole fissare nell'attimo generativo, per poi lasciarla, abbandonarla come l'effetto dell'oppiaceo. Non si tratta di una questione che riguarda soltanto i teenager, ovviamente. Anche gli adulti si vogliono discolpare, emendare da responsabilità: ecco perché chiudono così facilmente gli occhi davanti a quanto sta accadendo nelle piazze delle nostre città. Questo indica il mercato del nuovo oppio, questo è ciò che cercano, consapevoli o no, i suoi grandi consumatori, vecchi e nuovi.

Ogni guerra scopre nuove droghe, poi le diffonde in tempi di pace. È accaduto con l'oppio, l'anfetamina, l'Lsd, la cocaina, l'hashish.

La Wehrmacht nazista faceva largo uso del Pervitin, una metanfetamina prodotta nel 1938, per portare i carri armati da una linea all'altra del fronte. Si calcola che furono consumate 400 milioni di pillole per drogare un esercito che non doveva conoscere pietà, fatica, paura. Anche le guerre che si combattono oggi ne hanno bisogno, come pare confermato da quanto rilevato riguardo agli assalitori di Hamas il 7 ottobre 2023 e a quelli coinvolti nell'attentato terroristico al Crocus City Hall di Mosca del 22 marzo 2024. Nulla sembra cambiato, solo e parzialmente le sostanze, solo la biochimica, ma ci vuole sempre qualche droga per stuprare le donne di una città occupata, uccidere un bambino, torturare un malcapitato. La droga aiuta l'impotenza che si trasforma in violenza disumana.

Uno scenario spaventoso che non è certo limitato a una trincea, a un'avanzata di carri armati, a una fucilazione. Le stesse sostanze vengono cercate anche dove non ci sono bombardamenti, rappresaglie, eliminazioni di civili.

Anche nei nostri quartieri si rincorre lo stesso mito, quello di non sentire più, di non provare sensazioni, di non seguire emozioni. Distendersi su una panca con una pipa d'oppio in mano per vedere l'effetto che fa: questo il destino che molti inseguono?

48

Il boia sentimentale

22 minuti. Tanto è durata l'agonia.

Si chiamava Kenneth Smith, aveva 58 anni ed è morto alle 19, ora locale, del 26 gennaio 2024 nel carcere di Atmore, nello Stato dell'Alabama. In realtà doveva essere già morto due anni fa, ma gli «infermieri» del carcere non erano riusciti a trovare la vena giusta per iniettargli la dose letale di veleno, si erano accaniti anche sul collo, però non c'era stato niente da fare: lo spettacolo della morte in diretta cui dovevano assistere parenti della vittima e giornalisti accreditati era stato interrotto perché era scattata la mezzanotte, e rimandato a data da definire.

In quel braccio della morte Kenneth era rinchiuso per aver compiuto un delitto quando aveva 22 anni, nel 1988: un uomo l'aveva pagato 1000 dollari per uccidere la propria moglie e lui lo aveva fatto.

Dopo il tentativo di esecuzione, Kenneth fu riportato in cella ad attendere una nuova sentenza di morte, sì, ma come avrebbe agito questa volta il boia?

I carcerieri non volevano fare un'altra figuraccia, e nemmeno il governatore dello Stato, ma non sapevano quale finale scegliere per far vedere al mondo che da quelle parti non si transige: la vecchia legge del cowboy che prima o poi trova un ramo abbastanza robusto dove appendere il corpo del condannato.

Per fortuna di tutte le autorità, in loro soccorso è arrivata la provvidenza che nessuno avrebbe mai potuto immaginare: uno sceneggiatore di film horror.

Questo signore ha inventato un metodo cui nessuno aveva pensato, nemmeno i veterinari. Ha escogitato un sistema «innovativo» e sicuro, secondo lui: applicare una mascherina sul viso del morituro, più o meno come quelle che si usano per l'aerosol, e farvi entrare azoto in purezza che avrebbe sostituito l'ossigeno nei polmoni di Kenneth. Le autorità avevano assicurato, prestando fede allo sceneggiatore horror, che dopo qualche secondo il condannato sarebbe svenuto e avrebbe perso la vita in pochissimi minuti.

Dunque un metodo compassionevole, secondo l'esperto cinematografico. Quasi sentimentale, si potrebbe dire. Non ci sarebbe stato quasi contatto tra il boia e il condannato, che è stato legato a un letto come quello della precedente esecuzione di morte, quella andata storta. Spettacolo garantito, è proprio il caso di dirlo vista la professionalità di chi l'ha inventato.

Nei giorni antecedenti l'esecuzione nessuno ha potuto parlare con Kenneth, salvo per una brevissima telefonata.

Nessun teatro della morte come quelli che abbiamo visto illustrati da grandi pittori o da semplici stampe, niente spargimento di sangue, urla del condannato, né popolo che inveisce contro il malcapitato volendolo vedere penzolare o accasciarsi colpito da un proiettile o decapitato dalla ghigliottina. Si direbbe una morte sterilizzata dal dolore, ma quale? Non certo quello del condannato, che da anni aspetta che lo vengano a trarre dalla sua cella per portarlo al patibolo e lo sogna tutte le notti, come ha detto l'unica volta che ha potuto parlare con un giornalista.

Nemmeno lo sguardo tra il condannato e il boia, gli occhi che si intravedono oltre i buchi di una maschera, di un copricapo nero come nel Medioevo. Qui è tutto sterilizzato, solo un letto con le cinghie, dei vetri spessi dietro i quali siederanno i pochi che ne avranno «diritto».

Non uno sguardo, non un lamento. Nulla se non un'aria velenosa che toglie ossigeno ai polmoni, gradualmente. Questo è quello che aveva immaginato lo sceneggiatore e su cui avevano scommesso le autorità. Ma le cose non sono andate così. Ventidue minuti di agonia, il corpo che si contorce, l'uomo che disperatamente ritarda l'ultimo respiro, ma poi cede e non muore se non con lentezza come nemmeno accade a un serpente velenoso acciaccato.

In giro per il mondo si continua a usare la pena di morte come deterrente, come monito agli umani, ma poi si ha quasi paura ad applicarla, evidente emersione di un colossale senso di colpa collettivo. Un tempo le sentenze capitali avvenivano in una pubblica piazza, davanti alla gente che era accorsa a vedere la mannaia scendere sul collo o il cappio stringersi alla gola. La morte come macabro spettacolo per la plebe che deve trepidare di fronte al potere politico e religioso, irridere le sventure perché capitate a un altro. In quelle condanne tribali c'era il segno di una residua umanità: quella del breve corteo verso il patibolo, quella del prete che concede al morituro di vedere il Cristo o del commilitone che generosamente allunga l'ultima sigaretta. Infine gli occhi del boia che guardavano in silenzio quelli della vittima... con rassegnazione, sdegno, indifferenza non si può sapere. Però quello sguardo c'era e forse poteva pure sembrare perfino di conforto.

Per Kenneth no, la condanna non prevede nulla di tutto questo, le autorità si sono arrovellate per mesi su come dare una morte certa, sicura e rapida senza ricorrere nemmeno a un'iniezione letale. Non sappiamo come sono trascorse le sue ultime ore, se c'è stato un sacerdote o il tempo di lasciare i suoi pensieri finali su un foglio di carta per qualche parente o amico. Ciò che si sa è che una corte ha scovato un nuovo metodo «innovativo» e «pietoso», una mascherina sigillata sulle guance a chiudere naso e bocca con l'esortazione, «per il suo bene», di respirare forte e a fondo per rendere più breve l'agonia. Perché l'agonia non è il supplizio della carne ma dell'anima, che è l'ultima a spegnersi immaginandosi l'orrore che si sta consumando attorno.

Pochi minuti, garantisce lo «scienziato» inventore dell'ultimo patibolo, e se saranno un po' di più, amen... in ogni caso, se l'era cercata.

Perfino la morte commissionata da un tribunale deve essere privata di qualsiasi emozione, non ci deve essere rimorso per le colpe né un minimo di pietà per il crimine commesso, e tutto deve filare liscio, almeno questa volta.

Immagino il volto e lo sguardo di chi in quel braccio della morte è rimasto a guardare attonito l'ultimo viaggio di Kenneth verso l'azoto puro. Forse avrà sperato che questa volta potesse durare poco non il calvario di un condannato che già sarebbe dovuto morire altre volte, ma il suo, quello di un uomo che aspettava il proprio turno. Avrà pregato che la mascherina funzionasse davvero e che fosse pietosa e gentile nel togliere l'ultimo fiato in un attimo, come promesso dall'inventore di fiction dell'orrore. Ma avrà saputo presto che non era andata proprio così, che l'invenzione fatale non era perfetta, che c'è sempre un tempo di attesa della morte che fa parte della pena, anzi, è il suo lato più sadico, più orribile. A pensarci bene i cowboy erano più sbrigativi.

Nel carcere dell'Alabama va in scena l'umanesimo più orrendo, più ipocrita. Non è l'unico posto, naturalmente, anche nel «civile» Giappone il boia è in azione, dalla Cina non arrivano dati certi ma sappiamo che sono migliaia, nemmeno dell'Iran e di molti altri paesi si conoscono le statistiche della morte. Le autorità si vergognano forse di pubblicarle, fanno finta di essere implacabili ma scelgono l'alba giusta, il carcere più remoto, il condannato più sconosciuto.

Eppure, noi cittadini delle nazioni democratiche e sensibili continuiamo a fare affari con i paesi dei boia, come se si trattasse di un dettaglio irrilevante, di un loro «problema interno». E non vanno giudicati, compresi gli Stati Uniti d'America, per queste loro beghe domestiche. Se ne parla un po', il giusto sdegno deve durare qualche giorno, ma poi tutto viene derubricato quasi a folklore penale. Perché mai noi arresi occidentali dovremmo occuparci di quanto durano le convulsioni di un assassino?

Anche questo boia americano, se c'è stato e se il suo compito domani non sarà delegato a un robot, comandato da chissà dove, finalmente si sentirà un po' sollevato rispetto a chi ha cercato, ostinatamente cercato, la vena per abbattere il condannato. Ha solo dovuto porre una mascherina sulla faccia di un uomo legato e ridotto all'impotenza. E tutto è andato più o meno bene, avranno pensato con orgoglio lo scrittore di film horror, il governatore, il direttore del carcere, i parenti della donna uccisa, i giornalisti accreditati. Abbiamo trovato il metodo giusto, che andrà forse perfezionato, ma la strada è stata segnata.

Forse, dopotutto, c'è del sentimento in questo carcere dello Stato dell'Alabama. È che non ce ne eravamo accorti.

Quelle eseguite nelle carceri americane e in tante altre galere sparse ovunque sul pianeta non sono le uniche morti che parlano della persistenza di una cultura medievale, quella dell'occhio per occhio e dente per dente, acclamata da molta più gente di quella che certi benpensanti vogliono immaginarsi. Ce ne sono altre non meno raccapriccianti, quelle che non dipendono da una condanna di un tribunale e prontamente eseguite. Parlo dei suicidi nelle prigioni.

In Italia, nei primi tre mesi del 2024, più di venti persone si sono tolte la vita. Le ragioni sono diverse, ovviamente, ma il marchio d'infamia rimane. La Comunità europea ha bandito da anni la pena di morte, tanto da esigere che questo faccia parte delle clausole che ogni nuovo paese deve rispettare se vuole entrare nell'intesa continentale, ma poi non fa molto se non limitarsi ad ammonire formalmente il paese nel quale le condizioni detentive sono così avvilenti.

Da una condanna a morte – non parlo ovviamente dell'equità del processo e della garanzia che la difesa possa esporre le proprie ragioni, principi che appartengono ai fondamenti della democrazia e della civiltà – a un suicidio in carcere la distanza non è infinita: sempre di disumanità si parla. Sopprimere una persona con un metodo inventato da uno sceneggiatore cinematografico è orrendo, ma lasciare che un detenuto possa arrivare a mettere fine ai propri giorni abbandonato in un'immensa solitudine non è certo civile. Nessun governo, nessun ministero della Giustizia, nessuna direzione carceraria e nessun direttore di penitenziario dovrebbe permetterlo.

Se in uno Stato del Nord America si cerca il «metodo sentimentale» per uccidere un carcerato, nella nostra civiltà, che ritiene di essere stata culla del diritto e del rispetto anche per chi ha commesso un crimine, si chiudono gli occhi per non vedere la realtà disumana in cui versano le patrie galere e chi vi è ammassato per anni senza molte possibilità di sperare. In attesa di sapere che nella cella accanto un uomo o una donna ha attaccato una corda rudimentale alle grate dopo aver lasciato scritto il suo dolore su una parete lurida.

Quando la pena è privata di pietà, le porte verso il dirupo si sono aperte non soltanto per i condannati ma anche per chi li giudica.

49

Se questo non è un uomo

È a più di duemila chilometri a nord di Mosca, si chiama «Lupo Polare», lo definiscono carcere di massima sicurezza, ma sarebbe più appropriato parlare di un luogo da cui non si esce.

Ero un ragazzo quando mia madre mi fece trovare nella mia camera da letto un libro, *Una giornata di Ivan Denisovič*, scritto da un autore che non conoscevo, Aleksandr Solženicyn. Credo lo abbia fatto per darmi una lezione silenziosa sulla parola libertà. Erano i miei anni focosi, in cui cercavo ideologie per nutrirmi pensando che le verità fossero là dentro, rigidamente dentro. Un libro sconvolgente soprattutto per un giovane degli anni Sessanta, educativo, totalmente privo di quella retorica che abbondava nelle aule, nelle piazze, sui giornali.

Per la prima volta capii cosa era un «gulag», io che già stavo iniziando a pensare ai manicomi da liberare come fascinazione, forse come professione, certamente come ideale e sogno. Perché «gulag» significa proprio manicomio, luogo di annientamento delle menti lucide e critiche. Eppure era una parte della storia con la quale anche nel democratico Occidente si faticava a fare i conti. Quanta ipocrisia, quanta difficoltà ad ammettere che un manicomio, un luogo di punizione così assoluta, non poteva avere nulla a che fare con la libertà che i giovani dell'epoca scrivevano sui muri, sulle bandiere, ascoltavano nelle canzoni che facevano ballare, amare, immaginare.

Qualcuno si era illuso che bastasse una barricata nel Quartiere Latino a Parigi per cambiare il mondo: «La barricata chiude la strada, ma apre la via» si urlava, ma così non fu.

Eppure, non molto lontano da quegli slogan dei giovani innamorati, a metà strada fra il selciato spazzato dagli idranti e le foreste vietnamite irrorate di napalm dagli elicotteri americani, qualcosa rimaneva coperto dalla falsa coscienza. Erano proprio i gulag, la contraddizione. Se non ci fosse stata quella lettura ad aprirmi gli occhi, tutto sarebbe rimasto offuscato e illusorio.

Ma i gulag sono sempre esistiti, anche se noi europei abbiamo scorto solo la punta di quell'iceberg che era la mancanza di libertà che metteva a rischio buona parte del pianeta e continua a farlo.

Forse, quando Gorbačëv ha detto al mondo che nel suo paese non ci sarebbero più state vittime delle purghe contro i difensori del pensiero libero, qualcuno ci ha creduto davvero. Invece, non solo in Russia, ma in molti altri paesi i tiranni hanno sempre avuto paura di chi lotta per la democrazia.

Aleksei Navalny era stato sepolto vivo a più di duemila chilometri da Mosca. Dove il vento sferza a quaranta gradi sotto zero e bisogna alzarsi alle cinque del mattino per lavorare, pulire, obbedire. È lì che un regime impaurito confina la voce della libertà. Avevano cercato di avvelenarlo, ma i sicari non c'erano riusciti e lui si è fatto curare in Germania per poi tornare nella sua terra sapendo che l'avrebbero incarcerato, schiacciato, umiliato. Ma gli eroi, lo si ripete sempre, non temono la morte, forse la cercano, perché è ciò che darà loro l'immortalità. Come Giordano Bruno si era consegnato ai suoi boia oltre il Tevere, così lui.

Ed è morto prima dell'alba di un giorno gelido, il suo corpo subito sequestrato in un ospedale perché non fosse fotografato, non come quello del Che crivellato di colpi.

Ha ragione Federico Rampini a dire che anche in questo caso la rabbia delle democrazie urlerà per poco tempo, che nemmeno il grido di Bono, durante un concerto degli U2 a Los Angeles, che ripete il nome dell'eroe davanti a migliaia di fan e a milioni collegati sui social manterrà la sua potenza evocativa del male, dell'orrore, della morte della libertà. Questo è il nostro tempo.

Lui giace su un letto di un ospedale nel gelo dell'artico, così le nostre voci sono impotenti perché meschinamente intrise di quella orribile complicità. Gli agenti stanno già rastrellando le piccole candele che qualche impavido ha lasciato sulla neve della Russia. Tutto si compie e svanisce. Il ritratto di un uomo della steppa dagli occhi azzurri verrà accartocciato e la storia, gli intrighi di palazzo, la sporcizia della politica, che deve poter garantire affari a se stessa, continueranno a scorrere sotto quelle lastre di gelo. Come la nostra indifferenza, che attende di essere graffiata da un'altra notizia.

Le ragioni della democrazia sono gracili come candeline al vento, vince chi batte più forte i pugni sul tavolo.

Se Aleksei è un uomo, se a quell'uomo, che voleva solo urlare le proprie idee, sono state imposte le condanne più crudeli perché lentamente eseguite in un lontano patibolo ghiacciato, se lui è morto per questo, ad aver perso non sono solo un tiranno e i suoi ciambellani di corte, ma tutti noi, che lentamente scivoliamo in un omertoso silenzio che nessun corteo o concerto è in grado di scalfire.

La ragione politica ha decretato che Aleksei non fosse un uomo, ma un pupazzo che poteva essere avvelenato, straziato e mandato a morte senza pentimento: questo pensa un regime che ha molti alleati in giro per il pianeta, che suscita e incarna troppi interessi economici e che non può perdere tempo a dare retta a un pazzo che vuole parlare al popolo.

Se esistesse ancora un po' di dignità nelle nostre democrazie, qualcuno tra quanti le guidano si sfilerebbe dal coro dell'indifferenza e direbbe che sì, quell'uomo è un uomo, un maestro prima ancora che un eroe, perché ha insegnato a molti e molte delle giovani generazioni che cosa significa avere coraggio, che c'è spazio anche per la follia di essere dalla parte dei giusti e non degli immorali, per gridare contro l'abominio.

Educare significa educare alla libertà, ma le persone libere sono pericolose e fanno paura, per questo è stata inventata l'istruzione, ovvero una coazione, come ci indica il significato della parola «insegnare», «mettere tra due segni».

Amo le persone disallineate, soprattutto se sono consapevoli del rischio che comporta la disubbidienza. Aleksei era un uomo vero, non un pagliaccio al servizio di qualcuno, se lo fosse stato non sarebbe morto. Strano che non sia diventato simbolo per molti giovani in giro per il mondo. Sono state poche le manifestazioni, poche le proteste per il suo assassinio. Mi sarei aspettato altro, ma certe morti sembrano essere troppo lontane per interessare le languide democrazie occidentali. Certo, c'erano altre guerre e delitti per cui marciare e dimostrare sdegno, ma una T-shirt con il suo volto indossata da qualche giovane nelle piazze di Parigi, Roma o Berlino avrebbe significato che quella vita, anche se relegata in una terra artica, ha lottato per la dignità. Ma c'erano troppi giovani distratti, troppi slogan imparati a memoria, rituali, prevedibili, perché questo accadesse.

Aleksei era un uomo libero che si è battuto anche per i diritti dei ragazzi e delle ragazze di un mondo che ritengono diverso da quello che lui voleva cambiare con inimmaginabile coraggio, ma forse loro e gli adulti che abitano sedicenti democrazie stanno guardando da un'altra parte, non sanno di avere bisogno non di un eroe, ma di una guida, di una stella con cui orientarsi.

Se Aleksei non è un uomo, nemmeno noi lo siamo.

50

Lettera a una giacca e a un paio di calzini

Quando ero uno studente in medicina, mio padre mi convinse ad andare per un periodo a fare esperienza in un ospedale di Londra. Dopo qualche resistenza – lasciare gli amici per un giovane provinciale è sempre un problema – partii. Sapevo molto poco di quel che mi aspettava se non che avrei fatto per un po' volontariato in un reparto di clinica medica dove il primario era un vecchio amico di mio padre, suo collega all'università di Firenze, e che aveva lavorato in una celebre istituzione della sanità inglese, l'Italian Hospital.

Quando arrivai il primo giorno, la mattina presto, rimasi affascinato e quasi impaurito dalla struttura enorme, fatta di mattoncini rosso scuro come ogni edificio eduardiano. Il Whittington Hospital, costruito attorno alla metà dell'Ottocento, rappresentava ai miei occhi l'emblema dell'austerità e dell'efficienza del servizio sanitario nazionale britannico. Il reparto era collocato nella parte più alta dell'edificio, lo si raggiungeva attraverso un'ampia rampa di scale di marmo ingiallito. Oltre l'ingresso, una serie di corridoi larghi con i letti a rastrelliera. Quando i medici effettuavano la visita al mattino, un'infermiera o un inserviente tiravano attorno al letto del malato una tenda di plastica che donava un po' di privacy. Tutto si svolgeva in un silenzio irreale, solo poche parole quasi sussurrate dal primario ai suoi collaboratori, i quali eseguivano senza commentare ciò che andava fatto. Un rituale magico celebrato con un'aria di gentile decadenza. Io facevo parte degli osservatori, pochissimi studenti tutti più grandi di me.

Il momento più interessante era il sabato mattina quando, alle 9 in punto, si riuniva il gruppo di medici e infermieri del reparto, incontro cui potevo assistere anch'io, senza possibilità di intervenire, ovvio.

Finalmente riuscivo a vedere tutti senza il camice d'ordinanza, mi sembravano più vicini, il tono più confidenziale, anche se era solo un'impressione. Del professore, nei giorni precedenti, avevo soltanto potuto notare i calzini, sempre di colore vivace, fantasia, sembravano quasi spaiati tanto erano bizzarri. Ma non potevo immaginare l'abbigliamento di quel medico anziano e carismatico. Lo scoprii alla prima riunione e mi chiesi se a casa si vestisse al buio, perché tutto mi sembrava assemblato a caso mischiando camicie a righe, giacche di lana e cravatte di tweed o a pois. Nessun colore e forma sembrava accostarsi se non in maniera assolutamente casuale. Tuttavia nessuno, tanto meno i suoi giovani colleghi, assai più sobri, sembrava incuriosito da quell'uomo che veniva in un ospedale come un artista entra nel suo atelier. Avrebbe pure potuto indossare una giacca macchiata, tanto sembrava indifferente al suo modo di apparire. Lui dominava la scena dosando parole scandite, nemmeno dovesse farsi capire da me, l'ultimo arrivato, il giovane italiano che non avrebbe fatto quel lavoro.

Lo vedevo convinto della confusione di tinte e di stili che si portava addosso, perché, lo stavo capendo solo allora, era il suo vero modo di vestire, ben diverso da quello sussiegoso e formale degli altri dottori. Lui, che era il capo, si permetteva di poter essere se stesso, come dicevano i suoi abiti scelti a caso da un armadio, sorteggiati da un cassetto di chissà quale alloggio borghese di una città che altrove rimbombava di libertà.

Io, provinciale e insicuro, trovavo un inedito e insperato conforto in quelle riunioni del sabato mattina, anzi, mi accorgevo di aspettare quel signore assai più della descrizione del caso clinico che qualcuno avrebbe illustrato, della patologia in discussione e dei suoi eventuali rimedi. Perché c'era altro su cui fermare la mia fantasia.

Lui, il professore del Whittington Hospital, scelse inavvertitamente di istruirmi alla libertà, ma anche alla stravaganza, non intesa come metodo astratto per stupire, ma come spiegazione di sé, dell'interno di sé.

Nei miei appunti di quel tempo andato, di quel primo soggiorno a Londra – in realtà c'ero stato qualche anno prima a imparare la lingua, ospite di un prete protestante e della sua famiglia –, c'erano molte più impressioni che insegnamenti. Le mie parole ritrovate e riperse citavano quelle giacche e quelle camicie azzardate. Colori che i miei nonni lasciavano sulle loro tele, sporcando cavalletti e strofinacci. Il medico inglese aveva avuto il dono di ridestare in me ciò che forse s'era sopito dopo il funerale di quei miei personali, amati, intimi, artisti.

Avrei dovuto scrivere una lettera a quella giacca di tweed, l'avrei dovuta ringraziare per essere uscita dal buio di una camera da letto e aver accompagnato l'illustre medico nelle sue visite lungo i corridoi che rimbombavano dei passi di un piccolo corteo di aiutanti taciturni e sussiegosi, impeccabili nei loro camici inamidati. Avrei dovuto scrivere di lei e della mia gioiosa sorpresa quando la incontravo alla riunione, prezioso tocco di unicità in un'istituzione severa, austera e cupa.

Fu proprio da allora che io, giovane provinciale, dopo lo stupore iniziale, subii una seduzione cui per anni non diedi nome, forse sottovalutando la scoperta. Probabilmente è tardi per scrivere a quella giacca, ma ci sto provando, anche perché è proprio a una certa età che si capiscono meglio le cose, che s'impara a pesarle, soppesarle, metterle in fila e valutarle.

Ora so qual è stato per me un esempio di libero arbitrio: un gentiluomo che non badava al dettaglio e non vi si identificava perché era interamente libero. Ora capisco perché un giovane possa trarre nutrimento non soltanto dalle parole, dagli esempi, dalla coerenza del comportamento, ma anche, incidentalmente, da una giacca a quadri portata su una camicia che non c'entra niente. E non trovo più strano scoprire che i calzini colorati possano essere espressione e non soltanto sterile vezzo.

Mi capitò qualcosa di simile molti anni più tardi, quando l'architetto Mario Botta, con il quale avevo appena scritto il libro *Dove abitano le emozioni*, mi invitò a una tavola rotonda nell'auditorium del Mart di Rovereto, da lui progettato. Non mi aveva detto, però, che oltre a noi era previsto un ospite mitico: Gillo Dorfles.

Lo vidi scendere le scale che portano al palcoscenico, lento, l'incedere elegante, quasi regale di un saggio vicino ai cent'anni. Si era seduto al tavolo, io qualche sedia più in là, non osavo infastidirlo con un saluto, ma poi la direttrice del museo, salvifica, ci presentò permettendomi di avvicinarmi alla sua postazione. Nel frattempo era arrivata, con il pubblico che si accomodava, una fotografa giovane e sorridente che aveva preso a scattare ritratti del celebre storico d'arte e filosofo. Lui probabilmente non se n'era subito reso conto, perché improvvisamente la guardò e s'imbronciò.

«La smetta di fare quelle foto, lei non ha il mio permesso.» La fotografa cercò di replicare, ma non ci riuscì. «Lei oltretutto sta fotografando i miei calzini... vuole che non me ne sia accorto? E io non voglio» sentenziò il grande maestro. La fotografa abbozzò un cenno di scuse e sparì. Fu irrefrenabile per me verificare subito per cosa stessero litigando i due e con un pretesto mi chinai per sbirciare sotto il lungo tavolo al quale sedevamo. Erano di un rosso lacca, color del fuoco. Si stagliavano tra il completo marrone e le scarpe scure.

Quel rosso in effetti richiama l'emozione che in genere viene suscitata in chi si sottopone al più famoso test di personalità, il Rorschach, precisamente alla seconda e alla terza tavola, nelle quali si presenta il colore rosso accanto al solito nero delle macchie che costituiscono le altre otto. Si tratta di una reazione che misura il disturbo narcisistico, il «sé grandioso», come lo ha chiamato lo psicoanalista Heinz Kohut.

Un calzino rosso, non certo sintomo di un disturbo di personalità, ma di quel narcisismo che definirei costruttivo, non necessariamente estetizzante, tantomeno annichilente o fastidioso nella sua ridondanza, ma libera espressione emotiva.

Gillo Dorfles esibiva e al contempo nascondeva un rosso smagliante. Era parte del suo esterno/interno, c'era della timidezza in quella non sobrietà, esattamente come nelle giacche di tweed del medico inglese.

A volte la gente espone orgogliosamente delle spille, che chiama distintivi, appese in bella vista sul bavero di una giacca, segno non di distinzione quanto di appartenenza, a un club, a un'associazione, a un ente: non è interessata al colore dell'indumento (che comunque deve essere scuro o possibilmente grigio) e nemmeno alla foggia, ma solo a far sapere che è di quella «parrocchia» lì... Il colore esibito come antitesi di libertà.

Io invece sto scrivendo dello sforzo di sovranità che sta dentro una giacca e un paio di calzini che non parlano di nessuna appartenenza, ma di un modo «distintivo», questa volta uso l'aggettivo, di essere.

Anche un colore tra scarpe e pantaloni merita un applauso, magari sommesso come quello che tributai, fra me e me, a quegli accessori così bizzarri tra le corsie di un vecchio ospedale inglese o addosso a un genio del Novecento e che sono diventati parte più o meno silenziosa della mia esistenza.

51

I Camparini di Ronald David Laing

Che cosa significa essere se stessi e non avere paura di esserlo? È un mestiere difficile da portare avanti con coerenza e coraggio, un cammino faticoso che serve a chi guarda per caso quell'esempio e impara che cosa sia la libertà, ma è anche utile a sé perfino quando si è già persone famose ma non per questo meno coerenti e meno umili.

Nei lunghi anni della mia vita ho conosciuto alcune donne e alcuni uomini di enorme talento, convinti che essere se stessi fosse il messaggio più importante e scontato da dare al mondo, più ancora delle cose che sapevano fare in modo straordinario. Nessuno di loro era caratterialmente semplice, facile. Alcuni erano scontrosi, poco inclini al compiacimento. Forse aspri, definitivi nel loro modo di parlare e comportarsi, a volte erano degli antipatici seducenti. Mai arzigogolati, prolissi, barocchi.

Ronald David Laing era, per noi giovani psichiatri degli anni Settanta, una leggenda vivente. Quando lo incontrai la prima volta, era nella sua magnifica casa di Hampstead, a nordovest di Londra. L'occasione era un'intervista per la Rai, c'era la sua ultima moglie, bellissima e discreta, e lo seguiva il suo magnifico cane, mentre un enorme gatto osservava la scena da un divano. Il regista si chiamava Sergio Tau, un trentino sempre divertito da tutto ciò che sconvolgesse i piani di una ripresa tradizionale, gli occhi gli ruotavano senza controllo, biascicava un sigaro toscano spento. Pregustava ciò che stava accadendo come un folletto dietro al sipario.

Laing mi chiese dove volessi fare l'intervista, «nella mia biblioteca o in quella dei miei libri?». «Quella dei tuoi libri» risposi senza sapere che differenza reale ci fosse.

Compiaciuto dalla mia scelta, ci trasferimmo al piano terra, prospiciente il giardino. Le pareti foderate di libri, i suoi. Le innumerevoli traduzioni in qualsiasi lingua del mondo. Trovava naturale accogliere lì qualche sconosciuto che voleva incontrarlo, un biglietto da visita. Era gentile, Ronald David, come lo sono certi scozzesi (era nato a Glasgow), un elegante distacco senza giudizio, un fané eccentrico e forse pure narciso, come lo chiamerebbe oggi qualche commentatore superficiale. Io ero in estasi. Davanti a me, seduta su una poltrona, un'icona di intelligenza, fascino, essenzialmente totale.

L'intervista era volata dai movimenti pacifisti degli anni Cinquanta alle esperienze negli asili «antiautoritari» che aveva condotto con il suo collega sudafricano David Cooper e l'inglese Aaron Esterson, e finì con un suo improvviso congedo, mi disse che doveva andare in chiesa. Era sabato e non sapevo che fosse religioso, anzi, pensavo il contrario. Mi rassicurò: «Non vado a messa, ma a predicare… salgo su un pulpito, sempre lo stesso, nella stessa navata, appena posso lo faccio. C'è sempre molta gente ad ascoltarmi e io posso dire ciò che voglio, non parlo delle sacre scritture, non tocco temi religiosi, semmai filosofici. Parlo della vita e della morte a gente che non si aspetta di ascoltare le stesse cose… se hai tempo, perché non vieni anche tu?».

La navata era stracolma e ordinata, chiesa sobria. C'era gente di una certa età, signore con una pettinatura scolpita in azzurro tiepido, uomini più rigidi, ma sempre eleganti e pure molti giovani che non sembravano baciapile. Mi sentivo provvidenzialmente parte di un invito che mi avrebbe nutrito. Lui da lassù sembrava trasfigurato rispetto alla compostezza durante l'intervista in quella biblioteca tappezzata di sé. Ora pareva non rivolgersi a nessuno, tantomeno a quel popolo che lo stava ascoltando immoto, quasi che quei messaggi forti come tempesta, l'evocazione della libertà iconoclastica avessero a che fare con qualcosa che potesse chiamarsi inno alla fede. Avevo inconsciamente bisogno di quella messa laica, di incontrare un maestro fuori dalla classe, dai suoi luoghi professionali, lontano perfino dai suoi affetti. Volevo incontrare lui, non la sua leggenda. Entrare in una chiesa gremita e capire che a volte occorre il coraggio di salire su un pulpito, di mettersi in gioco, di mostrarsi senza paura. Mischiarsi a una folla non è necessariamente interessante, ma salire su un pulpito, assumersi la responsabilità delle proprie idee ed esprimerle a voce alta e comprensibile è da fuoriclasse. Eppure intuivo che non poteva bastarmi nemmeno quella chiesa e gli anatemi che vi echeggiavano, avrei avuto bisogno di qualcos'altro. Chissà, magari un altro appuntamento senza data, senza aspettative...

E l'occasione arrivò. Questa volta era presso l'università belga di Lovanio, tra le più blasonate accademie europee. Un gruppo di studenti aveva pensato di organizzare un dibattito con Ronald Laing per parlare delle sue esperienze – quelle che allora si chiamavano «antipsichiatriche» – e di quelle in atto in Italia, che erano molto distanti soprattutto nella pratica, e mi scrissero. Forse una mia qualità risiede nel riuscire a non dire quasi mai di no, quindi, senza pensarci, accettai.

Mi resi conto delle implicazioni della mia scelta soltanto quando mi ritrovai nell'aula magna dell'università. Anch'essa era gremita come la navata della chiesa di Hampstead, questa volta però erano solo ragazzi e ragazze, poco più giovani di me, che avevano pure pagato un biglietto per ascoltare, non certo me, bensì la leggenda. Solo che io ero già seduto dietro alla lunga cattedra, mentre lui non c'era. Il pubblico stava rumoreggiando, in Belgio sanno essere tremendamente puntuali. Non sapevo che altro avrei potuto fare se non aspettare. Alla fine, con un quarto d'ora di ritardo come si concede ai grandi, Ronald arrivò. Si era palesemente alzato di malumore, barba da fare, cappotto slacciato. Sembrava Marlon Brando con il mitico soprabito cammello in *Ultimo tango a Parigi*: bello, impossibile, intrattabile, assolutamente sexy.

Mi guardò appena, un sorriso abbozzato, mi fece cenno di iniziare pure. Io, imbarazzato, quasi impotente, ci provai. Parlavo e con la coda dell'occhio lo seguivo, stava facendo non so che cosa. Armeggiava sotto il cappotto, poi tirò fuori, una dopo l'altra, una serie di bottigliette di Campari, proprio quelle disegnate da Fortunato Depero nei primi anni Trenta. Ho pensato all'inevitabile eccesso di un divo, che fosse parte di un'insueta coreografia... Invece no. Le allineò in cima alla cattedra, bene in vista. Gli studenti calamitati dal fuori programma. Infine tirò fuori da una tasca l'apribottiglie e... una dopo l'altra, le aprì con gesti cadenzati. Ho sperato che l'esuberanza finisse lì, invece no. Prese la prima e la scolò in pochi sorsi, poi un'altra e un'altra ancora, fino all'ultima. Non ricordo come riuscii a continuare a dire qualcosa mentre lui con disinvoltura svuotava le bottigliette di aperitivo rosso. Era pronto, gli passai subito la parola, tuttavia lui farfugliò qualcosa di incomprensibile non soltanto a me, ma a tutti i ragazzi e le ragazze, che erano rapidamente passati da un'ilare curiosità all'imbarazzo, a una sonora, plateale disapprovazione.

Lui non sembrava badare a quei cori, si era solo un po' reclinato sulla sedia, sorrideva e guardava. Pareva quasi divertito per aver scatenato quella quasi sollevazione. Cercai di mediare, ma fu impossibile, l'atmosfera si era ormai guastata, la delusione e il disappunto (forse anche per aver dovuto pagare un biglietto per assistere a quella formidabile bevuta) avevano passato il limite di non ritorno. Finché

Ronald, stanco delle impietose intemperanze, si alzò faticosamente dalla sedia, mandò tutti a quel paese, si riaggiustò il cappotto sulle spalle e lasciò l'aula fra bordate implacabili di fischi. Non sapevo cosa fare. Forse avrei dovuto cercare di calmare un po' gli animi, ma decisi di rincorrerlo sperando che lui desistesse. Lo raggiunsi che stava quasi uscendo. «Ma che fai, mi lasci qui così? Sono tutti venuti per te...»

Si fermò, forse impietosito, si voltò guardandomi per la prima volta in faccia: «Cosa fai stasera?».

«Nulla» risposi io. «Perché?»

«Allora, se vuoi, vieni qui alle nove...» e mi allungò un biglietto da visita. Lo lessi mentre cercavo di rientrare e mettere fine a quella disgraziatissima mattinata: il posto indicato era un locale, una sorta di teatrino. Un altro imperdibile invito.

Alle nove in punto ero già seduto in prima fila. Il piccolo palcoscenico vuoto, un pianoforte a mezza coda da una parte, al centro il cerchio di luce di un riflettore. Arriva un ragazzo con i capelli lunghi e arruffati, una giacca di pelle tipo chiodo. Si siede al pianoforte e non si muove, aspetta. Poi arriva lui. Sigaretta in bocca, camicia bianca sbottonata, gilet di seta viola aperto. Un leggio con qualche foglio. Uno sguardo d'intesa con il musicista, iniziano.

Laing legge il suo *Nodi*, una delle opere più intense che abbia mai scritto. L'atmosfera si fa nebbia di fumo, il giovane pianista rock accompagna il maestro. Magia, magia pura.

Non dura molto, ciò che non avrei mai potuto chiamare spettacolo, ma amore, dono, scombussolamento. La luce che lo circonda si spegne, ringrazia degli applausi accennando a un inchino. Sono ancora incollato su quella sedia e di nuovo non so cosa fare. Poi balzo in piedi e lo raggiungo mentre si avvia al camerino scortato dal musicista. «Grazie, volevo solo ringraziarti.» «Bene,» fa lui fissandomi negli occhi «adesso hai capito chi sono. Questo.»

Sembra facile, ma essere se stessi non lo è affatto. Cercare con coraggio di stare fuori da uno schema pur di essere chi si vuole e si sente di essere. Laing mi aveva dato la seconda e ultima possibilità, una lezione di vita senza obblighi, senz'altro dire che indicare la propria anima dentro una luce diversa, lontano da quella che altri si aspettano. Lontano da tutto, in quella chiesa così *british*, in quel teatrino off belga, ma forse non così lontano da ciò che cerca un ragazzo all'età che avevo in quegli anni così speciali.

Non si dica che è più facile quando si è così conosciuti, quando si è un guru; anzi, è ancora più difficile, perché aumentano le aspettative e le pressioni da parte del pubblico, degli editori, dei media e anche di un'implacabile autocritica.

Essere se stessi significa provocare l'ovvio, soprassedere alla seduzione di ciò che gli altri vorrebbero da te e per te. Ma forse occorre trovarsi sempre altrove, come lui mi ha insegnato, sgangherato e lucido, trasandato e glamour. Non è un gilet viola che può funzionare se non ci metti il rasoio dell'intelligenza che arriva dove altri si sono stancati di andare.

Le bottigliette di Campari servivano a delineare la fuga da uno stereotipo, semplicemente non voleva e non poteva essere ripetitivo, ma cercava di spostare sempre in avanti l'idea, trovando un nuovo modo di comunicarla, anche disorientando. Bisogna insegnare ai giovani a stupirsi e a faticare per potersi nutrire di una persona e del suo esempio.

Ronald David Laing è stato maestro indefesso di libertà. L'ha difesa fin da ragazzo marciando con Bertrand Russell per la pace negli anni Cinquanta, e poi dedicando la sua professione all'idea dell'antiautoritarismo nell'educazione, nella scuola, nella cultura familiare.

«Che cosa teme di più?» gli chiesero in un'intervista. «Noi stiamo distruggendoci efficacemente con una violenza che chiamiamo amore» rispose. Parole che forse oggi molti hanno dimenticato, ma che indicano la linea che la cultura della civilizzazione dovrebbe seguire. Cercare se stessi significa anche sfatare l'ipocrisia pervadente che coniuga sentimenti e violenza. Non è scontato, ma lui ci provò. Peccato che, come accade spesso ai geni, non sempre sia stato del tutto capito.

52
Viaggio verso il nulla

Se il nostro inconscio fosse un solido a cosa assomiglierebbe? Possiamo dargli una forma geometrica per comprendere tutte le sue sfaccettature?

Cerco di aiutarmi con il ricordo di un viaggio di tanti anni fa in Sahara, nella parte più meridionale del Marocco, al confine con l'Algeria. Viaggiare serve esattamente a questo: condurre una continua, incessante ricerca di sé. Per capire si deve uscire, andare possibilmente lontano e da lì guardarsi dentro.

La vecchia guida francese lo segna sulla carta con approssimazione, come se non si trattasse di un luogo, ma di una probabilità: occorre uscire dalla porta orientale della città, prendere la strada che conduce verso il deserto, seguire la lunga fila dei pali del telegrafo e poi continuare per qualche chilometro oltre l'ultimo seguendo la pista. Infine, se la fortuna permetterà di incontrare qualcuno, chiedere di Michael, il professore.

Il grande mare di sabbia non ha certezze, solo ipotesi e molte suggestioni. Anche quando si riesce ad arrivarvi vicino, è difficile percepire la sagoma della minuscola locanda: una bassa nebbia di polvere giallastra rende difficile riconoscere le mura perimetrali di quel fortino che sembra fatto di argilla dorata. Dicono che spesso, dopo le tormente più forti, non si riesca a distinguere nemmeno la porta d'ingresso, tanto è sovrastata da invalicabili cumuli di sabbia.

Michael ha passato gran parte della vita a fare l'insegnante di francese nei piccoli paesi all'estremo sud del deserto algerino, poi si è trasferito in quest'oasi che lui stesso ha ampliato e fortificato, creando un cortile e arricchendolo di palme e piante grasse di ogni genere. Vive immerso tra le dune, oltre il confine del nulla.

Appena si entra in quel piccolo piazzale si percepisce un'atmosfera di accoglienza sobria, priva di fronzoli: c'è tutto il necessario per godere dei colori e del silenzio del deserto. Anche i ritmi sono obbligati da quell'immensa distesa che circonda gli avventori: ci si deve alzare presto per poter vedere l'alba tagliare di luce le dune ancora fredde e scure, poi si deve approfittare del tramonto per farsi abbacinare dai colori caldi che sfiorano il colmo acuto di una di quelle colline inquiete. Coltelli di arena imprevedibili e mobili.

C'è poca gente nella locanda di Michael, ma nessuno è lì per caso: non si viene per parlare, né per mangiare o riposarsi, qui soprattutto si aspetta.

Chi cerca il deserto ne raccoglie lo straniamento di uno spazio sovrastante ogni umana velleità, inconsapevolmente ama lo stordimento di un silenzio eccessivo tormentato da sibili e fruscii indecifrabili, viene rapito da un immenso vuoto che non ha sapore se non quello della sua stessa sovranità. Tra le dune non è importante ciò che si vuole vedere, piuttosto ciò che quelle onde solide riescono a prendere da sé e di sé superando ogni residua resistenza.

Il deserto, la sua sabbia inducono un turbamento che si coniuga con la nostra più recondita malinconia, che non è resa né fragilità. È lo *spleen:* un umore ancestrale e profondo, una latenza che trasuda irrequietezza, una magia come quella che da bambini cercavamo di cogliere portando con timore alle orecchie grandi conchiglie di madreperla.

Il deserto è come una vita ben vissuta: non permangono tracce che il vento trascura, ma ricordi che l'emozione gonfia come l'angolo annodato di un fazzoletto affondato nella tasca. Il deserto è passaggio senza presenza, storia senza memoria, mobilità stanziale. Tutto è muto e nulla immodificabile tra le dune: è il luogo dove la visione si confonde con l'allucinazione come la notte procede nell'aurora, il luogo dove i sensi più reconditi si mischiano alla coscienza. Il deserto è ciò che la natura ha fabbricato di più simile al nostro inconscio.

Forse per questo lo amiamo sconsideratamente almeno quanto lo temiamo: annichilisce la sua vastità, l'insensatezza di porre limiti, l'arbitrio del senso dell'andare.

Assomiglia alla nostra scomposta complessità, ne assume gli estremi: troppo caldo e troppo freddo, troppa luce e troppo buio. Rappresenta la grande giostra delle emozioni, quelle immense montagne russe che ci fanno salire fino all'estasi per poi farci precipitare nello sgomento che porta alla colpa e al pentimento. La sabbia si muove misurando un'assenza di geometrie stabilite, affligge le regole, rassicura la pena per il nostro vuoto interiore. Il deserto affascina in quanto esalta e deprime, confronta la sconfinata pretesa della nostra ambizione con l'apprensione per una malinconica, privata impotenza. Il deserto fa trasalire l'anima per poi farla impennare verso un cielo senza nuvole, e infine la costringe a scendere dolcemente lungo le pendici intiepidite dal sole.

Avrei voluto condurre un bimbo per mano lungo quelle miglia, oltre l'ultimo palo del telegrafo, per arrivare infine a indovinare la sagoma del fortino di Michael. Avremmo camminato a piedi nudi lungo la stradina velata di sabbia rosa o gialla, l'avremmo fatto senza guardarci, senza parlarci, stringendo e allentando le nostre mani. Avrebbe capito, ma non subito. Sarebbe dovuto diventare vecchio, quel bimbo, per intercettare il senso di un'emozione assoluta, indicibile, sconsiderata come un'eco ancestrale.

Vale la pena vivere a lungo, diventare erranti instancabili, se qualcuno ti ha portato, quando eri ancora giovane, da Michael, se ti hanno insegnato ad accordare i tuoi sensi al battito di un cuore ancora acerbo, ma che ti sosterrà e ti nutrirà anche quando gli occhi saranno stanchi di quella luce.

Forse il fortino del vecchio professore di francese non c'è più, le sue mura troppo basse per resistere alle improvvise tempeste di sabbia, il portone sommerso da cumuli bizzarri come ombre rassodate dal gelo della notte che vagano in un'immensità che assomiglia così da vicino all'anima. Nemmeno i cactus e le piante grasse avranno più goduto delle cure di Michael, uomo solitario e dolce.

Eppure qualcosa rimane in chi ha avuto un appuntamento con quell'avventura, che poi resta scavata dentro, caparbia e cocciuta come una reliquia. Un tesoro che non si dovrebbe lasciare all'immaginario del secolo scorso. Non si abbandonano le emozioni sotto le tormente di sabbia, occorre lasciare che altri venti le riscoprano come volti di antichi sovrani impietriti dal tempo portando con sé nuovi girovaghi errabondi, mai sazi di vita.

53

Rincorrere Don Chisciotte

Conosco Adolf Vallazza da molti anni. Scultore magnifico e fiabesco. Vive sulle montagne di Ortisei, immerso nella sua arte, tra le sue opere straordinarie, troni assemblati con materiale recuperato da vecchie stalle e rifugi abbandonati, sedie a dondolo, sculture informali. Un fauno, un folletto di una foresta antica e incantata, ogni suo gesto invita all'incanto e alla fantasia, perennemente predisposto alla fanciullezza, all'ardire fantastico.

Lo incontro ancora una volta a Bolzano, alle soglie del suo centesimo compleanno, è sceso in città per abbracciarmi, gli occhi sempre vispi come quelli degli uccelli in quota, solo un bastone di ciliegio un po' storto parla della sua età. Siamo in una galleria del centro per un'altra sua mostra, altri legni accarezzati, levigati da mani callose e sagge, altri racconti di vita, personaggi della sua memoria infinita, sconfinata soffitta ove si cela l'immaginario dolce e amaro di esistenze oltre la storia. Si rammenta del presidente Pertini che non mancava mai di andarlo a salutare nel suo studio quando ai primi di agosto si recava in vacanza in Val Gardena, come fece anche il giorno in cui, mentre chiacchieravano, un carabiniere lo avvisò che una bomba era scoppiata nella stazione di Bologna. Ricorda quella tragedia con gli occhi di chi da sempre è stato dalla parte dei vinti, delle vittime di ogni violenza e miseria umana. Ricorda il viso stravolto del presidente, la sua imprecazione contro il male e l'egoismo del mondo.

Siamo seduti accanto in una saletta della galleria. Poca gente, qualcuno lo saluta, lui risponde sorridendo anche se vuole continuare a raccontarmi, sa da sempre che non finirei mai di ascoltarlo. Parliamo di suoi amici, come Roman Polanski, e di qualche altro che abbiamo avuto in comune come Tonino Guerra o il fotografo e compagno di viaggio Gianni Berengo Gardin. Poi il discorso va a finire su suo fratello Markus, morto anni fa. Grandissimo disegnatore e illustratore, sempre in peregrinazione tra Vienna, il Sud Tirolo e il resto del mondo. Magro, la bocca sovrastata da un paio di baffi esili, stessi occhi curiosi e arguti di Adolf, stessa pretesa per il bello e l'immaginario. Mi parla delle edizioni della *Divina Commedia* disegnate da Markus, un sussulto di nostalgia, di memoria delicata, lasciata su un grande foglio di carta segnata da un lapis.

Siamo a un paio di metri dalla grande scultura in cirmolo di un Don Quijote in sella a un cavallo curvato dall'indomito errante. L'eroe con l'elmetto e un lungo bastone quasi ad aiutare il ronzino che arranca. Adolf lo guarda con gioia e orgoglio, poi mi sussurra che suo fratello aveva illustrato anche quell'opera geniale. «È una storia molto strana, sai? Se vuoi te la racconto...» E così inizia la fiaba, come il vecchio che incanta il bambino.

Markus adorava Cervantes, conosceva quasi a memoria il suo capolavoro, voleva assolutamente illustrare le gesta del cavaliere della Mancia, ma gli mancava qualcosa. Sapeva che non poteva immaginarselo dal suo studio di Vienna o tra le sue montagne e i boschi. Aveva bisogno di immergersi in quei luoghi lontani, così diversi dalla terra in cui era nato e cresciuto. Doveva partire per incontrare Miguel e la sua leggenda. E così si organizzò e andò.

Da Vienna a Madrid e poi giù nella terra del Don Quijote

a inseguire asini e mulini a vento, terre arse dal sole e arcigni castelli quasi sospesi a mezz'aria.

Vi trascorse molte settimane a disegnare, buttando giù appunti e schizzi di un viaggio nel suo altrove, nell'opposto specchiato, speculare ai suoi sogni. E quando ebbe messo assieme abbastanza materiale e ricordi visivi e sensuali di quella terra, si disse che sarebbe potuto tornare al suo studio con tutto il materiale pronto per illustrare l'opera del maestro. In qualche modo arrivò a Madrid, ma quando stava per imbarcarsi per Vienna si accorse di aver perduto la valigia con tutti i suoi disegni e appunti. Lo scopo del viaggio era smarrito da qualche altra parte, forse in una piccola stazione dei treni, in qualche locanda di paese, o in una trattoria con del vino rosso come il sangue di un toro o su una corriera sudicia. Eppure non si disperò, oltre la rabbia c'era una visione estatica, qualcosa che avrebbe comunque trattenuto lo scopo di quel lungo viaggio travagliato in un polveroso affollamento di fantasmi, incubi, visioni, profezie. Dal centro di una terra sconosciuta e prepotente, fino a una metropoli mitteleuropea, dalla follia alla razionalità per poi tornare ancora a sognare.

Rientrò nel suo studio viennese così ordinato e fresco, ma non si sentì perso per l'improvvida dimenticanza. Anzi, scoprì l'ovvio: non aveva perduto nulla. Era lui il cavaliere errante che cercava in un altrove lontano e perduto un pezzo di sé, era lui questa volta il poeta che tratteneva quei deliri creativi e li disseminava per una terra giallo ocra e li lanciava in alto verso un cielo potente di nuvole che ruggivano sulla calura e impaurivano i cavalli. Era lui che aveva già dentro le immagini allungate di un uomo, un cavallo e uno scudiero tarchiato perennemente sudato. Non c'era bisogno di appunti e disegni per fissare una memoria già esplosa a molti chilometri a ovest, da sempre. E nemmeno là ove era tornato, si disse Markus, le immagini erano necessarie se non come impressioni di scene già mille volte visitate nel buio del suo tempo trascorso. Nelle lunghe notti viennesi, tutto sarebbe potuto accadere ai suoi ricordi sognanti sfogliati passeggiando in un bosco, su un prato, tra mucche indifferenti. Non era lontano dai legni levigati da suo fratello, in quelle forme tonde e surreali, in quella trasformazione della materia che da stalla diventa immaginario per tanti, tutti un po' bambini.

Forse il suo Cervantes era nato in Val Gardena e non aveva più paura di perderlo, perché era lui stesso a girare con un cavallo stanco e un aiutante devoto e un po' grasso. A volte si cerca lontano ciò che è molto più vicino di quanto possiamo sperare.

I desideri più intensi si annidano dentro le nostre inconsapevolezze. I sogni sono già passioni sciolte nei cieli. Purezza di spirito che insegue l'atto e lo trasforma in regola dell'arte di vivere.

Adolf tace, come un direttore d'orchestra che depone, quasi esausto, la bacchetta. Lascio che il silenzio ci unisca un'altra volta ancora, perché forse questo sappiamo fare, guardare e tacere, lasciando salire la marea di un'emozione profonda come quella che si sprigiona dagli abissi di un oceano lontano e fedele a un nostro, necessario, inconscio.

Questo il maestro voleva dirmi e consegnarmi: un dono, stavolta non del legno antico leccato da mucche pazienti, ma un ricordo che fa vibrare il tempo come un'arpa. Forse era sceso a valle, fino in città, per raccontarmi una favola, ancora una volta, con quella cocciutaggine di chi conosce le salite e qualche discesa, il sorriso di un sole che scorre oltre le cime più amate e l'ombra di un cirmolo solitario.

Non so come si fa a decidere di staccarsi dall'incanto di un racconto, non so proprio come ci si riesce. Forse l'unico modo è scriverlo perché altri, non certo io, così privilegiato per averne potuto custodire la melodia, se ne possano giovare ispirandosi alla cadenza del ricordo, alla litania della bellezza del sogno che si tramuta in segno leggero su un foglio di carta candida come l'innocenza.

Ognuno ha un Don Quijote da qualche parte dentro di sé, basta farlo accomodare nell'anima perché ci racconti chi siamo e cosa abbiamo paura di esprimere. Ci sono un ronzino e un cavaliere immaginario, l'importante è saperlo e invocarli, e ricordarsene nei momenti più bui.

Londra, settembre 1993, Whitechapel Gallery, West End di Londra, tempio dell'arte britannica. Lucien Freud inaugura una delle sue ultime mostre personali. Lucien, tra i più noti e ammirati artisti del Novecento, risponde a qualche domanda di uno dei cronisti che affollano la galleria. Ascolto in disparte. Il giornalista gli chiede se abbia un metodo per aiutare il proprio umore quando scivola in basso, visto che la sua pittura gronda di inquietudine, di contorcimenti interiori e di dolori espressi con le sue pennellate cariche di materia malinconica.

Lui risponde che, quando gli capita di attraversare il proprio *feeling blue*, si reca in una sala della National Gallery a Londra, sempre la stessa, la numero 20, e si siede su un divanetto di velluto davanti a una grande tela di Rubens. Quelle straordinarie, gigantesche pitture lo hanno aiutato e protetto, ripete sobrio e pacato al giornalista.

Era un modo per dire a un giovane «per caso», come ero allora, che tutti abbiamo in qualche luogo della nostra intimità una bellezza che nascondiamo dentro la nostra anima, non bisogna vergognarsi del maltempo che la scuote, dei rifugi che indica e che curano nutrendoci di sorprese. Anche la disperazione a volte galoppa nelle nostre parti più riservate e salvifiche, o forse soprattutto in quelle. A guardare bene, c'è un ordine perfino in un rovo di more selvatiche. Basta sedersi davanti a un luogo animato di bellezza altrui e passarci qualche ora in silenzio, ognuno ha il proprio Maestro da qualche parte anche se ingarbugliata e apparentemente confusa.

Markus, Adolf, Lucien, grandi maestri, diversi, alcuni celebrati ovunque nel pianeta altri meno, ma tutti indicano con il loro bastone d'appoggio lo stesso punto, in fondo all'orizzonte. Sembra lontano perché è nascosto dentro di noi.

Occorre aspettarlo ed evocarlo, ma occorre anche scovarlo, il nostro tempo che trattiene estasi e rinascimento.

54

Ventimila leghe sotto il buon senso

Cinque signori molto ricchi, compreso un ragazzo, si immergono negli abissi di un oceano a bordo di un piccolo sottomarino, il *Titan*. Accade nell'estate del 2023, mese di giugno. L'imbarcazione implode a circa 3800 metri di profondità. Non hanno scampo e probabilmente fanno in tempo ad accorgersene.

Tra le vittime ci sono un miliardario appassionato di imprese impossibili, il pilota di sommergibili chiamato «Mister Titanic», uno dei più ricchi manager pakistani con il figlio diciannovenne e il CEO e fondatore della Ocean Gate, la società americana che alla cifra di 250.000 dollari offriva «una occasione per uscire dalla vita di tutti i giorni e scoprire qualcosa di veramente straordinario», in questo caso l'esplorazione dei resti del *Titanic*.

Ognuno di loro, probabilmente anche il ragazzo, cercava qualcosa. Però non erano degli improvvisati avventurieri desiderosi di provare un'ebrezza straordinaria. Studiavano gli abissi da anni, il CEO della Ocean Gate Expedition era l'ingegnere aerospaziale Stockton Rush. Dal 2010 aveva iniziato a progettare il suo sogno: sarebbe voluto andare nello spazio, ma non poteva per problemi alla vista, quindi aveva deciso di virare su un'altra aspirazione aprendo le porte del turismo di profondità per permettere a persone facoltose di diventare «uno dei pochi a vedere con i propri occhi il *Titanic*».

Non c'era solo del romanticismo, probabilmente, ma anche aria di business, l'idea di ricavare soldi vendendo un'impresa, un'avventura straordinaria. Un altro passeggero era il miliardario britannico di 58 anni Hamish Harding, capo della Action Aviation, società legata all'aviazione con sede negli Emirati Arabi. Appassionato di spazio e avventure, era stato tra i primi a scendere nel punto più profondo della Fossa delle Marianne, il Challenger Deep, nell'oceano Pacifico.

Infine, oltre ai due pakistani, padre e figlio, dei quali si dice molto poco, c'era Paul-Henri Nargeolet, 76 anni, forse uno dei maggiori esperti al mondo del *Titanic*. Ex membro della marina francese per venticinque anni, aveva pilotato il *Nautilus*, un piccolo sottomarino che nel 1987 confermò la presenza della nave e permise, dopo 34 diverse immersioni, di recuperare oltre 1800 oggetti del *Titanic*.

La tragedia del giugno 2023 è apparsa subito nella sua gravità, una volta esaurita la riserva di ossigeno si è capito che per l'equipaggio non c'era più niente da fare e che le ricerche sarebbero state vane. C'era dolore fra amici e conoscenti, ma quella tragedia ha attirato anche un gran numero di critiche, di offese per chi era perito a bordo. Si è cominciato col dire che non valeva la pena di spendere nemmeno un dollaro per provare a ricostruire cosa fosse successo, che tanto si trattava di miliardari spericolati che avevano incontrato la fine che cercavano.

La rete poi, soprattutto quando c'è di mezzo qualche ricco, non ha pietà, sembra assetata di sangue miliardario, si rifiuta perfino di capire se in quel viaggio negli abissi ci possa essere stato uno scopo, un sogno. Il popolo dei social emette giudizi rapidissimi e definitivi, non è disposto a comprendere ma preferisce guardare da un buco della serratura.

Una sorta di moralismo dogmatico che induce gli utilizzatori di tastiere seduti alle loro scrivanie ovunque nel mondo ad annaspare nella loro invidia, decretando il giudizio finale per la sola ragione che un miliardario è – per definizione digitale – una persona degna di fare una brutta fine.

All'epoca dei fatti ho tentato, scrivendo su un quotidiano, di ragionare sull'idea che tutti i visionari scopritori avevano cercato e trovato il denaro per potersi permettere la loro impresa, compreso Cristoforo Colombo, ovviamente. Ma ciò non è bastato, sono stato aggredito da commenti veramente poco eleganti.

Perché nessuno si è chiesto che cosa ha portato questi miliardari a imbarcarsi su un aggeggio che oggi qualcuno definisce più rischioso di una roulette russa?

Premetto che ho vissuto la mia infanzia in un'epoca in cui si celebrava il capitano Nemo. E anche se potrà sembrare strano, la cosa che più mi stupisce è che la scelta di queste persone risulti incomprensibile ai più, anche se non dovrei meravigliarmi di questi detrattori.

È dai tempi di Ulisse che il rischio è insito nelle grandi o anche piccole imprese umane. Chi denigra queste persone sono i Proci, le Sirenette, chiamateli come volete. Per arrivare a tempi più recenti, non si capisce perché grandi scalatori come Reinhold Messner o prima di lui Walter Bonatti siano sempre stati qualificati come eroi e questi, invece, miliardari sfaccendati che amavano rischiare la pelle e basta. Tutti hanno sfidato la natura rispondendo al richiamo di una passione. Chi verso l'alto e chi verso il basso. Solo che loro hanno, semplicemente, perso, come accadde anche al fratello di Reinhold.

Qualcuno mi ha chiesto: «Ma perché secondo lei – come sostengono oggi molti commenti sui social – queste persone non hanno impiegato "meglio" il loro denaro in viaggi o attività, passioni che non fossero da kamikaze?».

«Che cosa significa custodire passioni che non siano da kamikaze?» ho chiesto di rimando. «Anch'io ho guardato come fosse un extraterrestre il signore che ho intervistato per il mio ultimo libro, un fotografo tedesco che si sta allenando per fare qualche giro intorno alla luna e si augura di andare presto su Marte, ma, se devo dire la verità, mi fanno molta meno simpatia quei tizi che se ne stanno sugli yacht a spalmarsi le cremine che non i cinque che si sono immersi con un sottomarino. In quell'equipaggio c'era anche un discendente di una coppia morta sul *Titanic*, come si fa a resistere a un richiamo così forte, forse ancestrale, anche quando si sa che ci si può lasciare la vita?»

La ricerca dell'inusitato è insita nell'animo umano come l'aria che si respira. Un'attrazione implacabile. C'è chi rischia di più e chi di meno: c'è Verstappen che ogni domenica mette a repentaglio la propria vita a 300 chilometri l'ora e chi si fa un selfie aggrappato all'ultimo piano di un grattacielo. Molti sono intrigati dal brivido anche standosene seduti sul divano, lo dimostra il fatto che quando c'è un incidente su un circuito di Formula 1 l'audience s'impenna.

A bordo del sommergibile chi ha scelto di andare a esplorare il relitto del *Titanic* lo ha fatto rischiando solo l'incolumità personale e dei suoi compagni d'avventura, animato da una passione, quella di conoscere, di risalire a una verità, di ritrovare le proprie radici. L'innovazione, la ricerca passano anche attraverso un rischio a volte perfino esagerato. Eppure c'è sempre qualcuno, magari sprofondato in una comoda poltrona di casa, che si sente subito in dovere di criticare, di insultare anche i morti.

55

The Yellow Box

Era appoggiata sopra un ripiano della libreria nello studio. Si faceva notare per il colore giallo arancio, ma non aveva fretta di essere scoperta.

Ho conosciuto Germano Facetti alla fine degli anni Settanta. Era da poco rientrato da Londra dove per oltre un ventennio era stato art director della mitica Penguin Books, mentre all'epoca del nostro incontro lavorava per l'editore vicentino Neri Pozza e collaborava con l'«Espresso».

Accompagnavo Franco Basaglia, l'avevamo raggiunto nel suo ritiro a Sarzana, in collina, appena fuori dal paese. Lì c'era anche uno strano signore, un intellettuale che viveva a Parigi, elegante, bizzarro, la camicia bianca tutta abbottonata anche se era agosto, per giunta chiusa con un impeccabile «fifì» di seta che contrastava non poco con alcune plateali macchie di sugo che chiazzavano il candore del cotone. Sembrava non accorgersene, del resto quella era una compagnia di uomini che pensavano ad altro. Io mi sentivo piacevolmente a disagio per età e ruolo – che ci facevo lì? Forse lo chaperon, l'aiutante, il Sancho Panza… –, ma sapevo che non dovevo pensarci, solo vivere e soprattutto ascoltare e abbeverarmi.

In realtà un piccolo ruolo ce l'avevo, dovevamo organizzare una mostra di un fotografo francese, Raymond

Depardon, già conosciutissimo, che avevo accompagnato in un tour tra i manicomi italiani. Quel materiale sarebbe poi diventato una mostra allestita a Cortona, «Indagine sulle istituzioni totali». Quindi avrei potuto pensare di essere una sorta di curatore di quel materiale, se avessi voluto giustificare la mia presenza tra cotanti maestri.

Germano era il grafico e allestitore, del signore elegante e impataccato continuavo a non capire a che titolo fosse parte di quella piccola congrega se non per chiosare, qua e là, con qualche citazione snocciolata in quell'italiano parigino che a certi intellettuali dell'epoca, quelli che lasciavano sempre penzolare una Gitane dalle labbra, piaceva mettere in mostra.

Facetti aveva modi garbati, anche se s'intuiva potessero irrigidirsi e indispettirsi se il lavoro non fosse stato fatto alla perfezione, ma gli occhi erano sempre dolci. Uno sguardo all'inizio francamente indagatore, almeno nei confronti di chi era il ragazzo di bottega, come se volesse valutare senza perdere troppo tempo. Poi, esaurito l'esame «clinico», diventava accogliente, quasi complice. Mi emozionava il disagio misto a una curiosità irrefrenabile con cui osservava le foto di Raymond del lager di Auschwitz, lui che aveva trascorso un pezzo della sua giovinezza nel campo di concentramento di Gusen. In questo la sintonia con Franco era assoluta, naturale. Venivano da mondi diversi, ma contigui. Non poteva esserci diffidenza, erano tragicamente autentici, senza didascalie, senza introduzioni. Ossigeno puro per me.

Organizzata la mostra di Cortona, passammo a un'altra che avrebbe dovuto tenersi a Palazzo Braschi a Roma, fortemente voluta dall'allora assessore alla Cultura, Renato Nicolini. Il progetto stava perfezionandosi quando Franco ci lasciò. «Inventario di una psichiatria», così s'intitolava, fu inaugurata dal sindaco Petroselli un anno dopo la sua morte.

Io e Germano non ci perdemmo di vista, continuavo ad andare a trovarlo a Sarzana e anche un paio di volte a Roma, ogni Natale mi inviava una busta con un suo curioso collage che amava assemblare ritagliando vecchie illustrazioni di libri fantastici o di viaggi. Ho capito che mi voleva bene, che voleva proteggermi in un periodo certo non facile della mia vita personale e professionale. Lo faceva con i suoi modi ruvidi, essenziali, di silenziosa complicità. A ogni telefonata che gli facevo, lui rispondeva, con la voce roca di un impenitente fumatore di sigarette, con un «Caro...», senza nominare il mio nome, come se dovesse bastare quell'accenno amicale.

Poi gli incontri si fecero più fitti, intuivo che avesse fretta di raccontare ciò che di sé non aveva condiviso perché non aveva voluto o potuto farlo.

Le mie visite a Sarzana si prolungavano, dormivo in un annesso semplice, mentre lui e Mary, la sua compagna di una vita intera, erano appena sopra, lei curava una moltitudine di gatti e li ritraeva disegnandoli con un lapis leggero. Si ostinava a parlare con un accento britannico, non per creare distanze ma per stabilire una radice lontana.

Finché un giorno Germano mi parlò della «Yellow Box». Le stanze della casa erano tappezzate di libri, quadri, oggetti, sue invenzioni. Ma poi c'era quel cartone colorato che sembrava contenere qualcosa di più protetto, più intimo. Era appoggiata come una civetta a un'asse di legno sopra un grande tavolo di balsa dove lui lavorava. Lì disegnava, ritagliava, incollava. Una lampada a molla illuminava quel piano non appena imbruniva, ma il tiepido bagliore arrivava anche a qualche ripiano di una libreria più prossima, proprio dove era appoggiata la scatola piatta e larga di cartone. Lui la chiamava «yellow», in realtà il colore era tendente all'arancio, quello che i fotografi dell'epoca conoscevano bene perché contraddistingueva l'Agfa, la grande marca per lo sviluppo e la stampa fotografica.

Un pomeriggio la prese e l'appoggiò sul tavolo senza aprirla. «Lì dentro c'è tutto me» mi disse con la solita voce roca dal fumo. Il viso impassibile, lo sguardo no, guizzava via per non essere intercettato.

Mi voleva preparare, ma in realtà era lui che stava per compiere un gesto che aveva fatto sempre in solitudine. Non ho idea del perché avesse voluto proprio me come testimone, almeno quel giorno mi sono sentito scelto. Aprì con cura, un leggero tremolio delle dita ingiallite dalla nicotina.

Davanti a me la scatola di cartone quasi piatta conteneva una vita intera, lo capii non appena sollevò il coperchio. Foto sue da giovane, foto dell'amico con cui era stato internato e che non tornò mai più, un quadratino di stoffa a righe: la sua divisa di internato. Qualche documento ingiallito. E poi tanti altri piccoli oggetti, un sacrario che mi ricordava quello che custodiva mia nonna sopra il suo comodino, solo che quello era un ossario benedetto. Qui nella Yellow Box non c'erano reliquie di fede, ma di dannazione e di redenzione, non c'erano memorie ma indignazioni. Finalmente l'aveva aperta, quella cosa gialla, si era spostata dal piccolo tumulo sopra i vecchi libri con le copertine che aveva disegnato. Era riuscito ad andare oltre il dolore silente di anni, forse anche oltre quello strano senso di vergogna che fa sì che chi ha subito tale atrocità tema di mostrare, nemmeno fosse un'ostentazione, un manifesto di protesta. Quel pomeriggio avevo visto, condiviso per poco, ma sostanzialmente. A Germano era bastato quel gesto leggero, timido. Non mi interessava affatto sapere se davvero ero stato il primo, ma percepivo il privilegio di quel momento.

La Yellow Box Germano l'ha custodita per tanti anni, dentro. Avrebbe potuto urlare contro chi gli aveva ucciso la giovinezza macchiandola di odio. Lui no, non faceva nemmeno fatica a guardarla, forse più a mostrarla o semplicemente a parlarne. Yellow Box significa grumo di dolore privato del respiro, un'apnea temuta, fragilità del bene. Essenzialità dello spirito.

Cosa conterrebbe la nostra personale Yellow Box, quella che spesso custodiamo e censuriamo dentro l'anima che l'ha creata e accolta? Un apogeo emozionale, vibrazione senza rumore, tempo liberato da richieste assillanti. Difficile farci i conti, a volte perfino imbarazzante, ma c'è.

Il coraggio Germano non l'ha certo dimostrato con me, ma a se stesso. Forse per lui sarebbe stato impossibile – e lo è stato davvero – che fossero Mary, la moglie, o anche la figlia a essere testimoni dell'apertura di un sottile sepolcro di cartone giallo. Lui aveva deciso che fosse un ragazzetto curioso, rimasto precocemente senza maestro.

Questo aveva intuito senza pensarci troppo (chi conosce il dolore va veloce): un giovane va ristorato con un attimo strepitoso di emozioni, non quelle che sta rincorrendo nei suoi anni verdi, ma quelle donate inaspettatamente da un vecchio che lo guarda severo e amoroso. Il suo riscatto e la sua magnifica dignità contenuti in una scatola bassa e larga dovevano guidare il mio destino salpato da un molo di spaventosa memoria. Dentro quel luogo stretto, quasi asfittico come la cella di un condannato a morte, c'era un mondo fatto di amori e onore, spari e massacri, orrore e raccapriccio, tenerezza e rabbia trasformata in assoluta creatività, perfino di inalienabile sentimento.

Una collina tra Toscana e Liguria, l'attimo di un pomeriggio di autunno, senza parole se non qualche impercettibile sussurro, il lieve tocco che sposta immagini incise nella mente, l'ennesima carezza a un brandello di un'orrenda uniforme, l'impossibilità di dare un ordine delicato agli oggetti, minuscoli fogli di carta appuntati. Il suo sacrario, la sua battaglia per la libertà.

Emozioni che nessuno avrebbe potuto rubare a un essere umano che qualcuno, nella sua divisa feroce, pensava di aver ucciso, silenziato per sempre. Si potrà far finta che non esistano, che debbano essere eclissate, disperse in acque lontane, immobilizzate in qualche montagna di ghiaccio. Ma affiorano comunque, esistono e non si spostano nemmeno dopo la morte.

Non so dove sia ora quella scatola di cartone giallo arancio, spero in buona compagnia in qualche museo. Forse in una teca osservata da scolaresche ignare del male che quell'uomo ha visto e sopportato. Ma so che comunque non è stata dispersa, perché, se anche fosse andata perduta, una copia rimarrà eternamente conservata nel mio inventario privato, quello scritto con l'inchiostro delle emozioni.

Ricordando Germano, i suoi lunghi silenzi, gli occhi umidi da cui non uscivano mai lacrime, penso a ciò che vedo e sento ciò che mi manca, non credo soltanto a me. Non potrò mai smettere di ringraziare un uomo straordinario volato via da una scatola gialla.

Sono arrivato da poco a Fiumicino. L'aeroporto è illuminato da una luce finalmente primaverile. C'è tanta gente eppure sembra che non ci sia nessuno, come in una commedia dell'assurdo vedo umanoidi con gli occhi fissi su un oggetto che dovrebbe servire a comunicare con il mondo.

Procedo a fatica, continuamente schivando gente che parla a se stessa, deambulando come nel corridoio di una clinica. Mi fermo un attimo a guardare chi sembra non voler farsi nemmeno sfiorare.

Guy de Maupassant nel suo racconto *Solitudine* citava una frase lapidaria di Gustave Flaubert: «Nessuno capisce nessuno». Pessimista? Non lo so, preferirei pensarlo lucido. Con la differenza che adesso, dopo un secolo e mezzo, dovremmo riconoscere che ne capiamo ancora di meno. Paradosso della civiltà.

I poeti sono sensibili e maledetti per natura. Dovremmo leggerli più spesso, se vogliamo cambiare il futuro.

56

Per non smettere di ribellarsi

Non basta scrivere, occorre anche sottolineare, scegliere senza ambiguità a cosa dare risalto. Molti ritengono che vi siano soltanto due modalità plausibili per riuscire a vivere in questo mondo: la negazione e la paura; solo che la prima avvicina all'errore fatale, mentre la seconda paralizza la creazione.

Non potrei mai consigliare a nessuno – tantomeno a me stesso – di scegliere tra questi due modi di far scorrere l'esistenza. Lo scopo non dovrebbe essere tentare di essere equidistanti tra vita e sopravvivenza, ma trovare con accanimento parole nuove, anche rivalutando quelle più care e dimenticate.

Le persone di cui ho parlato in questo libro hanno almeno tre cose in comune che si ricollegano all'idea che mi ha portato a iniziarne la scrittura. Tre parole in pericolo di estinguersi o essere snaturate.

La prima, la dignità; ovvero l'obbligo di incontrarla, riconquistarla, mai il permesso di smarrirla. Non è un *fringe benefit*, né può diventare materia di baratto. Così ci hanno insegnato i grandi maestri, questo ho imparato da loro. Di questo scrivo.

La seconda, la libertà, che nessuno dovrebbe mai smettere di reinventare, scoraggiarsi di difendere né dare per scontata.

La terza, il principio di tutto, le emozioni. Non ci si può rassegnare all'idea che fatalmente possano diluirsi, che se ne perda l'incanto, né accettare che debbano inevitabilmente tramontare lasciando spazio al vuoto di una falsa comodità.

Per onorare queste parole occorre ribellarsi. A ciò che è facile e scontato, per esempio. Credere che ognuno di noi possa permettersi di sottrarsi alla clonazione dell'ovvietà è il vero privilegio di oggi.

L'anima deve essere esigente, non addomesticabile.

Mi chiedo che cosa sia l'essenziale di ciò che sto finendo di scrivere. Credo si possa ritrovare nella capacità di insorgere contro le parti più indolenti e ripetitive della propria esistenza, nel non lasciare che dignità, libertà ed emozioni diventino passaporto per ciò che è già stato codificato, ma che facciano volare verso l'inedito: significa comprendere qual è il contributo di quelle tre magnifiche parole per aiutarci a vivere.

Occorre essere rigorosi, incontentabili con se stessi, andando oltre errori e inciampi, simboli della cocciutaggine nel non voler abdicare al nuovo che preme dentro ognuno e che a volte si ripara dietro l'ombra di una fragilità, dentro la seduzione di un'omissione.

Forse, proprio perché apparteniamo a generazioni cui è stato dato tanto e per il molto che ancora avverrà, è necessario essere esempi nel custodire una piccola, intima e inevitabilmente fastidiosa ribellione. Per non assottigliare il significato più rivoluzionario del nostro mondo emotivo fino a farlo svanire nel nulla di una certezza, trattenendolo senza la paura di subire il fascino della sua presenza necessaria.